Logistics Enterprise Management

工业和信息化普通高等教育“十三五”规划教材立项项目

21世纪高等院校经济管理类规划教材

物流企业管理

□ 霍红 主编

□ 詹帅 王作铁 张静 副主编

人 民 邮 电 出 版 社

北 京

图书在版编目（CIP）数据

物流企业管理 / 霍红主编. -- 北京 : 人民邮电出版社, 2017.4（2022.12重印）
21世纪高等院校经济管理类规划教材
ISBN 978-7-115-44903-0

Ⅰ. ①物… Ⅱ. ①霍… Ⅲ. ①物流企业－物流企业管理－高等学校－教材 Ⅳ. ①F253②F252.1

中国版本图书馆CIP数据核字(2017)第031484号

内容提要

本书以现代企业管理基本理论为框架，从物流和物流企业的基本概念开始，结合物流企业管理实践，综合介绍物流企业经营管理的全过程。主要阐述了物流与物流企业、物流企业管理基本原理、物流企业的战略管理、物流企业业务管理等内容及管理原则。本书选择具有代表性的案例和一些实用的管理工具与方法供学习和借鉴，并配有相应的复习思考题，便于学生掌握理论知识和方法。

本书提供电子课件、相关法律条约和法规等资料，配套资料索取方法请参见书末的“配套资料索取示意图”。也可通过编辑QQ（602983359）或微信（15652315123）索取。

本书适合于物流管理相关专业本科生学习，也适合作为其他管理专业本科生、硕士研究生的参考用书。

◆ 主　　编　霍　红
副 主 编　詹　帅　王作铁　张　静
责任编辑　万国清
责任印制　杨林杰

◆ 人民邮电出版社出版发行　　北京市丰台区成寿寺路11号
邮编　100164　　电子邮件　315@ptpress.com.cn
网址　http://www.ptpress.com.cn
北京七彩京通数码快印有限公司印刷

◆ 开本：787×1092　1/16
印张：14.25　　　2017年4月第1版
字数：345千字　　　2022年12月北京第5次印刷

定价：39.80元

读者服务热线：(010)81055256　印装质量热线：(010)81055316
反盗版热线：(010)81055315
广告经营许可证：京东市监广登字20170147号

前　言

本书针对物流企业管理理论知识丰富、实际操作性较强的特点，以“教师好用、学生有用、实践管用”为宗旨，以适应职业教学要求，以提高教学效果为目的，按照“学习目标设定—案例引入—理论学习—知识链接—练习巩固”的模式进行编写。在对物流企业管理的理论知识充分解读的基础上，结合新理论、运用新方法，通过不同展现手法，结合实践创新，丰富教材内容。全书以知识能力的框架体系为牵引，以实践活动为主线组织编排，在每一章节中，紧紧围绕物流企业的管理活动，引出案例和思考问题，这样的编排有利于生动活泼的、主动的和富有个性的物流企业管理学习活动的实现；突出实践，增加学生的课堂参与度，使学生最大限度地发挥自主性、创造性、灵活性，大胆探究、学以致用，通过本书的学习，学生能掌握物流企业管理的基本知识和实践能力，为后续的专业学习和工作打下必要的基础。

本书的特点主要体现在以下几个方面：

（1）体例更适合学生学习。以案例为导向，在每一章前面加入学习目标及案例导入，使读者在开始学习该部分内容之前，带着思考并对其中的重点和学习要求有所了解；此外，每一章后面都提供了相关练习题，以使读者通过课后练习更真切地理解理论知识。

（2）知识体系更加完整，内容上更加贴近新的发展。对每章内容都进行了精心的设计，既注重理论知识的讲解，又增加了一定实践知识。

（3）知识的介绍和表达更为完善。本次编写力求知识表达准确完整，对许多知识进行了更为详尽的介绍，使本书更具有可读性。

本书提供电子课件、相关法律条约和法规等资料，配套资料索取方法请参见书末的“配套资料索取示意图”，也可通过编辑 QQ（602983359）或微信（15652315123）索取。

本书由霍红任主编，詹帅、王作铁、张静任副主编。其中，詹帅负责编写第一章至第五章，王作铁负责编写第六章、第七章、第十章、第十二章，张静负责编写第八章、第九章及第十一章。同时，感谢崔天天及臧旭所做的资料搜集及整理工作。

编　者

2017 年 2 月

目　　录

第一章　物流与物流企业概述

【学习目标】

熟悉物流、物流企业的基本概念和物流活动构成的要素；掌握物流企业的基本职能和基本任务；了解我国物流及物流企业发展现状。

案例 1.1

顺丰速运

顺丰速运于 1993 年 3 月 26 日在广东顺德成立，是一家主要经营国际、国内快递业务的港资快递企业。初期的业务为顺德与香港之间的即日速递业务，随着客户需求的增加，顺丰的服务网络延伸至中山、番禺、江门和佛山等地。顺丰速运是目前中国速递行业中投递速度最快的快递公司之一。2016 年 5 月 23 日，顺丰股权置换欲借壳上市，资产作价 433 亿元。

1996 年，顺丰开始涉足国内快递。顺丰的快递是深港货运的“自然延伸”，最初的产品基本是深港件，需求增长很快，顺丰像一块海绵，疯狂吸收着快递市场无处不在的养分。很快，顺丰以顺德为起点，将网络的触角延伸至广东省以外，通过向长三角地区复制业务模式，进而扩张到华中、西南、华北。1999 年，顺丰不动声色地开始了全国的收权行动。完成调整后的顺丰，从 2002 年开始正式向华东扩展，随着管理进入正轨，顺丰的目标也从自发复制转向主动铺开一张全国性的立体网络。

启发思考：

（1）顺丰属于物流企业中的哪一类？

（2）顺丰管理方式的改变给我们带来什么启示？

物流活动由物资包装、装卸、运输、储存、流通加工、配送及物流信息等项工作构成，可以实现物质、商品空间移动的运输以及时间移动。物流企业在供货商与零售业者之间扮演集货、理货、库存、配送等角色。了解物流、物流企业、物流管理等概念是进行物流企业管理的关键。

第一节　物流概述

物流活动是指物流功能的实施与管理过程。物流活动由物资包装、装卸、运输、储存、流通加工、配送及物流信息等项工作构成，上述构成也常被称为“物流活动的基本职能”。

一、物流的基本概念

（1）物品（article），是指经济活动中涉及实体流动的物质资料。

（2）物流（logistics），是指物品从供应地向接收地的实体流动过程。根据实际需要，将运输、储存、装卸、搬运、包装、流通加工、配送、信息处理等基本功能实施有机结合。

（3）物流活动（logisticsactivity），是指物流诸功能的实施与管理过程。

问与答

问：什么是物流的“7R”原则？

答：即适当的数量（right quantity）、适当的产品（right product）、适当的时间（right time）、适当的地点（right place）、适当的条件（right condition）、适当的用户（right customer）和适当的成本（right cost）。

二、物流概念的产生和发展

物流的发展不仅与社会经济和生产力的发展水平有关，同时也与科学技术发展的水平有关。按照时间顺序，物流发展大体经历了以下几个阶段。

第一阶段：物流的萌芽和初级阶段（20 世纪初至 50 年代）

20 世纪初，在北美和西欧一些国家，随着工业化进程的加快以及大批量生产和销售的实现，人们开始意识到降低物资采购及产品销售成本的重要性。单元化技术的发展，为大批量配送提供了条件，同时也为人们认识物流提供了可能。1927 年 R.Borsodi 在《流通时代》一文中首次用 Logistics 称呼物流，为后来的物流概念奠定了基础。从实践发展的角度来看，1941—1945 年第二次世界大战期间，美国军事后勤活动的组织为人们对物流的认识提供了重要的实证依据。

第二阶段：物流快速发展阶段（20 世纪六七十年代）

20 世纪 60 年代以后，世界经济环境发生了深刻的变化。科学技术的发展，尤其是管理科学的进步，生产方式——组织规模化生产的改变，大大促进了物流的发展。物流逐渐为管理学界所重视，企业界也开始注意到物流在经济发展中的作用，将改进物流管理作为激发企业活力的重要手段。这一阶段是物流快速发展的重要时期。1963 年，美国成立了国家实物配送管理委员会。这一时期，美国赋予物流概念的定义也比“二战”前有了更为广阔的内涵。1965 年，物流一词正式为日本理论界和实业界全面接受。随着这一时期生产技术向机械化、自动化方向发展以及销售体制的不断改善，日本社会各界对物流的落后和物流对经济发展的制约有了共同的认识，即物流已成为企业发展的重要制约因素。

第三阶段：物流合理化阶段（20 世纪七八十年代）

这一时期物流管理的内容从企业内部延伸到企业外部，物流管理的重点已经转移到对物流的战略研究上，企业开始超越现有的组织机构界限而注重外部关系，将供货商（提供成品或运输服务等）、分销商以及用户等纳入管理的范围，利用物流管理建立和发展与供货厂商及用户稳定的、良好的、双赢的、互助合作伙伴式的关系，形成了一种联合影响力量，以赢得竞争的优势。物流管理已经意味着企业应用先进的技术，站在更高的层次上管理这些关系。

电子数据交换、准时制生产、配送计划以及其他物流技术的不断涌现及应用，为物流管理提供了强有力的技术支持和保障。在这一阶段，日本经济发展迅速，但由于成本的增加使企业利润并没有得到期望的提高，因此，降低经营成本，特别是降低物流成本成为经营战略中的重要特征。这集中反映在“物流利润源学说”，物流利润源学说揭示了现代物流的本质，使物流能在战略和管理上统筹企业生产、经营的全过程，并推动物流合理化的发展。

知识点滴

物流为什么是企业的第三方利润源？

（1）在生产力相对落后、社会产品处于供不应求的历史阶段，由于市场商品匮乏，制造企业无论生产多少产品都能销售出去。于是就大力进行设备更新改造、扩大生产能力、增加产品数量、降低生产成本、以此来创造企业剩余价值，即“第一利润”。

（2）当产品充斥市场，转为供大于求，销售产生困难时，也就是第一利润达到一定极限，很难持续发展时，便采取扩大销售的办法寻求新的利润源泉。人力领域最初是廉价劳动，其后则是依靠科技进步提高劳动生产率，降低人力消耗或采用机械化来降低劳动耗用，从而降低成本、增加利润，这就是“第二利润”。

（3）然而，在前两个利润源潜力越来越小，利润开拓越来越困难的情况下，人们发现物流不仅可以帮助扩大销售，而且也是一个很好的新利润增长源泉。而这也正是物流冰山所具备的巨大利润空间，也成为“第三利润”。

第四阶段：现代物流阶段（20 世纪 90 年代以来至今）

20 世纪 90 年代以来，随着新经济和现代信息技术的迅速发展，现代物流的内容仍在不断地丰富和发展着。信息技术的进步，使人们更加认识到物流体系的重要，现代物流的发展被提到重要日程上来。1998 年，美国物流管理协会为了适应物流的发展重新修订了物流的定义：“物流是供应链过程的一部分，是以满足客户需求为目的的，为提高产品、服务和相关信息从起始点到消费点的流动储存效率和效益，而对其进行计划、执行和控制的过程。”同时，信息技术特别是网络技术的发展，也为物流发展提供了强有力的支撑，使物流向信息化、网络化、智能化方向发展。这不仅使物流企业和工商企业建立了更为密切的关系，同时物流企业也为各客户提供了更高质量的物流服务。特别是 21 世纪电子商务的发展，将像杠杆一样撬起传统产业和新兴产业，成为企业决胜未来市场的重要工具。而在这一过程中，现代物流将成为这个杠杆的支点。

三、现代物流

（一）现代物流的目标

现代物流的目标是满足客户需求，实现客户满意，追求物流成本降低。其中，实现客户满意是现代物流的第一目标。现代物流的本质是服务，物流服务质量是现代物流企业的生命。用户的满意程度反映了对物流服务的认同程度，所以，现代物流必须突出服务，以提高客户满意度为中心。

（二）现代物流的精髓

现代物流的精髓在于物流系统的整合。现代物流跨越了个别企业的边界，将物流整合的范围扩展到供应链的上下游企业。

（三）现代物流的界定标志

现代物流的界定标志是信息革命。现代物流与传统物流的不同点在于现代物流是以信息革命作为技术支撑来实现其整合功能的。现代物流对信息技术的依赖达到了空前的程度，可以说，现代信息技术是现代物流的灵魂，现代物流和信息流融为一体，不能分开。

（四）现代物流的基本思想

一体化供应链思想是现代物流的基本思想。供应链把整个物流系统从采购开始，经过生产过程和仓储、运输及配送到达用户的整个过程看作是一条环环相扣的链，通过应用系统的、综合的、一体化的先进理念和先进管理技术，又在错综复杂的市场关系中使供应链不断延长，并通过市场机制，使得整个社会的物流网络实现系统总成本最小。

（五）现代物流趋势

现代物流呈现出系统化、专业化、网络化、电子化、全球化的趋势。物流系统化是系统科学在物流管理中应用的结果。人们利用系统科学的思想和方法建立物流体系，包括社会物流系统和企业物流系统，从系统科学的角度看，物流也是社会大系统的一个部分。现代物流从系统的角度统筹规划和整合各种物流活动，它的运行过程不是追求单个活动的最优化，而是追求系统整体活动的最优化。

（六）现代物流的重要内容

可持续发展是现代物流的重要内容。物流迅速发展的结果是运输车辆与次数的激增、城市交通阻塞、噪声与尾气污染，对环境产生了较大的负面影响。现代物流要从环境保护的角度对物流体系进行改善，协调物流效率与经济的可持续发展。

问与答

问：现代物流与传统物流最主要的区别是什么？

答：传统物流只提供简单的位移，现代物流则提供增值服务；传统物流是被动服务，现代物流是主动服务；传统物流实行人工控制，现代物流实施信息管理；传统物流无统一服务标准，现代物流实施标准化服务；传统物流侧重点到点或线到线服务，现代物流构建全球服务网络；传统物流是单一环节的管理，现代物流是整体系统优化传统物流。

四、现代物流的作用

物流科学涉及的范围已经非常广泛，成为跨越社会科学、自然科学以及管理与工程技术科学领域的、具有多个分支的一门新兴综合性学科，所蕴藏的巨大潜力已经越来越引起人们的注意。挖掘物流潜力，成为代表社会总体效益、现代化程度的重要指标之一。

1. 物流在社会经济发展中的基本任务

实现以物流为中心的商流、物流和信息流的商度集成，以高效率、高效益的网络经营枢纽，为拉动市场消费、促进生产、满足需求、降低市场资源的成本和代价，以最少的市场管理环节、最短的运转周期、最低的运送费用，获取最高的经济效益是物流系统的重要任务。社会经济的发展，人民生活水平的提高，促使消费习惯发生改变，各类便民商店、超级市场、连锁超市、批发市场和大型百货商场等进行的革命，已由生产竞争延伸到物流领域和信息的竞争。只有将商流、信息流和物流结合起来降低流通成本，提高作业效率，增加商品竞争力，才能谋求到最大的经济效益，发挥推动社会经济发展的作用。

2. 信息业对物流的促进作用

以互联网为代表的电子信息技术革命对人类社会的各个方面都产生了强烈的冲击。生产、思维和生活方式在网络的冲击下发生了巨大变化，电子商务成为现代经济生活中的代表，其强大的生命力使传统流通领域的基石摇摇欲坠。物流已经不局限于单一的运输、搬运，而是与生产管理电子化、信息处理自动化和网络化形成兄弟般的紧密关系，并且融为一体。

> **课堂思考**
>
> 问：为什么现代物流是社会再生产不断进行的条件？结合我国“双 11”谈谈你的想法。

3. 现代物流是社会再生产不断进行的条件

社会再生产的重要特点是其连续性，这是人类社会得以发展的重要保证。连续不断的再生产之流总是以获得必要的生产资料并使之与劳动力结合而开始的。一个企业的发展要不断地进行，一方面必须按照生产需要的数量、质地、品种、规格和时间，不断地供给原材料、燃料、工具以及设备等生产资料；另一方面又必须及时地将产品销售出去。也就是说，必须保证物质资料不间断地流入生产企业，经过一定的加工后又不间断地流出生产企业，同时在企业内部，各种物质资料也需要在各个生产场所和工序间相继传送，使它们经过一步一步的加工后成为价值更高、使用价值更大的产品。这些厂内物流和厂外物流如果出现故障和流通不畅，必然会影响到生产过程，甚至会使生产停滞。因此，无论是厂内物流还是厂外物流，都是社会再生产不断进行，以创造社会物质财富的基本条件。

4. 现代物流是保证商流顺畅进行，实现商品价值的基础

在商品流通中，物流是伴随着商流而产生的，但它又是商流的物质内容和物质基础。商流的目的在于变换商品的所有权，而物流才是商品交换过程中所要解决的社会物质交换过程的具体体现。物流能力包括运输、包装和存储等能力，物流能力的大小强弱，直接决定着商品流通的规模和速度。如果物流能力过小，整个商品流通就不会顺畅，流通过程就不能适应整个经济发展的客观要求，商品的价值的实现也会受阻。因此，自古以来就强调“货畅其流”是很有道理的。

5. 现代物流技术的发展直接影响着商品生产的规模和产业结构的变化

现代商品生产的发展，要求生产社会化、专业化和规模化，如果没有物流的一定发展，这些要求是难以实现的。例如，煤炭、水泥、矿石等大宗物资，只有在铁路运输和水运有一定发展的情况下才可能发展成为大量生产、大量消费的大产业；又如，肉类、奶类、蔬菜和水果等农副产品，在储存、保管、运输、包装等技术尚不发达时，它们往往只能保存几天到十几天，时间再长就会腐烂变质甚至丧失价值。总之，物流技术的发展，从根本上改变了产品的生产和消费条件，为经济的发展创造重要的前提，而且随着现代科学技术的发展，现代物流对生产发展的这种促进作用就越发明显。

想一想

物流改进能从哪些方面提高微观经济效益？

6. 现代物流的改进是提高微观经济效益和实现社会经济效益的重要源泉

物流组织的好坏，直接决定着生产过程是否能顺利进行，产品的价值和使用价值是否得以实现，而且物流费用已经成为生产成本和流通成本的重要组成部分。资料表明，由于劳动生产率的提高，原材料、燃料的节约已经取得了较大成果，而产品包装、储存、搬运和运输等方面的费用则在生产费用中占有越来越大的比重。因此，搞好物流，已经被称为获取利润的第三方利润源泉。因此，发展现代物流，既能节约资源、降低生产成本、提高企业经济效益，又能使废弃物得到及时处理，防止环境污染，提高社会效益。

7. 现代物流发展是吸引外资的重要手段

加快物流设施建设，建立一个高效物流体系是我国今后吸引外资的一个重要方面。我国已经加入了世贸组织，随着对外开放向纵深发展，外资的着眼点日趋从优惠政策的追逐转向综合投资环境的寻求。而国内现代物流设施、物流服务的不足和低效，恰恰是目前外商普遍感到有所缺憾的地方。因此，迫切需要大力发展我国的现代物流事业，以促进对外开放的持续发展。

综上所述，物流系统与社会经济的发展息息相关。流通领域的革命，将新时代的概念引入了现代社会，并成为一门新兴产业，而铁路、公路、航空及港口是整个社会物流系统中的主要干线基础设施，现在我国正在不断地加强基础设施的建设，并逐渐形成各自的网络，对未来社会经济的发展起着不可估量的作用。

五、现代物流的分类

在社会经济领域中，可以说，物流活动无处不在，许多领域都有反映自身特征的物流活动。虽然物流基本要素都存在，并且基本要素是共同的，但是由于物流对象、物流目的、物流范围以及范畴和层面的不同，便形成了一些不同类型的物流。既然有不同类型的物流，必然产生与之相适应的分类，以便能区别认识和研究。目前，在物流分类标准方面并没有统一的看法，这里综合已有的论述，给出许多学者通常采取的物流分类方法。

1. 宏观物流和微观物流

宏观物流是指社会再生产总体的物流活动，是从社会再生产总体角度认识和研究的物流活动。通常所说的社会物流、国民经济物流、国际物流等均属于宏观物流范畴。这种物流活动的参与者是构成社会总体的大产业、大集团。宏观物流也就是研究社会再生产的总体物流。

知识补充：

交通运输行业：实体经济反弹“双 11”快递创纪录

http://stock.qq.com/a/20161108/018383.htm

微观物流是指消费者、生产者企业以及商贸企业等所从事的实际的、具体的物流活动。微观物流通常是指那些在整个物流活动之中的一个局部、一个环节的具体物流活动。如企业物流和生活物流等。

2. 社会物流和企业物流

社会物流是指超越一家一户的，以一个社会为对象的面向社会为目的的物流。社会物流的范畴是社会经济的大领域，具有综观性和广泛性。

企业物流是指从企业角度上研究与之有关的物流活动，是具体的、微观的物流活动的典型领域。

知识链接

企业物流的分类

（1）生产物流。生产物流是指产品生产过程中，原材料、在制品、半成品、产成品等物料，在企业内部运动所构成的物流。生产物流是生产型企业生产工艺过程中不可缺少的组成部分。企业生产物流不仅表现为伴随生产加工过程各个环节而存在和运动，更重要的是在生产加工过程中表现为具有自身特性的系统运动。

（2）供应物流。供应物流是指为生产企业提供原材料、零部件或其他物品时，物品在提供者与需求者之间所构成的物流。企业供应物流不仅应保证及时供应，而且还应满足成本最低、消耗最少的组织供应物流活动的需要。

（3）销售物流。销售物流是指生产企业、流通企业出售商品时，物品在供方与需方之间所构成的物流。企业销售活动通常就是通过包装、送货、配送等一系列物流方式实现销售的。

（4）回收物流。回收物流是指企业不合格物品的返修、退货以及周转使用的包装容器，从需方返回到供方所构成的物流。在一个企业中，对回收物品处理不当，往往会影响整个生产环境、产品质量，甚至会影响到生产企业的形象，也会占用很大空间，影响企业正常生产秩序，造成极大的浪费。

（5）废弃物物流。废弃物物流是指将经济活动中失去原有使用价值的物品，根据实际需要进行收集、分类、加工、包装、搬运、储存等，并分送到专门处理场所进行处理时所构成的物流。

上述回收物流与废弃物物流，由于其方向与一般物流相反，通常又被称为逆向物流。

3. 国际物流和区域物流

国际物流，是国家之间的物流，通常是指伴随和支撑国际间交往、贸易活动和其他国际交流所发生的物流活动。全球化物流活动属于国际物流。

区域物流相对于国际物流而言，是指一个国家范围内的物流，一个城市的物流，一个经济区域的物流等。它们都处于同一法律、规章、制度之下，都受相同文化及社会因素影响，都处于基本相同的科技水平和装备水平之中，因而，都有其独特的特点和区域的特点。区域物流研究的一个重点是城市物流。

4. 一般物流和特殊物流

一般物流是指具有共性和普遍性的物流活动。物流活动的一个重要特点，是涉及全社会、各企业，具有普遍适用性。其研究重点是物流的一般规律，建立普遍适用的物流标准化系统。

特殊物流是指专门范围、专门领域、特殊行业，在遵循一般物流规律基础上，具有特殊制约因素、特殊应用领域、特殊管理方式、特殊劳动对象以及特殊机械装备特点的物流。

新闻摘要

“双 11”快递

“光棍节”成为了电商们争夺的促销噱头，淘宝、京东（微博）、当当（微博）等各大网站都使出浑身解数，获益当然也匪浅。物流方面，2016 天猫“双 11”首单 13 分钟签收，截至 11 日 20 时 03 分，“双 11”全球狂欢节总成交额超 1030 亿元；累计物流订单量 5.5 亿，生成电子面单量 2.67 亿。截至 11 日 24 时，2016 天猫“双 11”全球狂欢节，再次刷新全球纪录，共产生 6.57 亿物流订单。据菜鸟网络快递事业部总经理王文彬介绍，随着大量的包裹被快递公司提前发走，菜鸟网络预计，经过一个周末之后，14 日将正式迎来物流配送的高峰，压力最大的是北京、上海、广州等城市的快递小哥。

六、我国物流发展现状及问题

（一）我国物流管理发展现状

1. 物流产业地位显著提升

2009 年 3 月，我国第一个全国性物流业专项规划《物流业调整和振兴规划》（以下简称《规划》）由国务院发布。《规划》进一步明确了物流业的地位和作用，指出：物流业是融合运输业、仓储业、货代业和信息业等的复合型服务产业，是国民经济的重要组成部分，涉及领域广，吸纳就业人数多，促进生产、拉动消费作用大，在促进产业结构调整、转变经济发展方式和增强国民经济竞争力等方面发挥着重要作用。

2. 物流市场规模快速扩张

随着工业化推进和产业升级，工业物流运行模式发生了深刻变化。工业企业加快资源整合、流程改造，采取多种方式分离外包物流功能。一是分离分立，将企业物流业务从主业中分离出来，成立了面向社会服务的物流企业；二是合资合作，由制造企业与物流企业合资组建物流公司；三是全面外包，物流业务全盘委托给专业物流公司管理。

在一系列扩大消费政策引导下，商贸物流加快发展。一是生产资料流通企业和传统批发市场增加储存、加工、配送、网上交易等物流功能，形成了贸易加物流的新模式。二是大型连锁零售企业强化物流系统，构建和完善自身物流网络。三是网购物流“爆炸式”增长。2013 年网络购物交易规模达到 1.85 万亿元，随着传统企业大规模进入电商行业，移动互联网的发展促使移动网络购物日益便捷，我国网络购物市场整体还将保持相对较快增长，预计到 2016—2017 年我国网络购物市场交易规模将达到 4 万亿元。四是农业和农村物流集中释放。随着“万村千乡市场工程”“家电下乡”“汽车摩托车下乡”和“农超对接”等政策的实施，农产品进城、农资和日用工业品下乡带来的物流需求较快增长。

3. 物流企业加速成长

各类企业深化兼并重组。一是合并重组；二是并购重组；三是转型重组，通过兼并重组，行业资源得到有效整合，企业规模迅速壮大，专业服务能力得到增强。一是运输、仓储、货代、快递等传统物流企业转型发展；二是围绕企业需要的专业化物流融合发展；三是各类物流企业创新发展。供应商管理库存、供应链金融、卡车航班、越库配送、保税物流、邮政物流等服务新模式得到推广运用。

供应链管理有新的发展。物流企业介入代理采购和分销业务，流通企业延伸物流和金融服务，引导上下游企业，打造采购、生产、分销及物流一体化的现代产业服务体系。

4. 物流基础设施建设进度加快

物流园区（基地、中心）等物流设施发展较快。北京空港、上海西北、浙江传化、山东盖家沟、上海外高桥、苏州综合物流园区等一批重点园区显示了良好的社会经济效益。铁道部规划建设的 18 个铁路物流中心，已有 9 个建成投用。仓储、配送设施现代化水平不断提高。化工危险品库、液体库、冷藏库、期货交割库、电子商务交割库以及自动化立体仓库快速发展。

知识链接

截至 2015 年年底，全国铁路营业里程 12.1 万千米，其中高速铁路 1.9 万千米；全国公路总里程达到 457.73 万千米，其中高速公路 12.35 万千米；内河航道通航里程 12.70 万千米，其中三级及以上高等级航道 1.15 万千米；全国港口拥有万吨级及以上泊位 2221 个，其中沿海港口 1807 个、内河港口 414 个；全国民用运输机场 210 个。

5. 物流信息化运用和技术创新取得实效

物流信息化加快发展。已有 70.5%的企业建立了管理信息系统。仓储管理、运输管理、采购管理、客户关系管理系统得到普遍应用。物流企业通过与客户的信息共享、流程对接，加快融入客户供应链体系。在整合海关、交通、商检、质检等电子政务服务的基础上。出现了应用网上交易、金融、检测、配送等集成化电子商务服务的信息平台。企业资源计划（ERP）和供应链管理（SCM）软件应用开始普及，RFID 等物联网技术在车辆监管、物品定位管理、自动识别分拣和进出库安防系统等方面开始应用。

知识补充：

2015 年交通运输行业发展统计公报

http://www.chinahighway.com/news/2016/1017727.php

先进适用的物流技术得到推广。仓储保管、运输配送、装卸搬运、分拣包装、自动拣选等专用物流装备广泛应用；条码技术、智能标签技术、配载配送和路径优化技术等得到推广；冷藏、配送等专用车辆需求旺盛，叉车、托盘、货架、自动拣选、自动化装备等专用设备加快更新换代。

（二）存在的问题

随着时代的发展，我国物流技术有了一定的发展，但从整体上看，物流企业的设施建设大多数是单一方式的扩能建设，软硬件不配套，整体协作性不强，未形成网络，缺少物流业的管理能力，重复建设、设施短缺、能力分散、功能单一、信息不灵，组织化程度低，发展缓慢。具体表现在以下几个方面。

（1）改革开放以来，国家加大了交通运输建设的投入，铁路、公路、航空、管道运输能力以及散装水泥率、集装箱运输率、包装标准化率大大提高，由于信息技术的推广应用，使流通管理、物流、商流、信息流的现代化水平有所提高，全国商品信息网络系统初具规模，商品商场监控预测系统初步建立，提高了引导生产、引导消费的能力。

（2）国家对物流基础设施投入不足，目前我国的交通运输、仓储的现代化水平还不高，配送中心、集装箱运输、散装水泥等发展还比较慢，商品在物流过程中的破损率高，流通费用大。

知识链接

物流业对外开放迈开新的步伐

2005 年 12 月 11 日以后，我国履行加入世贸组织的承诺，物流服务领域全面开放。经过多年的发展，国际知名的跨国物流企业加紧布局，我国物流市场国有、民营和外资三足鼎立的格局已经形成。在某些领域，如国际快递、远洋运输和物流地产等方面，有的外资企业已占据明显优势。区域物流扩大交流与合作。东盟—中国自贸区启动，东北亚加强物流合作，以及上海合作组织经济联系日益密切，推动了我国与周边国家的区域物流合作。国内物流企业跟随制造和商贸企业及工程承包“走出去”。例如，中外运长航海外业务有新的拓展，顺丰速运逐步在周边国家和地区布点。中远物流在核燃料和废料物流、工程物流和会展物流等领域，已具备较强的国际竞争力。

（3）物流专业化程度低，许多国有企业继续搞“大而全”“小而全”，产、供、销一体化，仓储运输一条龙，有的工厂有自己的大型车队，甚至远洋船队，物流过程浪费惊人。由于物流专业化程度低，很难为中外合资或外商独资企业的产品在中国提供综合性物流服务，也很难使社会物流与企业物流一体化。

（4）由于还存在条块分割、部门分割，运输、仓储内贸、外贸都自成体系，使全社会物流不能成为一个整体。在这样的体制与机制下很难发展跨部门的综合性物流服务，也很难从国外引进新型的物流管理技术。

第二节　物流管理活动及分类

物流管理（logistics management）是指在社会再生产过程中，根据物质资料实体流动的规律，应用管理的基本原理和科学方法，对物流活动进行计划、组织、指挥、协调、控制和监督，使各项物流活动实现最佳的协调与配合，以降低物流成本，提高物流效率和经济效益。现代物流管理是建立在系统论、信息论和控制论的基础上的。

一、物流管理活动

物流管理活动包括实现产品时间和地理价值的一切活动，这些活动使得产品能够安全而快速地从生产地转移到消费地。而每一项活动又包含为实现自身目标而发生的子活动，比如采购就包括供应商的选择、采购订单的处理以及供应商品质评价这些子活动。

1. 采购与供应商管理

采购与供应指的是保证原材料及时供给的各项活动。对于采购经理来说，最困难的莫过于选择一家或几家合适的供应商，以及如何在供应商之间分配订购数量。能否从供应商那里及时得到高质量的原材料和零部件，关系到企业自身是不是可以按时、准确地满足客户需求。

对于供应商的选择主要依据几项比较重要的但又是相互消长的标准，包括价格、质量、配送时间以及服务。

想一想

怎样才能实现物流活动的协调？

2. 运输管理

运输指的是商品从生产点到消费点的有形运输。运输成本是物流总成本中最大的一部分，约占总成本的40%。运输通常包括两个部分，一是进入生产过程的原材料运输；二是运送产品给客户的运输。运输管理问题包括一系列计划和操作问题，其中包括选择运输方式、确定车队规模、设定行车路线等。

3. 需求预测

有效地计划和控制物流活动离不开对供应链中产品和服务流量的准确预测，它要求对客户的未来需求趋势做出准确的判断。一般来说，对客户需求的预测是市场营销的任务，但是有时候物流工作者会发现，在他要对库存或是运输做出计划安排的时候，预测客户的未来需求显得必不可少。

4. 仓储管理

仓储管理主要是保护、管理、储藏物品，具有时间调整和价格调整的功能。它的重要设施是仓库，在商品入库信息的基础上进行在库管理。

5. 包装

包装是指在流通过程中，为保护产品、方便储运、促进销售，按一定技术方法而采用的容器、材料及辅助物等的总体名称。有时也指为了达到上述目的而采用容器、材料及辅助物的过程中施加一定技术方法等的操作活动。

6. 流通加工

流通加工是指物品在从生产地到使用地的过程中，根据需要施加包装、分割、计量、分拣、组装、价格贴付、商品检验等简单作业的总称。

7. 物流信息处理

物流信息处理是针对反映物流各种活动内容的知识、资料、图像、数据、文件等信息进行有效处理的活动。

8. 装卸

装卸是指在指定地点以人力或机械装入运输设备或从运输设备卸下。装卸是一种以垂直方向移动为主的物流作业。搬运是指在同一场所内，对物品进行的水平方向移动为主的物流作业。

知识补充：

日本发力无人机　无人机运输城市纳入政府工作议程

http://news.163.com/uav/16/1108/10/C5BF50DD0001899S.html

二、物流管理的分类

从不同的角度出发，可以对物流管理进行不同的分类。根据物流管理的内容主要将其分为三个类别，一是对物流活动诸要素的管理，包括运输、储存、装卸搬运、包装、配送、流通加工、信息处理等环节的管理；二是对物流系统诸要素的管理，即对其中人、财、物、设备、方法和信息等要素的管理；三是对物流活动中具体职能的管理，主要包括物流计划、质量、技术、经济等职能的管理。

三、物流管理的作用

到处需要物流活动、到处存在物流活动，因而为了保证物流活动的正常有效进行，到处都需要物流管理。

想一想

物流管理还可以如何分类?

物流管理最根本的任务，就是要对物流活动进行规划和策划、组织实施，协调、指挥和控制物流活动正常有效地进行。因此，物流管理学的根本任务就是专门研究如何对物流活动进行管理，即研究对物流活动进行计划、组织、指挥、协调、控制的理论、技术和方法。

知识链接

物流活动正常有效地运行

正常有效的运行，主要有以下几层含义。

（1）保障供应、保证生产和生活的正常进行。物流是为生产和生活提供物资的，有些是要从很大范围、长距离地筹集物资。一个有效的物流系统的运行就必须保值保量地及时将物资供应到生产或生活的需求点，不缺货。

（2）做好保障服务工作，保证生产或生活的正常顺利进行。物流除了供应物资以外，还要做好生产、经营和生活过程中的保障和服务工作，如一些辅助的搬运、装卸、储存和服务工作等。

（3）节省费用、降低成本。物流活动都是物资实体的流动活动，而这种流动都是要用车、用人、占库的，也是要费钱、费事、费时间的，这些都是物流成本。有效的物流活动，就要在保障供应、保证生产和生活顺利进行的前提下，做到费用最省、成本最低。

（4）保障社会效益。物流活动的进行，都可能造成对社会环境的影响或破坏，例如造成交通紧张、噪音增大、污染加重。一个有效的物流活动，不但应当保障供应、保证生产和生活的正常进行、节省成本，还应当不污染环境，不造成环境恶化，不破坏生态平衡。

物流管理是经济管理的组成部分，也是经济管理最重要的内容之一。所以，学好物流管理学，对搞好经济管理有着重要的意义。

四、物流管理的发展

近年来，随着经济的发展，企业的物流管理在不断革新，从发达国家物流发展的历史来看，物流管理经历了以下几个阶段。

1. 物流功能个别管理阶段

在这个阶段，真正意义上的物流管理意识还没有出现，降低成本不是以降低物流总成本为目标，而是分别停留在降低运输成本和保管成本等个别环节上。降低运输成本也是局限于要求降低运价或者寻找价格更低的运输业者上。物流在企业中的位置，以及企业内对于物流的意识程度还很低。

2. 物流功能系统化管理阶段

物流功能系统化管理阶段的主要特征表现为：通过物流管理部门的设立，其管理对象已不仅是现场的作业活动，而是站在企业整体的立场上整合，各种物流合理化对策开始出现并付诸实施。

3. 物流管理领域扩大阶段

进入物流管理领域扩大阶段，物流管理部门可以出于物流合理化的目的向生产和销售部门提出自己的建议。例如，对于生产部门的建议：从产品的设计阶段就考虑物流效率、实现包装的标准化、生产计划要具备柔性等。但是，物流管理部门对于生产和销售部门提出的建议在具体实现上有一定限度，特别是在销售竞争非常激烈的情况下，物流服务一旦被当做竞争手段的时候，仅以物流合理化的观点来要求销售部门提供协助往往不被对方所接受，因为，这时候考虑问题的先后次序首先是销售，然后才是物流。

4. 企业内物流一体化管理阶段

企业内物流一体化管理是根据商品的市场销售动向决定商品的生产和采购，从而保证生产、采购和销售的一致性。企业内物流一体化管理受到关注的背景来自于市场的不透明化。需要正确把握每一种商品的市场销售动向，尽可能根据销售动向来安排生产和采购，改变过去那种按预测进行生产和采购的方法。企业内物流一体化管理正是建立在这样一种思考之上的物流管理方式。

5. 供应链管理阶段

供应链管理是一个将交易关联的企业整合进来的系统，即将供应商、制造商、批发商、零售商和顾客等所有供应链上的关联企业和消费者作为一个整体看待的系统结构。基于供应链的顺利运行的物流管理使物流业为产品的实物空间位移提供时间和服务质量的保证，从而使物流管理进入了更为高级的阶段。

> **课堂讨论**
>
> 供应链管理需注意的问题有哪些？

第三节　物流企业概述

物流企业（logistics business）是一种运输、货运、物流公司的类型，泛指经营物流相关的运输、仓储、配送、域名注册查询等行业的公司，物流公司常在供货商与零售业者之间扮演集货、理货、库存、配送等角色。所以物流公司有时也会兼营大盘商的角色，物流公司对于供货商而言可以降低运输与仓储的成本，商品可以直接寄放于物流中心的仓库去出货。不必自己维持一个庞大的仓库去堆积货品，也不必自己维持货运与配送的庞大车队，这对于中小型的供货商而言是有利的。

一、物流企业的定义

物流的本质是服务。物流企业是一种新型的服务性企业。根据我国国家标准《物流术语》

（GB／T 18354—2001），“物流企业是从事物流活动的经济组织”。在2004年8月国家九部委联合制定的《关于促进我国现代物流业发展的意见》中，对物流企业的界定是：物流企业是指具备或租用必要的运输工具和仓储设施，至少具有从事运输（或运输代理）和仓储两种以上经营范围，能够提供运输、代理、仓储、装卸、加工、整理、配送等一体化服务，并具有与自身业务相适应的信息管理系统，经工商行政管理部门登记注册，实行独立核算、自负盈亏、独立承担民事责任的经济组织。一般来说，物流企业，是指独立于生产领域之外，具有从事物流活动的关键资源和能力优势，专门从事物流活动，并依法自主经营、自负盈亏、自我发展、自我约束，具有法人资格的经营单位。由于物流服务种类以及企业物流外包的多样性，物流企业的类型通常也是多种多样的。

从上述物流企业的概念中可以知道，一个物流企业通常具有以下特点。

课堂讨论

说说你对物流企业的理解。

（1）物流企业是独立于生产领域之外具有独立地位的经济活动组织。

（2）物流企业具有维系自身的生存和发展的内在利益驱动机制。

（3）物流企业通过提供满意的物流服务创造附加价值。

（4）物流企业具有独特的物流活动资源和能力优势。

所以，物流企业既有一般工商企业的共性，又有不同于其他工商企业的特殊性。一个物流企业为维系自身的生存和发展，需要依靠其独特的物流活动资源和能力，独立经营，参与竞争，为社会提供满意的物流服务。物流企业是一种新型的服务性企业。物流企业提供的产品是物流服务。在国外，物流企业通常被称为物流服务提供商（logistics service supplier）。物流企业在国民经济流通产业发展中扮演着十分重要的角色。

二、物流企业的类型

1. 以运输为基础的物流公司

这类公司大多是大型运输公司的分公司，有些服务项目是利用其他公司的资产完成的。其优势在于公司能利用母公司的运输资产，扩展其运输功能，提供更为综合性的一整套的物流服务。这类公司有：Roadway logistics（ROLS），Yellow Logistics Service，J.B.Hunt Logistics，Ryder Dedicated Logistics。

2. 以仓库和配送业务为基础的物流公司

这类传统的公共或合同仓库与配送物流供应商，以传统的业务为基础，这些公司已介入存货管理、仓储与配送等物流活动。经验表明，基于设施的公司要比基于运输的公司转为综合物流服务更容易与简单些。例如，Excel logistics，GATX Logistics，DSC Logisties和USCO。

3. 以货物代理为基础的物流公司

这些公司一般没有自己的资产，非常不独立，它们与许多物流服务供应商有来往。它们具有把不同物流服务项目组合，以满足客户需求的能力，这类公司包括：Kuehne&Negel，Fritzard C.H.Robinson。更多情况下它们已从货运中间人角色转为更广范围的第三方物流服务公司。

4. 以托运人和管理为基础的物流公司

这一类型的公司是从大公司的物流组织发展而来的。它们将物流专业的知识和一定的资源用于第三方作业的优势来源。这些供应商具有管理母公司物流的经验，因此，它们具有很强的管理能力。如 Intral（Gilletter），IBM（IBM Corporation）和 KLS（Kaiser Aluminum）。

课堂讨论

除书中所提到之外的还有哪些你知道的物流公司？

5. 以财务或信息管理为基础的物流公司

这种类型的供应商能提供如运费支付、审计、成本会计与控制和监控、采购、跟踪和存货管理工具。包括 Cass Information Systems（Cass Commercial Corperation 的分支），GE infommtion Service（GE）电子，Encompass（CSXT 和 AMK 合资公司）。

三、物流企业的评估

知识链接

由中国物流与采购联合会、西安交通大学、华中科技大学、中海物资（深圳）有限公司起草的 GB/T 19680—2013《物流企业分类与评估指标》已由中华人民共和国国家质量监督检验检疫总局、中国国家标准化管理委员会发布，并于 2014 年 7 月 1 日实施。该标准是在 GB / T 19680—2005《物流企业分类与评估指标》的版本上进行修订的，基本原则主要是依据现阶段物流企业发展的现状和未来发展趋势，结合当前物流行业的发展环境，以及社会、经济发展对物流企业提出的新要求，以物流企业的客观实际为基础，在继续保持现行国家标准的大框架和大类别的基础上，在细节及具体操作流程上以微调为总原则、导向为辅地进行调整和补充解释说明。为了使新旧标准能够有效衔接，物流企业评估工作能够持续合理地推进，中国物流与采购联合会目前正在依据新标准制定相关的实施细则。

不同类型的物流企业评估特点和基本要求如下：

1. 运输型物流企业的特点和基本要求

以从事货物运输业务为主，包括货物快递服务或运输代理服务，具备一定规模；可以提供门到门运输、门到站运输、站到门运输、站到站运输服务和其他物流服务；企业自有一定数量的运输设备；具备网络化信息服务功能，应用信息系统可对运输货物进行状态查询、监控。

2. 仓储型物流企业的特点和基本要求

以从事仓储业务为主，为客户提供货物储存、保管、中转等仓储服务，具备一定规模；企业能为客户提供配送服务以及商品经销、流通加工等其他服务；企业自有一定规模的仓储设施、设备，自有或租用必要的货运车辆；具备网络化信息服务功能，应用信息系统可对货物进行状态查询、监控。

3. 综合服务型物流企业的特点和基本要求

从事多种物流服务业务，可以为客户提供运输、货运代理、仓储、配送等多种物流服务，具备一定规模；根据客户的需求，为客户制定整合物流资源的运作方案，为客户提供契约性的综合物流服务；按照业务要求，企业自有或租用必要的运输设备、仓储设施及设备；企业具有一定运营范围的货物集散、分拨网络；企业配置专门的机构和人员，建立完备的客户服务体系，能及时、有效地提供客户服务；具备网络化信息服务功能，应用信息系统可对物流服务全过程进行状态查询和监控。

第四节 物流企业发展的动力

一、物流企业迅速发展的推动因素

我国现代物流企业起步较晚，但在欧美国家，现代物流服务已走过20多年的历史。由于供应链的全球化，物流活动变得越来越复杂、物流成本越来越高，资金密集程度也越来越高。利用外协物流活动，公司可以节省物流成本、提高顾客服务水平。这种趋势首先在制造业出现，公司将资源集中用于最主要的业务，而将其他活动交给物流公司，这样也促进了现代物流业的发展。

1. 物流服务的需求方

对物流服务的需求方来说，外协可使需求者得到以物流管理为主业的专业公司所掌握的专业技术，在以合同方式将物流活动外包的情况下，同时也帮助需求方克服内部劳动力效率不高的问题。随着信息技术的进步和发展，需求客户对合同物流的监控几乎与自己对物流活动进行管理没有什么差别。

美国田纳西大学的一项调查研究结果表明，物流业务外包可以使企业减少作业成本，改进服务水平，减少雇用人员、减少资金成本，提高企业核心竞争力和应对市场变化的灵活性。

促使需求者采用第三方物流服务的原因还包括能力及场地的限制、缺少专门知识、组织变化、劳动力问题、合并与兼并、新产品和市场、不断变化的顾客服务等。

2. 物流服务的供给方

近20年来,欧美国家的第三方物流服务已有了很大的改进,提供服务的标准已大大提高,作业效率也已大大提高，为不同客户定制的各类新型服务得到了发展。物流服务公司的营销能力也更加有力。

当前，欧美许多运输与仓储公司已演变成为广泛物流服务的供应商。在大多数国家公路运输行业成为越来越具有竞争性的行业、资金回报下滑、利润率降低的情况下，将公路运输企业改造成综合物流公司，可以使承运人提供的服务增加价值，进入门槛较高的细分市场，并保证与客户的长期合同的履行。这样，既可以使原有公路运输企业的利润有所增加，也促进了企业的成长。

二、物流企业开展物流活动的优势

对制造企业而言，核心竞争能力是设计、制造和新产品的开发；对商业企业而言，核心竞争能力是商业营销。如果工商企业将物流活动交由专业的物流企业来做，工商企业和物流企业各自能发挥自己的核心竞争力，互相之间优势互补、资源配置优化，各自集约化、规模化运作，则各个企业才有可能实现资源配置优化和效益最大。就开展物流活动而言，专业的物流企业具有以下优势。

1. 以合同形式与客户企业建立稳定的业务关系

物流企业的服务方式一般是与客户企业签订一定期限的物流服务合同，以建立稳定、明确的合作关系，双方承担相应的责任、义务和权利，保障双方正常地开展合作。有合约作基础，一方面，物流企业可以从客户物流合理化的角度出发构造物流系统（而不是从自身现有能力出发去推销未必满足客户要求的物流服务），而不必担心投资风险；另一方面，客户为找到真正满足自己要求的物流服务商及其为自己量身定做的物流服务系统，要花费很大的交易成本，因此也希望有长期合约作保障。

2. 具有掌握信息的优势

作为专业的物流企业，具备物流信息的优势，它比货主企业在了解市场、物流平台的情况、资源、价格、制度和政策方面更有优势。物流企业的信息优势还来自于由它组织和运作的物流系统，这是偶尔进入这一领域的物流服务需求者所不可能具备的。当然，对于货主来讲，如果有长期的、稳定的物流渠道，也完全可以形成自己的信息优势，而不见得单纯依靠物流企业。物流企业的信息优势主要是针对客户变换的需求，客户不会就每一项临时的物流需求来建立自己的有效的信息优势。所以，依靠物流企业，有时是唯一的选择。

问与答

问：什么是“牛鞭效应”？

答：营销过程中的需求变异放大现象被通俗地称为“牛鞭效应”。（指供应链上的信息流从最终客户向原始供应商端传递时，由于无法有效地实现信息的共享，使得信息扭曲而逐渐放大，导致了需求信息出现越来越大的波动。）

3. 具有专业化效益

专业化的物流企业，由于业务量大，所以多个物流作业可以实现专业化，例如运输、仓储、装卸、搬运、包装、信息处理等都可以实现专业化运作。专业化运作可降低成本，提高物流水平，从而导致经济效益大幅度提高。绝大部分物流客户的核心竞争能力都不是物流，对制造企业而言，核心竞争能力是设计、制造和新产品的开发；对商业企业而言，核心竞争能力是商业营销。能够把物流作为自己核心竞争能力的，也只有像沃尔玛这样的超大型企业，所以，专业优势应该是第三方物流企业相对于物流需求的客户而言的一个很重要的优势。

4. 具有规模效益

物流企业最基本的特征是集多家企业的物流业务于一身，物流业务规模的扩大，可以让企业的物流设施、人力、物力、财力等资源充分利用，发挥效益；有的还可以采用专用设备、设施，提高工作效率；有的采用先进的技术，跟全国甚至全世界接轨，取得超级效益。这些都是扩大规模带来的好处。规模效益是物流企业的一个最重要的效益源泉，物流企业要扩大规模，就要努力扩大物流市场的覆盖面，增多客户户数、增加物流业务量。规模越大，需要的运输车辆越多、越大，需要的装卸搬运设施越多、越先进，需要的仓储能力、吞吐能力越大，需要的通信能力越强、技术越先进。总之，规模大，就会促进企业发展，大大提高企业效益。

知识点滴

规模经济（economies of scale）是指通过扩大生产规模而引起经济效益增加的现象。规模经济反映的是生产要素的集中程度与经济效益之间的关系。规模经济的优越性在于：随着产量的增加，长期平均总成本下降的特性。但这并不仅仅意味着生产规模越大越好，因为规模经济追求的是能获取最佳经济效益的生产规模。一旦企业生产规模扩大到超过一定的规模，边际效益却会逐渐下降，甚至跌破趋向零，乃至变成负值，引发规模不经济现象。

5. 具有系统协调能力

系统协调是指物流企业在自己所拥有的客户（群）及客户的供应商（群）之间进行的协调活动。这些协调活动包括：① 联合调运活动，打破各个供应商、各个客户群之间的界限，在这些供应商、客户之间统一组织运输，这样不但可以更节省车辆，还可以更充分地利用车辆。② 打破各个客户群之间的界限，统一组织配送，即进行联合配送，这样将比在原来的各个客户群内部组织配送更节省。③ 在自己的系统内部调剂供需，因为自己掌握了众多的供应商和它们各自的客户群，其相互间可能会有互为供需的关系，通过自己的协调，促使它们之间形成新的更合理的供需关系。这种新的供需关系不但可以帮助供应商开拓市场，而且也可以大大有利于物流企业节约物流费用。④ 统一批量化作业，例如订货、质检、报关、报审等。实行批量化作业可以节省时间，提高工作效率。这种协调效益是物流企业最主要的效益源泉。

三、物流企业服务促进客户企业发展

物流企业不但能够提高自身的效益，而且也可提高自己客户企业的效益。客户企业的物流业务交给物流企业承包后，不但自己的物流任务可以完成得更好，而且还可以甩开这些烦琐的物流活动，集中精力发展自己的核心竞争力，提高企业的优势，使企业获得更大的经济效益。具体来说，使用物流服务能给客户企业带来以下好处。

1. 可以降低成本

企业将物流业务外包给物流企业，由专业物流管理人员和技术人员，充分利用专业化物流设备、设施和先进的信息系统，发挥专业化物流运作的管理经验，以求取得整体最优的效果，企业可以不再保有仓库、车辆等物流设施，对物流信息系统的投资也可转嫁给物流企业来承担，从而可减少投资和运营物流的成本；还可以减少直接从事物流的人员，从而削减工资支出；提高单证处理效率，减少单证处理费用；由于库存管理控制的加强可降低存货水平，削减存储成本；通过第三方物流企业的广泛节点网络实施共同配送，可大大提高运输效率，减少运输费用，等等。这些都是物流外包能够产生的成本价值。对企业而言，应建立起一套完整的物流成本核算体系，以便真实地反映企业实施物流控制或采用第三方物流所带来的效益，促使企业物流活动日趋合理化。

知识链接

在竞争激烈的市场上，降低成本、提高利润率往往是企业追求的首选目标，这也是物流在20世纪70年代石油危机之后，其成本价值被挖掘出来作为“第三利润源”受到普遍重视的原因。物流成本通常被认为是企业经营中较高的成本之一，控制物流成本，就等于控制了总成本。完整的企业物流成本，应该包括物流设施设备等固定资产的投资、仓储、运输、配送等费用（即狭义的物流费用），以及为管理、协调物流活动所需的管理费、人工费和伴随而来的信息传递、处理等所发生的信息费等广义的物流费用。在衡量物流成本的增减变动时，应全面考虑所有这些有关的费用构成的物流总成本，而不能仅以运输费用和仓储费用的简单之和作为考察物流成本变动的指标，否则企业在进行物流成本控制或进行物流外包后，最终核算时有可能会得出企业物流成本不降反升的错误结论。

2. 可提升企业服务价值

在社会化大生产更加扩大、专业分工愈加细化的今天，服务成为企业竞争的关键因素。以最小的总成本提供预期的顾客服务已成为企业努力的方向，帮助企业提高顾客服务水平和质量也正是物流企业所追求的根本目标。服务水平的提高会提高顾客满意度，增强企业信誉，促进企业的销售，提高利润率，进而提高企业市场占有率。在市场竞争日益激烈的今天，高水平的顾客服务对于现代企业来说是至关重要的，它是企业优于其同行的一种竞争优势。物流能力是企业服务的内容之一，会制约企业的顾客服务水平。例如，在生产时由于物流问题使采购的材料不能如期到达，也许会迫使工厂停工，不能如期交付顾客订货而承担巨额违约金，更重要的是会使企业自身信誉受损，销量减少，甚至失去良好合作的顾客。这就是为什么现代企业如此重视服务、重视物流的原因之一。物流服务水平实际上已成为企业实力的一种体现，而物流企业在帮助客户企业提升服务价值方面自有其独到之处。利用物流企业信息网络，能够加快对顾客订货的反应能力，加快订单处理，缩短从订货到交货的时间，进行门对门运输，实现货物的快速交付，提高顾客满意度；通过其先进的信息和通信技术可以加强对在途货物的监控，及时发现、处理配送过程中的意外事故，保证订货及时、安全送达目的地，尽可能实现对顾客的承诺；产品的售后服务、送货上门、退货处理、废品回收等也越来越多地由物流企业来完成，保证企业为顾客提供稳定、可靠的高水平服务。

3. 可降低风险

企业如果自营物流，要面临两大风险：一是投资的风险；二是存货的风险。一方面，企业自营物流是要进行物流设施、设备的投资的，如建立或租赁仓库、购买车辆等，这样的投资往往比较大。而如果企业物流管理能力较低，不能将企业拥有的物流资源有效地协调、整合起来，尽量发挥其功用，致使物流效率低下，物流设施闲置，那么企业在物流上的投资就是失败的，这部分在物流固定资产上的投资将面临无法回收的风险。另一方面，企业由于自身配送能力、管理水平有限，为了及时对顾客订货做出反应，防止缺货，向客户快速交货，往往需要采取高水平库存的策略，即在总部以及各分散的订货点处维持大量的存货。一般来说，企业防止缺货的期望越大，所需的安全储备越多，平均存货数量也越多。在市场需求高度变化的情况下，安全库存量会占到企业平均库存的一半以上，对于企业来说就存在着很大的资金风险。尽管存货属于流动资产的一种，但它不仅不是马上就能动用的资产，而且它还需要占用大量资金。存货越多，变现能力往往越弱，企业资金越少。随着时间的推移，存货还有贬值的风险。在库存没有销售出去变现之前，任何企业都要冒着巨大的资金风险。企业如果通过物流企业进行专业化配送，由于配送能力的提高，存货流动速度的加快，企业可以减少内部的安全库存量，从而减少企业的资金风险，或者把这份风险分散一部分给物流企业。

4. 可提高企业竞争力

企业将物流外包，可以使自身专注于提高核心竞争力。随着外部市场环境的变化，企业的生产经营活动已变得越来越复杂。一方面，企业需要把更多的精力投入自己的生产经营中；另一方面，企业交往的对象更多了，所要处理的关系也更为复杂，在处理各种关系和提高自身核心能力上，企业的资源分配便会出现矛盾。如果将企业与顾客间的物流活动转由物流企业来承担，便可大大降低企业在关系处理上的复杂程度。企业将物流外包后，原来的直接面对多个顾客的“一对多”关系变成了“一对一”关系，企业在物流作业处理上避免了直接与众多顾客打交道而带来的复杂性，简化了关系网，便于将更多精力投入自身的生产经营中。此外，作为物流企业，可以站在比单一企业更高的角度上来处理问题，通过其掌握的物流系统开发设计能力、信息技术能力将原材料供应商、制造商、批发商、零售商等处于供应链上下游的各相关企业的物流活动有机衔接起来，使企业能够形成一种更为强大的供应链竞争优势，这是个别企业所无法实现的工作。在专业化分工越来越细的时代，再有实力的企业也不肯面面俱到。因此，把自己不擅长的部分，或者说不是自己核心能力的部分交由物流企业来承担，实际上就使得企业和物流企业各自的优势得到强化，既能促使企业专注于提高自身核心竞争力，有助于企业的长远发展，又有利于带动物流企业整体的发展。

补充阅读

O2O 模式

O2O 即 Online To Offline（在线离线/线上到线下），是指将线下的商务机会与互联网结合，让互联网成为线下交易的平台，这个概念最早来源于美国。O2O 的概念非常广泛，既可涉及线上，又可涉及线下。

2013 年 O2O 进入高速发展阶段，开始了本地化及移动设备的整合和完善，于是 O2O 商业模式横空出世，成为 O2O 模式的本地化分支。

O2O 电子商务模式需具备五大要素：独立网上商城、国家级权威行业可信网站认证、在线网络广告营销推广、全面社交媒体与客户在线互动、线上线下一体化的会员营销系统。

一种观点是，一家企业能兼备网上商城及线下实体店两者，并且网上商城与线下实体店全品类价格相同，即可称为 O2O；也有观点认为，O2O 是 B2C（business to customers）的一种特殊形式。

在 1.0 早期的时候，O2O 线上线下初步对接，主要是利用线上推广的便捷性等把相关的用户集中起来，然后把线上的流量引到线下，主要领域集中在以美团为代表的线上团购和促销等领域。在这个过程中，存在着主要是单向性、黏性较低等特点。平台和用户的互动较少，基本上以交易的完成为终结点。用户更多是受价格等因素驱动，购买和消费频率等也相对较低。

发展到 2.0 阶段后，O2O 基本上已经具备了目前大家所理解的要素。这个阶段最主要的特色就是升级为了服务性电商模式：包括商品（服务）、下单、支付等流程，把之前简单的电商模块，转移到更加高频和生活化场景中来。由于传统的服务行业一直处在一个低效且劳动力消化不足的状态，在新模式的推动和资本的催化下，出现了O2O的狂欢热潮，于是上门按摩、上门送餐、上门生鲜、上门化妆、滴滴打车等各种O2O模式开始层出不穷。在这个阶段，由于移动终端、微信支付、数据算法等环节的成熟，加上资本的催化，用户出现了井喷，使用频率和忠诚度开始上升，O2O和用户的日常生活开始融合，成为生活中密不可分的一部分。但是，在这中间，有很多看起来很繁荣的需求，由于资本的大量补贴等，虚假的泡沫掩盖了真实的状况。有很多并不是刚性需求的商业模式开始浮现，如按摩、洗车等。

到了3.0阶段，开始了明显的分化，属于真正的垂直细分领域的一些公司开始凸显出来。例如，"饿了么"从早先的外卖到后来开放的蜂鸟系统，开始正式对接第三方团队和众包物流。以加盟商为主体，以自营配送为模板和运营中心，通过众包合作解决长尾订单的方式运行。配送品类包括生鲜、商超产品，甚至是洗衣等服务，实现平台化的经营。又如，速递易，专注于高端餐厅排位的美味不用等，专注于白领快速取餐的速位。另外，垂直细分领域向平台化模式发展，由原来的细分领域的解决某个痛点的模式开始横向扩张，覆盖到整个行业。

本章小结

物流企业是一种新型的服务性企业，它是指具备或租用必要的运输工具和仓储设施，至少具有从事运输（或运输代理）和仓储两种以上经营范围，能够提供运输、代理、仓储、装卸、加工、整理、配送等一体化服务，并具有与自身业务相适应的信息管理系统，经工商行政管理部门登记注册，实行独立核算、自负盈亏、独立承担民事责任的经济组织。一般来说，物流企业，是指独立于生产领域之外，具有从事物流活动的关键资源和能力优势，专门从事物流活动，并依法自主经营、自负盈亏、自我发展、自我约束，具有法人资格的经营单位。对于物流企业的管理应该根据自身实际情况制定合适的战略。

练习题

一、概念识记

物流　物流管理　物流企业　物流企业管理　利润源学说　电子商务

二、单选题

1．现代物流的基本思想是（　　）。

A．一体化供应链　B．柔性生产　C．零库存　D．成本最低

2．物流根据实际需要，将运输、储存、装卸、搬运、（　　）、流通加工、配送、信息处理等基本功能实施有机结合。

A．包装　B．生产　C．订货　D．出货

三、多选题

1．物流的基本活动有哪些？（　　）

A．运输　B．包装

C．流通加工　　　　　　　　　　　D．信息处理

E．搬运

2．按照物流功能对物流企业进行分类可分为（　　）。

A．综合型物流企业　　　　　　　　B．功能整合型物流企业

C．运输代理型物流企业　　　　　　D．缝隙型物流企业

E．快递型物流企业

四、判断题

1．现代物流的目标是满足客户需求，实现客户满意，追求物流成本降低。(　　)

2．广义的电子商务是指人们利用电子化手段进行以商品交换为中心的各种商务活动。(　　)

3．一般来说，物流企业，是指独立于生产领域之外，具有从事物流活动的关键资源和能力优势，专门从事物流活动，并依法自主经营、自负盈亏、自我发展、自我约束，具有法人资格的经营单位。对于物流企业的管理应该根据自身实际情况制定合适的战略。(　　)

五、案例分析

在顺德之外，顺丰新建的快递网点多数采用合作和代理的方式。每建一个点，就注册一个新公司。这种形式和加盟类似，分公司归当地加盟商所有，互相连成一个网络。顺丰各地网点的负责人是公司的中坚力量，他们上缴一定数额的利润，多余的则留下。令人惊奇的是，直到2002年之前，顺丰一直都没有总部，只有一大批广州顺丰、中山顺丰这样的地方公司。这种“自然延伸”式的扩张，靠的是自发的加盟。因此，顺丰形成的网络并不是有规划的，而是哪里有市场哪里就有网络。例如，广东省，下属县城几乎每个都有顺丰的站点，而在经济发展程度较弱的省份，除了省会城市之外基本没有网点。一心扑在市场上的顺丰，网点和人员逐渐增多，被“承包”的各个片区开始形成各自为政的局面。

结合案例，分析顺丰企业的类型及其特点。

第二章　物流企业市场分析

【学习目标】

熟悉物流企业市场环境分析的作用以及企业战略选择的必要性及依据；掌握物流企业环境以及战略选择的分类；了解我国物流企业存在的问题及原因、发展前景。

案例 2.1

联邦快递珠三角地区服务提升

联邦快递一直在努力提升顾客的运输服务体验。2016 年联邦快递宣布，自 10 月 10 日起，广州、惠州、佛山、东莞和汕头地区的客户使用提前报关清关服务可将顾客的货件的转运时间缩短一个工作日。

如使用广州的无纸化通关模式，周一至周五从非保税区运往亚洲（我国香港、澳门地区除外）和欧洲的国际优先快递的正式报关货件，其转运时间可减少一个工作日。在有仓位许可的情况下，这项服务也对国际优先快递重货开放。

除在联邦快递的运单上注明“广州提前申报”并将清关文件交给快递员外，客户还需按照联邦快递所要求的格式，扫描所需的清关文件，并在寄件日当天 17:00 前（越早越好）把它发送至联邦快递。汕头的客户不必扫描文件，只需在运单上注明“广州提前申报”并将所需文件提交给快递员。这项新服务将帮助顾客更快速地把货物投放市场。

启发思考：

（1）通过上述例子我们可以得到什么启示？

（2）如果想得到更多的物流市场，企业应该有哪些改进？

近年来，我国物流业受到了社会各方面的广泛关注，成为经济生活中的一个热点和亮点。物流企业如何能抓住机遇更好的发展是管理人员需要思考的首要问题，因此物流企业市场分析就是了解消费者、竞争对手以及外部宏观环境的变化以期达到发展目标。

第一节　物流企业市场环境分析

一、环境分析的作用

（一）物流企业环境的概念

所谓环境（environment），是指影响生物存在和发展的周围条件和状况。物流企业作为一个组织，本身必然是一个与外界保持密切联系的开放系统，需要不断地与外界进行资源与信息的交换，其运行和发展不可避免地要受到种种内外力量的影响，这些内外的因素就构成了物流企业环境（logistics enterprise environment）。物流企业环境是企业生存和发展的土壤，它既为企业活动提供必要的条件，同时也对企业活动起着制约的作用。

随着物流国际化趋势的发展，物流企业的环境也越来越复杂。跨国物流企业的出现使得国际间的流通和交换日趋紧密，这些物流企业由复杂而严谨的分支机构网络构成，形成了一系列供应链，它在广阔区域和多样性社会环境中活动。经济联系的紧密性，促使国际间在科技、政治、文化诸方面的相互沟通与合作日益普遍。

物流企业的环境直接影响着企业的经营与发展。因此，对环境的认识已越来越引起企业家的重视，纳入了企业决策层的重要视野。

（二）物流企业环境的分类

1. 以影响企业管理的领域为标准

> **知识补充：**
> 昆明打造 9 大配送中心同城门店 1 小时配送
> http://news.163.com/16/1110/07/C5G9NARP000187VG.html

根据影响企业管理的领域，可以将物流企业环境分为宏观环境、中观环境和微观环境三大类。其中宏观环境、中观环境又称为企业的外部环境，微观环境又称为企业的内部环境。

（1）宏观环境

宏观环境（macroscopic environment）就是指那些客观存在于物流企业之外，对某一社会的所有组织活动都会产生影响的因素，包括政治环境、经济环境、社会文化环境、法律环境、科学技术环境以及自然资源环境等方面。

> **知识链接**
>
> 宏观环境因素对某一具体企业的影响通常并不是直接的，而往往是间接的。例如，经济形势变化对某个运输企业的影响，这种影响不是直接作用于这个企业，而是通过诸如路政管理的政策等方面的调控来影响它的活动。宏观环境因素对某一企业的影响虽然不是直接的，但这些因素对组织的影响可能是非常重大的。因此，管理者必须认真分析和研究自己的企业所处的宏观环境因素。

宏观环境因素一般不只涉及某一个具体的企业，而是涉及所有的企业，但对企业会产生什么样的影响以及影响程度的大小，不同的企业又是不一样的。例如，政府出台《汽车运输超限的管理办法》，对仓储企业的影响可能就比较小，而对运输企业的影响可能就比较大。

（2）中观环境

中观环境有时也被称为行业环境（profession environment），是指企业所在的行业对企业产生直接影响的环境因素。这些因素与企业的活动直接相关，并对某一具体的企业目标的实现有着直接的影响。如某一企业的竞争对手、供应商、需求者等都属于中观环境因素。每一个企业都处于不同的中观环境因素之中，而且中观环境的变化将直接增加或减少企业的效益。因此，相对于一般环境而言，企业的管理者更注重于对具体环境的研究分析。例如，综合型物流企业为了实现收益目标，往往会对自己的竞争对手的状况、供应商的供应情况、消费者的需求变化等因素进行分析，然后才决定自己应实施的战略和策略。

企业的管理者之所以经常将大量注意力集中于企业的中观环境，有两个重要的原因：其一是中观环境与宏观环境相比更能直接给企业提供有用的信息，并且这种信息更容易被企业人员所识别；其二是宏观环境的变化对企业的影响往往要通过中观环境对企业的作用才能表现出来。例如，企业并不能直接从宏观经济环境中感受到经济形势变坏的影响，而往往是由于经济形势变坏，使商业经济萧条，从而影响到物流企业的经营量，才使企业感受到经济形势变坏带来的市场变化。

（3）微观环境

微观环境（microscopic environment）是指来自企业内部，影响企业管理的因素。这些因素的影响不一定在当时就能立即表现出来，而从长远来看，对企业的可持续发展有较大的影响。例如，人力资源、物力资源和组织文化等都属于微观环境因素。

> **知识补充：**
> “双 11”京东下乡　用无人机配送最后一公里
> http://news.163.com/16/1110/02/C5FQBMM7000187VI.html

2. *以物流企业环境的稳定程度为标准*

根据环境因素的不确定性，可将环境因素分为简单且相对稳定的环境、简单但动荡的环境、复杂但相对稳定的环境和复杂而又动荡的环境。

企业面临环境的不同往往是由于环境的不确定性程度造成的。环境的不确定性程度可以从两个维度来分析，即环境的变化程度和环境的复杂程度。如果企业环境要素大幅度地改变，就称为动荡的环境；如果变化很小，则称为稳定的环境。复杂性程度是指企业环境中的要素数量及企业所拥有的与这些要素相关的支持度。对一个企业来讲，如果需要和它打交道的顾客、供应商、竞争者及政府机构越少，那么这个企业所面临环境中的不确定性就越小；反之，这个企业所面临环境中的不确定性就越大。

环境的变化程度和环境的复杂程度相互组合所表示的四种环境如下所述。

（1）简单且相对稳定的环境

一般来说，面对这种环境的企业具有较小规模的特点。这时，企业所面临的环境因素的变化比较小，企业本身也会处于相对稳定的状态中。企业的管理者容易做出正确的决策，他们一般对企业内部采用相对集权的组织结构形式，通过制订计划、规章制度及组织标准化生产等措施来管理。例如，广东标准件来料加工的生产企业一般都处于这种环境。

（2）简单但动荡的环境

环境因素虽然不断地在变化，但总体来说还比较简单，因此，处于这种环境中的企业只要进行一定的预测、采取一定的应对措施，就能比较好地适应它。在这种环境下，企业往往需要根据环境的变化而做出相应的调整，这时其组织机构的设立就需要有一定的柔性，管理过程、管理手段也不能过于标准化，处于这种环境的企业所面临的竞争对手也不会很多，涉及的政府管理部门也有限。尽管环境影响因素不多，但是它面临着某些环境因素的迅速变化，如技术的日新月异等。

（3）复杂但相对稳定的环境

处于这种环境下的企业面对的竞争对手、所涉及的资源供应者、政府部门众多。企业的管理者面对许多需要经常打交道的组织或个人，可能显得力不从心。因此，为了适应复杂的环境，这些企业往往采用分权的形式，强调根据不同的资源条件来组织各自的活动，这样，又会导致企业内部环境的进一步复杂化。

案例 2.2

黑龙江圆通强化终端建设

近日，圆通速递黑龙江片区组织召开了2016年终端建设推进工作会议，黑龙江片区各职能部门负责人及各加盟公司负责人参加了此次会议。

会议重点对标准化建设、终端建设、指标完成情况等进行了详细分析，对近期服务质量改善较快的案例进行了分享。此外，会议还对“G20 峰会”安全寄递工作提出了具体要求，要求加盟公司加强法律、法规及相关业务培训教育工作，层层落实主体责任，切实做好各项安全保障工作。

会上，优秀加盟公司代表做了终端建设经验分享，从员工发展、门店设立、企业宣传、社区妈妈驿站等多方面、多层次进行了介绍。（邵倩）

启发思考

（1）圆通进行终端建设对“四通一达”的影响有哪些？

（2）京东应如何应对天猫超市开仓这一市场环境变化？

（3）试分析是什么因素使得圆通、天猫进行如此决策。

（4）复杂而又动荡的环境

这种环境是不确定性极高的环境，现实生活中多数企业处于这种环境中，处于这种环境下的企业面对的环境影响因素较多，并且这些因素还在不断地发生变化。面对这样的环境，企业管理者必须强调企业内部信息的传递效率和对外部变化做出决策的反应速度。因此，在设计组织结构时，既要考虑到垂直的信息传递，还要考虑到横向的信息沟通。如一些综合型物流企业面临的就是复杂又动荡的环境，即技术更新速度快、竞争者众多、市场需求变化快、竞争者之间竞争激烈、政府的相关规范性文件多等。

（三）物流企业环境分析的重要性

任何企业在制定战略之前，必然对其所处的宏观环境、行业环境和微观环境进行较为透彻的了解和分析，在此基础上企业才能做出正确的决策，物流企业也不例外。研究环境对物流企业决策有着非常重要的意义，具体表现在以下几个方面。

1. 环境分析可以提高物流企业决策的正确性

> **知识补充：**
> 西北首单无人机货物配送成功
> http://www.sanqin.com/2016/1110/256248.shtml

外部环境研究可以为物流企业提供大量的能够客观反映环境特点及其变化趋势的信息。在此基础上，企业可以根据自己的优势和劣势，制定出既符合环境要求，又能为企业所接受的正确决策。

2. 环境分析可以提高物流企业决策的及时性

对环境在变化中提供的发展机会，只有及时加以利用，才能实现企业发展。同样，对于环境在变化中造成的威胁，企业更应该及时避开，否则便难以生存。要及时利用机会、避开威胁，必须在机会刚出现或者威胁还未到来时就能及时发现，这样才能使企业及时制定决策，采取措施。

3. 环境分析可以提高物流企业决策的稳定性

物流企业活动必须根据环境的要求来进行，而环境是不断变化的，甚至说每时每刻都在发生着变化。物流决策的制定和执行都是一个过程，都包括了许多工作，这些工作的完成都需要一定的时间，都有一定的周期。因此，企业的决策必须保持一定的稳定性。决策的稳定性和活动的适应性之间的矛盾可以通过环境研究来解决，环境研究可以把握企业环境变化的规律，预测环境发展的前景，从而使企业今天的决策不仅仅能适应当前环境特点的要求，而且也能符合明天发生变化后的环境特点和要求，这样决策就可以保持相对的稳定性。

二、物流企业外部环境分析

（一）物流企业的宏观环境分析

在物流企业宏观环境分析过程中，各种因素并不完全等同于国家宏观社会经济要素，它们是以国家宏观社会经济要素为基础，结合物流企业的行业特点而制定的指标，也就是说，物流企业宏观环境分析所针对的是行业，而不是针对某个企业。

知识点滴

战略环境分析是战略管理过程的第一个环节，也是制定战略的开端。战略环境分析的目的是展望企业的未来，这是制定战略的基础，战略是根据环境制定的，是为了使企业的发展目标与环境变化和企业能力实现动态的平衡。

进行物流企业战略环境分析，就是要使物流企业明确所面临的发展机会和威胁，以及物流企业内部具有的竞争优势和劣势。经常性的战略分析可以使物流企业在环境变化之前就有所准备，同时能够缩短对环境变化做出反应的时间。

1. 经济环境

经济环境（economic environment）是指国家的总体经济状况。对物流行业而言，经济环境最终表现为社会和个人购买力，而购买力的大小又取决于社会总体收入水平、负债水平、资金供应程度、市场规模和经济发展速度等因素。经济环境中任何因素的变化，都会成为物流行业发展的机会或者威胁。因此，有必要研究和把握经济环境的发展状况以及规律，为物流企业的战略决策服务。经济环境主要包括以下内容。

（1）国内生产总值以及增长速度

国民经济的发展状况和发展速度，主要用国内生产总值以及增长速度来衡量。它反映一个国家的经济发展总体水平和国家的富裕程度以及经济发展的情况。

（2）市场规模

市场规模是指一个国家的市场总容量，或者说是对商品需求的总水平。一个国家的市场大小，有无市场潜力，对企业的影响非常大。衡量市场规模的主要指标有人均国民收入、消费者的消费倾向和消费结构等。

（3）要素市场的完善程度

要素市场的完善程度取决于是否有健全的市场体系和运行机制。健全的市场体系包括商品市场、资金市场、劳动力市场、技术市场、房地产市场和信息市场。对企业来说，是否有健全的市场体系决定着企业经营所需要的生产要素能否通过市场交易获得。

（4）经济政策

国家在一个时期的经济政策和产业政策会给企业经营带来巨大的影响。例如，国家的产业政策是鼓励某些产业发展的时候，这些产业中的企业就可以顺利并快速地发展；反之，受产业政策抑制时，企业的发展就会受到很大的约束。目前，针对物流行业对经济发展的重要作用，各地方政府正积极制定有关政策，促进物流业的发展。

2. 技术环境

技术条件在任何企业的环境中，都是一项关键因素。技术环境（technical environment）通常是指社会科技总水平及其发展趋势。社会的技术水平影响着当地的发展程度，从而影响到利用这些条件的企业活动效率。

知识链接

物流企业必须关注技术环境的变化

（1）现代科技能带给企业新的发展机会和动力

每一种新技术的成功运用都会使物流环节的效率得以提高，物流运作加速完成。事实上，随着新技术的采用，物流企业基础设施得以优化利用，物流工具更加现代化、智能化，这必定能为物流企业的发展创造出新的动力。

（2）现代科技能提高物流企业管理水平

先进的设备、仪器、管理系统、信息系统在物流企业得以运用，使物流企业的经营管理效率得到极大提高。

（3）现代科技促进了物流企业装备的现代化发展

一方面，物流企业的设施装备如集装设备、仓库设备、铁道货车、货船、汽车等有了较大发展；另一方面，与现代物流企业发展相适应的信息技术和网络设备得到了较快发展。

除经济环境、技术环境之外，影响物流企业运作的宏观环境还有政治环境、社会文化环境以及自然环境等，这里不再详述。

（二）物流企业的中观环境分析

1. 中观环境分析的内容

知识补充：

美团外卖推行骑手安全“五重保障”配送员接受交警培训

http://news.163.com/16/1108/09/C5BE4AEF000187VI.html

由于中观环境就是指行业环境，行业环境的特点直接影响着企业的竞争能力。所以，对行业环境分析的目的就是对行业整体的发展状况和竞争态势进行详细研究，从而确定本物流企业在该行业中所处的地位。影响行业内竞争结构及强度的主要环境因素有现有竞争对手研究、潜在竞争对手研究、替代品服务研究、供应商研究以及用户研究五种。

（1）现有竞争对手研究

物流企业的竞争首先是同行业间的竞争，因此，物流企业要对竞争对手的情况了如指掌。现有竞争对手的研究主要包括以下内容：竞争对手的数量、实力、发展战略，以及哪些企业对自己的威胁特别大，以帮助企业制定相应的竞争策略；同时要了解竞争对手的发展动向，包括市场发展和转移动向以及产品或服务的发展动向。密切关注竞争对手的发展方向，分析竞争对手可能开辟的新产品、新市场，从而帮助企业先走一步，争取时间优势，使企业在竞争中取得主动地位。

（2）潜在竞争对手研究

一种产品或者服务的开发成功，会引来许多企业的加入。这些新进入企业既会给行业注入新的活力，促进市场竞争，也会给原有物流企业造成压力，威胁它们的市场地位。新企业进入行业的可能性大小，既取决于由行业特点决定的进入难易程度，又取决于现有企业有可能做出的反应。进入某个行业的难易程度通常受到规模经济、产品或服务差异以及综合优势等因素的影响。

（3）替代品服务研究

替代品服务研究主要包括两个方面的内容：一是确定哪些服务可以代替本企业提供的服务；二是判断哪些类型的替代品可能对本企业经营造成威胁。

（4）供应商研究

供应商研究包括四个方面的内容：是否存在其他资源、供应商所在行业的集中程度如何、寻找替代品的可能性大小以及企业后向一体化的可能性。例如，如果行业集中程度较高，分散进货的可能性也较小，则应寻找替代品。如果替代品不易找到，那么与供应商的价格谈判难度加大将是无疑的。

（5）用户研究

用户研究包括两个方面的内容：需求研究和用户的价格谈判能力研究。需求研究包括总体需求、需求结构、用户购买力研究等。用户的价格谈判能力是众多因素综合作用的结果。这些因素主要有：购买量的大小、企业产品或者服务的性质、用户后向一体化的可能性、企业产品或者服务在用户产品形成中的重要性等。例如，如果企业产品或者服务在用户的产品中占有很重要的地位，或对自己产品的质量或功能形成有重大影响，则可能对价格不甚敏感；相反，如企业产品或者服务在用户产品形成中没有重要影响，用户在采购时则会努力寻求价格优惠。

2. 特殊环境研究

一个物流企业在某个行业中的竞争状况，除上述几种因素外，还要受到目标市场对物流企业的包容性和接纳程度、行业生命周期以及新技术、新产品的影响。

（1）目标市场对物流企业的包容性和接纳程度

由于不同地区中的消费群有不同的文化传统和价值观念，所以可能对某些物流企业的组织文化有不同的接受程度。这种价值观念和文化的影响有的直接进入了法律体系，有的成为政府的政策，有的则只是以社会习惯的形式出现。如果进入目标市场时，未对其进行详细的分析和了解，就会受到政府、行业协会、工会、消费群体的排斥，有可能造成投资失败的结果。在当今社会权力营销成为重要的营销手段时，目标市场的权力主体对本物流企业的包容性和接纳程度就更重要了。

> **课堂讨论**
> 我国具有代表性的物流企业的生命周期分析。

（2）行业生命周期

行业生命周期的划分与产品生命周期相类似，只是它所针对的不单单是一件产品，而是整个行业的发展趋势。行业生命周期包括开发期、成长期、成熟期、衰落期四个阶段。行业生命周期反映了行业销售的变化规律，一般采用评价某些关键因素的方法来判断行业生命周期的阶段。不同行业中的关键性评比可能不同，每一因素在不同行业中的重要性可能也不同，因此，具体描述行业成熟度需要结合具体的行业特点来进行。

（3）新技术及新产品的影响

有时新产品、新技术的出现会对现有行业体系产生重大的冲击，可能形成替代产业。新技术具有变化快、影响大、影响力强等特点，可能会对某些行业产生革命性的影响，创造出一批新产业，同时推动现有产业的变迁。

三、物流企业自身资源分析

物流企业内部环境分析的对象会随着物流企业组织结构的不同而有所变化。总体上看，对物流企业内部环境的分析可以从两个方面来进行：一是对物流企业内部的各职能部门进行分析；二是对物流企业的生产要素进行分析。

> **知识补充：**
> 配送半径决定企业生存空间
> http://www.fenmiao.cn/news/3333-cn.htm

对物流企业内部的各职能部门进行分析的方法是认真解剖物流企业内部的各职能部门，研究目前物流企业各职能部门的现状及发展趋势，以及与业务部门之间的协调程度，而不涉及与其他相关物流企业进行比较的问题。其目的是找出物流企业的“瓶颈”部门，并指出该部门的主要问题所在。而对物流企业各生产要素进行分析的方法打破了职能部门间的严格界限，从物流企业整体发展的角度分析物流企业中各要素对物流企业发展的影响，这包括物流企业内部的人力资源、物质资源和企业的组织文化等，因而更有利于物流企业总体战略的制定。

第二节　物流企业存在的问题及原因分析

一、物流企业存在的问题

1. 缺乏合格专业的物流顾问

物流服务供应商的运作与生产工厂类似，工厂生存的灵魂是拥有一批有专业技术才能的员工，核心技术一定是公司内部掌控，而不是依靠其他合作伙伴来提供支持。专业物流顾问与技术工人一样，他的作用比企业领导更重要，合格的顾问能够给项目带来许多领导所不知的东西，他需要去管理维护公司项目设计规划的过程、提供物流需求以及项目数据，而这些事情常常与外包的成败相关联。企业领导仅仅扮演监督员的角色，如果缺乏具有项目设计和作业操作技能的专业人才，那么，物流企业运作将无从谈起。

知识链接

供应商在外包的发展上存在的制约因素

目前，供应商在外包的发展上存在两方面的制约因素：① 缺乏合格的专业人员进行项目设计和系统评估。既然物流外包是要得到报酬，供应商就应该聘任合格的专家来规划和管理具体操作，但在实际运作过程中几乎找不到合适的专家。结果，许多供应商不能对客户希望的服务要求做出全面、满意的回复。② 专业物流顾问的评估效果失真。想要聘请合格的专家来对项目进行设计并评估是很困难的，顾问的身价令一般供应商望而却步，既使聘请到一流的物流顾问，也并非能达到预期的效果。通常的情况是，物流顾问将物流外包的规划和设计工作交给了资质一般的人员或其他非专业人员来做，结果可想而知。虽然一些供应商声称专门聘请专业物流顾问设计，但事实并不是这样。

2. 服务跟踪不彻底

目前，多数企业不以服务为导向，仍把短期利润作为业绩考核的指标，在这种情况下，供应商一心想得到更多的客户以扩大规模，获取更多收入，在履行完毕一个合同前就经常签订或转移到另外一个项目上，这样周而复始，无论是企业，还是内部员工，一旦获得了客户，尽快完成合同、提供优质服务的动力就消失了。甚至有的供应商为了赢得业务，在没有与客户签订服务合同的情况下，根据客户的要求即匆忙提供服务。这种情况国内普遍存在，尤其是运输业务，供应商商务人员向客户口头承诺后，并未签订书面协议即转交操作人员，使得操作无章可循，商务人员忙于其他客户，无暇对进行中的操作进行监控，导致操作失控，服务并非客户所预期，业务合作常常被迫中断。

3. 工作范围不明确

工作范围即物流服务要求明细，它对服务的环节、作业方式、作业时间、服务费用等细节做出明确的规定，工作范围的制定是物流外包最重要的一个环节。在投标的过程中，很多供应商都知道其重要性，但却没能在客户要求的时间内去完成，或者只是为完成而完成，并没有认真对待。工作范围不明确已经成为任何其他导致物流外包失败及黑洞出现的因素中的首要原因。工作范围是客户告诉供应商需要什么服务并愿意付出什么价格，它是合同的一部分，即对物流服务的细节进行具体描述。工作范围应该具体规定想要什么，供应商们在投标时应给出明确答复。

4. 物流行业系统化程度低

虽然我国物流行业发展较晚，但是通过吸取发达国家已有的经验及教训，可以取得后发优势。我国物流行业也开始从单纯侧重于销售、采购环节的第一方物流和第二方物流，逐渐向第三方物流转变，并且发展迅速，第四方物流的萌芽也开始显现。尽管我国当前物流行业整体上尚显粗放且系统化不够，但多样化的业态已经形成。基础物流设施已不再成为制约行业发展的瓶颈。国内物流行业中已经出现了现代物流先进业态的代表，物流技术和管理理念已在向全面的供应链管理发展。综合国外物流行业发展规律及我国物流行业现状，可以预见我国物流行业在产业升级、行业整合等方面存在诸多机遇，行业发展空间广阔。

5. 供需不平衡的矛盾依然存在

知识补充：
菜鸟推云客服秒查包裹讯息
http://tech.sina.com.cn/i/2016-11-09/doc-ifxxneua4522607.shtml

一方面，企业物流运作模式受“大而全、小而全”思想影响，习惯于自成体系，自我服务，大量潜在的物流需求还不能转化为有效市场需求；另一方面，物流企业规模小，实力弱，功能单一，服务质量和效率难以满足社会化物流需要。这几年，我国第三方物流发展很快，但真正能够提供一体化服务的企业还不多。在如何促进生产流通企业外包、释放物流需求，物流企业增强供给能力和服务水平等方面，政府有关部门还缺乏有效的政策措施。

二、物流企业产生问题的原因

1. 政策环境的影响

由于物流产业的复合性，与物流有关的政策分属不同部门，缺乏统一、透明的产业政策体系。虽然国家发改委等九部委已经出台了《关于促进我国现代物流业发展的意见》，但需要抓紧落实。例如不少企业反映，在工商行政管理部门缺乏明确标准，物流企业没有明确界定；在企业登记、发票使用、税收抵扣、企业资质评定等管理中，都有自有车辆数量的硬性规定，这是整合社会资源的一大障碍；物流企业业务外包时，营业税应征基数偏高，除运输费用以外其他外包的物流费用不能抵扣，大型物流企业异地分支机构还不能统一缴纳所得税；在养路费、运管费、货运附加费、过路过桥费等方面收费过高，企业负担重；由于各地限制货车进城，不少物流企业采用小型客车送货，既不安全又增加了成本，还影响到及时配送；从总体上来说，海关与动检、卫检、商检、外管局等相关部门还不能联动，与企业信息系统也没有接口，又不允许企业预录入，延缓了通关速度等。

2. 市场竞争的“失信”和“失范”

目前，在许多地方存在着诚信缺失和无序竞争的问题。如有的执法机构和人员借机乱收费、乱罚款，甚至还有黑恶势力欺行霸市；企业间的恶性竞争、打“价格战”；招标中的不规范、“暗箱操作”等问题也比较严重。据河北、河南、山东等地的一些货运企业反映，在他们参加过的货运企业招标中，90%以上的招标价低于成本价。这些都影响着物流市场的发展和正常秩序的建立，需要抓紧解决。

3. 物流市场对物流企业的认识严重不足

据统计，我国在现阶段，对第三方物流有着切实需求的企业主要仍然是一些外商投资企业，一部分新兴的高新技术、连锁经营、电子商务企业和极少数国有大中型工商企业。而我国的很多传统企业一方面还没有意识到需要集中资源以培养企业的核心竞争能力；另一方面也是由于没意识到物流的重要作用，而忽视和不愿意采用供应链管理的模式。此外，对第三方物流的应用层次比较低。即使有一些工商企业将运输业务外包给运输企业，仓储业务外包给仓储企业，也只是企业间简单的、不稳定的业务联系，而没有建立长期、稳定、供应链管理意义上的合作。

知识补充：
畅通物流配送最后一千米
http://news.163.com/16/1110/02/C5FPNOM4000187VF.html

4. 物流企业管理效率不高，资源浪费严重

目前，我国从事物流服务的物流企业，多是从传统的运输仓储货代企业转型而来。很多的企业自身对物流的认识还停留在传统物流简单物流的水平上，提供的物流服务也集中于简单的、低水平的物流服务。因此，在这一领域也存在着物流设施重复建设、设备简单、完成业务的功能单一、效率低下等弊端，完成不了规模的网络运营模式。由于无法完成对物流需求企业的物流业务进行物流系统设计、物流功能整合、物流信息系统开发等高层次的物流服务，使得物流效率难以大幅提升。

5. 物流企业采用的信息技术落后，信息化程度低

我国的物流企业虽有一些已在某些方面引进了高科技的工作手段，但更多的仍停留在传统的人工操作阶段。目前的物流行业信息技术应用系统大致划分为单点应用层次、流程优化层次、综合管理层次和公共平台层次。而据不完全统计数据表明，仅有少数规模较大的物流企业的信息化已经达到第二层次，实现了对物流业务流程的优化，占中国物流企业总数的18%左右。达到第三层次的物流企业仅占物流企业总数的 5%左右。总之，我国第三方物流企业的各种物流设施及装备的技术水平较低，信息技术应用水平不高，信息系统建设滞后。条形码技术、物料资源计划和企业资源计划等物流管理软件在物流领域中的应用水平较低，这都极大地制约了第三方物流企业的发展，影响了企业综合竞争实力的提高。

第三节　物流企业战略选择

一、物流企业战略选择的必要性

1. 物流需求高度化发展要求有高质量的物流战略

随着物流行业的日益发展，原来那种大量生产、大量销售体制下产生的大量输送将会越来越少，因而对物流企业原有的利益格局产生冲击，即原来依靠大量运输来支撑收益的企业在经营中变得越来越不稳定。所以，积极制定、推广高服务水平的物流战略是企业物流发展的必然趋势。

> **知识补充：**
> 探访“双 11”前的阿里巴巴菜鸟网络全自动智慧仓储基地
> http://news.21cn.com/photo/a/2016/1110/10/31693005.shtml

2. 物流企业间竞争加剧更加突出了物流战略的重要性

从事物流经营的企业之间竞争日益激化，一方面是由于参与竞争的企业越来越多；另一方面，随着物流技术与手段的发展，物流竞争的程度也越来越深，这种竞争程度上的变化既反映在物流服务的多样化，即外延上，又反映在物流服务的高技术、高效率，即内涵型发展。所有这些都使物流竞争比以前任何时期都要激烈，这更需要在战略上来指导物流活动。

另外，随着全球经济一体化，特别是 WTO 所推进的服务贸易自由化，使物流市场竞争越来越具有国际化的特性，这无疑给本来就具竞争性的物流经营带来更深刻的影响。从我国物流市场看，随着改革开放的不断深入，航空货运市场竞争日趋激烈，来自欧洲、美洲和亚洲等地的航空公司都在我国国内空运市场投入了更大的运力。日本货运航空公司、韩国航空公司以及美国联邦快递公司都相继进入中国市场。

3. 经济可持续发展要求物流企业制定合理的物流战略

随着多频度、小单位配送以及企业物流的广泛展开，如何有效地协调物流效率与经济可持续发展的关系，也是促使物流企业强化物流战略研究的重要因素。物流功能向大范围、纵深化发展，以及物流需求的高度化延伸，带来一个直接效应是物流量的急剧膨胀，但是，物流量的巨大化往往会阻碍物流效率提高，这主要是因为它对社会和周围环境可能会产生两方面的负面影响。一是巨大的物流量在没有有效管理和组织的情况下，极易推动运输、配送车辆以及次数增加，而车辆、运行次数上升带来的结果首先是城市堵车、交通阻塞现象日趋严重，特别是在大都市、中心城市，原来交通状况就比较严重，如果再不断增加路面负荷，更容易产生效率低下以及各种社会问题。二是环境破坏问题，即对社会产生了负的外部效应，特别是物流产业中货车运输已成为大气污染、噪声、振动等现象的元凶之一。在这种状况下，选用何种适合环境的运输工具、如何安排共同配送等都是企业经营应当考虑的问题。所以，经济的可持续发展也要求物流企业制定合理的经营战略。

知识补充：

智能仓储机器人项目“订婚”萧山企业

http://news.163.com/16/1110/04/C5FVN8EI000187VI.html

二、物流企业战略选择的类型

（一）按物流战略发展方向划分

从战略发展方向上可以将其划分为增长（发展）型战略、维持（稳定）型战略和收缩（撤退）型战略三大类。

1. 增长（发展）型战略

增长型战略又称进攻型战略，是指发展目标大大高于企业现有水平的战略。采用这种战略的企业，通常不满足于企业的现状，寻找一切可能的机会和途径扩大企业的经营规模。企业采用这种战略要求企业有较雄厚的实力或较繁荣的市场，即企业的市场有不断扩大的趋势和潜力。进攻型战略主要包括单一产品或服务进攻战略、复合多样化进攻战略、同心多样化进攻战略、纵向一体化进攻战略和横向一体化进攻战略。

2. 维持（稳定）型战略

维持型战略又称稳定型战略，是指战略水平与企业原有水平基本持平的战略。采用这种战略的企业，一般是在产品或服务的市场需求增长达到饱和状态，市场容量不可能再增加，甚至马上会出现衰退，企业既没有力量在原有领域里继续扩张，又没有实力进入新的领域，只能依靠防御性战略防止其他企业的进攻，以保持企业已有的生产和市场规模。

3. 收缩（撤退）型战略

这种战略是指战略水平低于企业原有水平的战略。收缩型的战略有两种类型。

（1）积极退却战略。这种战略一般是指以退为进的战略。企业利用生产量上的暂时退却来苦练内功，养精蓄锐，以便将来东山再起。

（2）消极退却战略。由于市场衰退或企业在市场竞争中处于非常不利的位置，企业与其在这一领域中继续进行毫无生机的奋斗直至死亡，还不如趁还有一定能力时及时从原有领域中退出来，以便寻找新的出路。这种战略的意义就在于从原有领域进入新的领域需要一个过程，因而企业应对这一过程进行具体的谋划。

（二）按企业产品或服务和市场的组合状况划分

影响企业经营战略的要素有：现有产品或服务、新产品或服务、现有市场、新市场。这四种要素有四种组合，形成四种不同的企业经营战略。

1. 物流服务更新战略

服务更新战略是指企业依靠扩大现有产品或服务在现有市场上的投放以达到发展目的的战略。采用这种战略的企业一般不增加在产品或服务更新上的投入，通过广告方式增加消费者对企业产品或服务的了解，以及降低价格、加强售后服务等，使原有的消费群体更多地购买本企业的产品，扩大企业在现有市场上的市场占有率。企业采用这种战略，势必要从其他企业的市场中挖一部分出来，如果遇到强劲的对手，竞争将会非常激烈，这就要求企业必须具有较强的实力。

> **知识补充：**
> 扩大仓储“淘宝村”备战“双 11”
> http://finance.chinanews.com/shipin/2016/11-10/news676011.shtml

2. 物流市场开拓战略

市场开拓战略是指企业利用现有产品或服务寻求新的市场以达到发展目的的战略。这种战略的主要思路是企业保持现有市场上的占有率，依赖新的市场来发展，所以并不是找到新的市场后把现有市场放弃。采用这种战略的企业必须善于另辟蹊径，寻找新的市场。

3. 物流服务开发战略

物流服务开发战略是指企业开发出新产品或服务投放到现有市场上以达到发展目的的战略。如果企业依靠现有产品很难在现有的市场上继续找到发展的机会，开拓新的市场又有比较大的难度或企业具有较强的产品开发能力，企业就可以利用产品或服务开发战略。

4. 多样化经营战略

多样化经营战略是指企业开发出新产品或服务投放到新的市场以达到发展目的的战略。由于新的产品或服务可能区别于企业现有产品，新的市场又完全是一个新的顾客群体，采用这种战略的企业就可能在两个完全不同的领域中进行经营。当企业把经营的触角伸展到多个不同的领域时就称为多角化经营。采用多角化经营战略，要求企业有在多个不同领域同时进行经营的实力，所以一般只有比较大型的企业才能这样做。

（三）按物流战略中心不同划分

1. 差异化战略

差异化战略是指企业通过对产品或服务进行一些改进，使之与竞争对手的产品或服务存在一定差异，从而稳定吸引一些顾客，达到提高市场占有率的目的的战略。在同质产品的竞争中，各企业处于同等的地位，不可能形成稳定的顾客群，这对企业的长远发展是不利的。实行产品的差异化，企业产品或服务的某种差异可能正好符合顾客的嗜好，这类顾客就可能成为企业的永久性顾客，所以企业追求产品或服务的差异化，能有效满足消费者不同的需求。企业实现产品或服务的差异化可通过改进质量、包装、品牌、售后服务、企业声誉和形象等途径进行。

2. 低成本战略

低成本战略是指企业通过改进生产过程，扩大企业生产规模和降低各种生产要素的消耗，以降低成本，用低成本来击败竞争对手达到发展目的的战略。低成本战略的战略思路是：当企业的产品成本低于竞争对手时，在同样的价格水平下，企业的盈利能力超过竞争对手；如果各企业的利润水平相同，则本企业的产品价格可以低于竞争对手的价格，在产品或服务同质的前提下，更多的顾客将被本企业吸引过来，所以企业能在竞争中处于非常有利的地位。

3. 重点战略

重点战略是指企业把全部力量都集中在某一特定的市场或产品上的战略。采用这种战略的企业往往实力比较弱小，不能把力量分散到其他方面，全力投入特定市场或产品就可以形成集中的优势，在该市场占据重要地位，具有竞争优势。

三、物流企业战略选择的依据

物流战略选择是指做出选择某一特征物流战略方案的决策。物流战略决策的制定者常常需要对未来进行再评估，随着事态发展不断发现新的和谐性，并及时对企业的资源进行调整，求得新的平衡，以适应经常变化的条件。决策过程总地来说是动态的，没有真正的开始或结束。不过，一些研究表明，在这一“决策流”程序中，确实有几个因素扮演着关键角色，其中包括如下内容。

知识补充：

亚马逊卖家有考验 欧洲五站自配送退货包邮 http://www.ebrun.com/20161107/200302.shtml

1. 物流企业过去的战略

对大多数企业来说，过去的战略常作为战略选择过程的起点。这样，一个很自然的结果是，进入考虑范围的战略方案的数量会受到基于企业过去的战略的限制。

2. 物流企业管理者对风险的态度

企业和管理者对风险的态度影响着战略选择的决策。一些企业看起来乐于承担风险，而另一些企业则对风险有一种强烈的回避倾向。风险承担者一般采取进攻性战略，以便在被迫对环境的变化做出反应之前主动地反应。风险回避者则通常采取防御性战略，只有在环境变化迫使其做出反应时才不得不这样做。风险回避者十分倚重过去的战略；而风险承担者则寻求一种更广泛的选择。

3. 物流企业环境

企业总是存在于一个通常受到股东、竞争者、客户、政府、行业协会和社会影响的环境之中，企业对这些环境力量中的一个或多个因素的依赖程度也影响其战略选择。对环境较高的依赖程度，通常会减少企业在其战略选择过程中的灵活性。

4. 物流企业文化与权力关系

企业文化和权力关系对企业目标的设置过程有深刻的影响。企业文化是一种价值观，它为企业的活动和行为设定一种模式。“权力”则是存在于人们之间的一种相互关系，凭借这种关系，某一个人能够对另一个人或群体施加影响，使之做一些没有这种关系就无法做到的事情。企业文化和权力关系都对战略选择过程有着重大影响。

5. 物流管理人员的素质

低层管理者和职能部门人员（尤其是公司的计划人员）对企业的战略选择有重要影响。低层管理者和职能部门人员对战略选择的影响是通过准备提交的战略方案以及通过评价与各种方案相联系的风险来实现的。一般来说，低层管理者或职能部门人员对战略选择提出的建议和评价倾向于少冒风险，并且与过去的战略仅有细微的区别。

6. 竞争行为和反应

影响战略选择的另一个因素是企业外部的竞争行为和反应。这一因素相当关键，例如，在物流行业里的强势企业的竞争行为和反应强烈地影响到该行业所有公司的战略抉择。

7. 时限考虑

影响战略选择过程的另一个因素是可供做出决策所用的时间的长短，时限压力大，不仅限制了可能进入考虑范围的战略方案的数量，而且也减少了可以收集来用于方案评价的信息的数量。当人们被置于时限的压力之下时，他们倾向于把否定性因素看得比肯定性因素更重要一些，并且在做出决策时只考虑为数更少的因素。

新闻摘要

国美渠道下沉，物流公司将独立上市

营收增长不利，曾经的线下家电连锁龙头国美开始渠道下沉，开始将公司发展的战略重点投向农村市场，打头阵的是国美旗下物流公司安迅物流。

2016 年 8 月 1 日下午，国美旗下物流公司安迅物流宣布：截至 2018 年年底，安迅物流将在全国县乡农村地区的 1000 个县发展 2 万余家农村终端加盟店。而后在 2019 年完成“再造一个国美”的目标。

国美当前的主要市场在一、二线城市，三线城市也有布局。年营收约在 1000 亿元左右，这意味着，在县镇市场国美还有千亿元的目标。

安迅物流总裁刘冬屯介绍，安迅物流旗下拥有专运大件的安迅快运、专运小件的安迅快件、安迅商贸、安迅科技和安迅地产五大物流商贸公司。此次招募加盟商渠道下沉，便是将加盟商加入安迅商贸，依托其物流体系，实现库存共享、零库存、零资金占压，贴近终端社区。

第四节　中国物流市场的格局

一、外资物流企业发展

外资企业进入中国物流领域，始于 20 世纪 80 年代中期，迄今为止已有 30 多年的历史。

1. 进入起始阶段（1984—1994 年）

20 世纪 80 年代开始，国际快递企业开始进入中国，按照原外经贸部要求，当时所有进入中国的跨国公司从事快递业务，必须与中外运公司进行合作。国外的业务完全由外资公司处理，国内的快递主要由中外运负责。1984 年 4 月，FedEx 首先登陆中国，开始与代办商在中国开展速递业务。DHL（1986 年）、UPS（1988 年）、TNT（1988 年）相继与中外运成立合资企业。1993 年，中外运敦豪开始向中国各主要城市提供国内快递服务；1994 年，FedEx 成为首家拥有中国直航权的美国速递公司。

2．稳步发展阶段（1995—2004 年）

从 1995 年开始，中国开始就外资物流企业在华设立条件、审批程序和业务等做出明确规定，主要涉及运输代理、海运、铁路、道路运输和民航业等。在加入 WTO 后的第二年（2002 年），为探索全面放开物流市场，促进国际贸易及现代物流业的对外开放和健康发展，原外经贸部出台《关于开展试点设立外商投资物流企业工作有关问题的通知》，允许境外投资者与中国投资者以合资或合作的方式在江苏省、浙江省、广东省、北京市、天津市、重庆市、上海市、深圳市设立物流企业。截至 2002 年 7 月，在华国际物流企业达 31 家，在主要城市设立 309 个分支机构。联邦快递、联合包裹、敦豪速递和荷兰邮政在中国的业务量和营业收入年均保持 20%以上增速，对中国本土物流企业产生了较大冲击。

3．加快发展阶段（2005 年至今）

根据中国“入世”承诺，2005 年 12 月 11 日，中国物流业全面对外开放，允许外资在华设立独资物流企业。2006 年，商务部出台《关于进一步做好物流领域吸引外资工作的通知》，外资物流企业开始通过并购和联盟等多种方式进行迅速扩张。例如，2006 年，TNT 以 1.35 亿美元收购国内最大的民营公路运输商华宇物流集团；同年，FedEx 收购大田联邦快递所有股份，成为其独资公司。2007 年，外商在中国物流领域的投资项目达 6996 个，占外商在华投资项目的 18.5%；四大国际快递公司已占据中国国际快递业务 80%和国际航空货运市场 60%的份额。除竞争日趋激烈的快递与零担运输市场以外，从事航运、汽车、冷链、地产投资与园区租赁、钢铁等行业的大型国际物流企业加速进入中国，并在所在细分市场占据重要地位。以电子商务和快递行业为例，据商务部和邮政局监测数据显示，2005 年中国电子商务交易总额为 1.3 万亿元，2014 年为 13 万亿元左右，10 年增长 10 倍。其中，网络零售额在 2005 年为 150 多亿元，2014 年达到 2.7 万亿元，是 10 年前的 160 多倍，占全社会商品零售总额比例超过 10%；快递包裹数量由 2005 年的 2.288 亿件增长到 2014 年的 13.959 亿件，10 年增长超过 6 倍，呈现爆发式增长态势。国际物流企业进入中国的时间路径与中国物流市场的准入门槛、物流市场发育程度、物流业管理体制有直接关系，尤其是外资利用政策变化影响了各时期的企业进入数量，特别是影响了其投资经营模式和物流网络构筑。

> **知识补充：**
> 电商快速发展　日日顺物流承接最后一公里的配送
> http://www.yxcf.org/jypd/jyyw/2016-11-07/254646.html

二、国有物流企业运筹帷幄

大型的国有物流企业主要有中远、中外运等。

1．中远

中远物流全称为中国远洋物流有限公司，是由中国远洋运输集团、中远太平洋有限公司（恒生指数成分股，HK1199）合资组建的规模和实力居市场领先地位的现代物流企业，是我国最大的中外合资第三方物流企业。中国远洋物流有限公司以“做最强的物流服务商，做最好的船务代理人”为奋斗目标，致力于为国内外广大客户提供现代物流、国际船舶代理、国际多式联运、公共货运代理、空运代理、集装箱场站管理、仓储、拼箱服务、铁（公）路和驳船运输、项目开发与管理以及租船经纪等服务。

中远物流总部在北京，下设大连、北京、青岛、上海、宁波、厦门、广州、武汉 8 个区域公司，在韩国、日本、新加坡、希腊和我国香港地区设有代表处。中远物流凭借国际化的网络优势，在细分市场的基础上，重点开拓了汽车物流、家电物流、项目物流、展品物流，为客户提供高附加值服务。其中，汽车物流主要为上海别克、一汽捷达、神龙富康等厂家提供进口汽车组装的物流配送服务，为沈阳金杯提供零公里成品车物流配送服务；家电物流客户主要有海尔、科龙、小天鹅、海信、澳柯玛及长虹等知名企业。项目物流主要开发了长江三峡水电站、秦山核电站、江苏田湾核电站、齐鲁石化工程、厦门翔鹭 PTA、上海磁悬浮轨道梁等国家重点建设工程的物流项目。展品物流在完成“中华文化美国行”“德国亚太文化周”“亨利・摩尔巡回展”“北京国际工程机械暨技术设备展览会”等多项具有经济和社会效应的展品物流项目的基础上，中远物流已初步形成以北京、上海和广州为中心的跨国展运物流服务核心经营体系。

2. 中外运

中外运空运发展股份有限公司成立于 1999 年 10 月,并于 2000 年 12 月 28 日在上海证券交易所成功上市，是国内航空货运代理行业第一家上市公司，简称“外运发展”。外运发展由中国外运集团的优质空运业务资产重组而成，核心业务包括航空货运代理、速递及综合物流，其中国际货运代理业务稳居国内行业第一，速递业务也已形成高速发展的自有品牌——中外运 e 速。凭借完善的国内服务网络，与 DHL、OCS 等国际物流巨头结成战略伙伴。公司通过与大韩航空、南方航空、沈阳桃仙机场建立战略联盟，跨进了航空承运领域和机场核心作业领域，逐步发展成“天地合一”的整合物流供应商。公司还与惠普公司长期合作，开发出先进的全国货运和快运管理信息系统，信息化程度在业内名列前茅。近年来，公司通过与诺基亚、三星、海尔、上海大众等国内外行业领先客户的长期合作，积累了丰富的服务经验，也取得了客户的广泛认同。

三、民营物流企业加快发展

第一，民营物流企业获得超常规发展。

我国民营物流企业 70%成立于 20 世纪 90 年代中期之后。其中，1995 年至 1999 年成立的占 32%；2000 年以后成立的占 38%。此外，1990 年至 1994 年成立的占 26%；1990 年以前成立的民营物流企业仅占 4%，显示出民营物流企业与我国现代物流产业同步快速发展的趋势。我们所了解到的民营物流企业，从 1994 年至 2005 年的 11 年里，主营业务收入平均每年增幅达 30%左右。在“2014 年中国最具竞争力 50 强物流企业排序名单”中，民营企业约占总数的 65%。

第二，跨国公司进入我国是民营物流企业发展的重要契机。

在我国加入 WTO 以后，跨国公司大举进入。跨国公司往往专注于自身的核心竞争力，而将物流等辅助业务外包，为我国物流企业发展带来契机。许多民营物流企业抓住机遇，发挥自身优势，在为跨国公司的服务中学习物流理念、管理和技术，提升自身服务能力。通过我们的调查发现，80%以上的民营物流企业在为跨国公司提供物流服务，发展比较好、比较快、比较稳的民营物流企业都与跨国公司具有较好的合作关系。

第三，民营物流企业的资本积累和网络建设已经达到一定规模。

> **知识补充：**
> 生鲜蔬菜配送 餐饮管理公司源甲餐饮是首选
> http://www.qnz.com.cn/news/newsshow-30382.shtml

民营物流企业经过多年的发展，资本积累和网络建设已经达到一定规模。部分民营物流企业已经具备了一定的竞争实力。民营物流企业大部分从运输、仓储等传统业务起步，逐步向现代物流业务拓展。民营物流企业根据客户需求，结合自身优势，“有所为，有所不为”，初步明确了市场定位，形成了各自优势领域。合作联盟成为民营物流企业新的发展趋势。

第四，民营物流企业的信息化建设迈上新台阶。

信息化建设走在前列的民营物流企业一般都采用了客户关系管理系统、全面订单管理系统、库存管理系统、车辆管理系统、财务管理系统、决策分析系统，有的已开始运用卫星定位系统、实时查询系统和无线射频技术等，实现了和客户信息系统的对接。

第五，现代企业制度开始进入民营物流企业。

早期的民营物流企业受历史阶段影响，个体私营性质和家族制管理现象比较普遍。随着企业规模和市场范围的扩大，原有的治理机制和管理体制已经不适应发展的要求，许多民营物流企业引入现代企业制度，企业性质有了较大改变。同时，民营物流企业生存发展的政策环境有了较大改善。各地政府对民营物流企业的支持和引导也不断加强，比较集中地体现在对物流园区的政策支持。物流园区（基地）是民营物流企业的聚集地，各地对物流园区发展的政策支持，使民营物流企业成为主要的受惠者。

第六，民营物流企业为经济社会发展做出了重要贡献。

民营物流企业不仅直接推动了我国物流产业的发展，而且促进了经济结构调整和经济增长方式转变，有利于国民经济又好又快发展，有利于有效利用社会物流资源，减少交通拥堵和环境污染，符合科学发展观的要求。民营物流企业的发展，扩大了国家税源、提供了大量的就业岗位。

> **课堂讨论**
> 你认为应如何改善环境，使得物流企业发展更加迅速？

补充阅读

国际三大快递巨头，凭啥称霸全球？

国际三大快递巨头敦豪（DHL）、联合包裹（UPS）、联邦快递（FedEx）在发展初期也经历过筚路蓝缕的奋斗年代。随着企业逐步发展成熟，如今，这些国际物流上市公司的业务已经覆盖全球，实现了从量的积累到质的转变。在中国，快递企业敲开了资本市场的大门，他们可以从国际巨头身上学到哪些东西呢？

1．健全躯干拓展业务

国际快递巨头并非单纯的快递公司，而是大型综合性集团公司。其主干强大，枝干亦十分茂盛。

国内所熟悉的联邦快递其实是联邦快递集团下的快递公司。联邦快递集团实际上由服务（FedExServices）、快递（FedExExpress）、地面（FedExGround）、货运（FedExFreight）四大板块业务组成，分别由四家公司展开相关业务。四大板块相辅相成，相互支撑发展。

联邦快递公司是世界最大的快递运输公司，服务涵盖全球 200 多个国家和地区。联邦快递地面包裹公司是北美领先的小包裹地面递送公司，是美国邮政的重要合作伙伴。其联邦快递智能邮政服务（FedExSmartPost）就是利用美国邮政的末端配送系统为客户提供轻量、高效的运输服务。联邦快递地面货运公司是美国领先的零担货运公司。联邦快递服务公司则为其他三个运输类服务公司提供销售、营销、信息技术、通信和其他特定的后台支持服务。“联合竞争、独立运营、协同管理”，这便是联邦快递集团与其旗下各公司间的和谐关系，他们共同为客户提供优质服务和价值。

对于自身设置的四大板块，联邦快递集团十分自豪，并将结构设置与人才培养看作公司的两大优势。

2. 定制服务招揽客户

除了公司架构的“丰满”，三大巨头的营收渠道也非常多元，为各行各业提供物流配送一体化解决方案是其重要优势。点开敦豪官网就会发现，它制定的物流解决方案涉及航天、汽车、化学、消费品、时尚、生命科学与保健产业、工程与制造、可再生能源、科技物流、零售等多个行业。

敦豪为汽车产业提供的解决方案极具特色。其核心服务包括进货至制造厂、仓储及订单处理、运输管理、场内物流、售后物流和第四方物流服务。其中，仓储及订单处理服务能够提升产品与客户需求之间的契合度，提高产品响应需求的速度和能力。敦豪为此项业务建立了区域及国内配送中心、厂内配送中心、共享设施和越库设施，以及并装集运及分装拆运中心等。仓储管理系统项目可以实现产品的自动化分类，并提供配件存储、调配、出库等售后服务。此外，敦豪还为客户提供轮胎配送、制定新兴市场方案以及供应链方案分析与设计等其他汽车业配套服务。

联合包裹服务的产业亦有很多，如汽车制造、卫生保健、高新科技、工业制造，以及配送、零售等。值得注意的是，联合包裹任何一个客户对其合并收入的贡献都低于 10%，因此，任何一个单一客户的流失都不会对其整体财务情况或运营带来实际影响。

3. 精益求精创新技术

随着全球快递企业服务时效差距的缩小，新技术、新产品的研发和应用就成为“兵家必争之地”。这也是企业形成差异化竞争的核心手段。

据了解，联合包裹每天要对 5000 多万件包裹进行跟踪。这要归功于近 10 万台在现场采集和分发包裹数据的手持交货信息采集装置（DIAD），它是每个包裹的数字化跟踪点。自 1991 年以来，DIAD 已经更新至第五代。它的存储空间充足，可以记录包括签名在内的数据信息，具有上传快件信息、扫描条形码、货到付款结算等功能。

让联合包裹自豪的还有其具有自主知识产权的公路运输优化和导航系统 ORION。ORION 利用含有 2.5 亿条名址的数据库和定制地图数据，为快递员提供优化投递线路。数据显示，若每天每单业务少行驶 1 千米，每年就能为公司节省 5000 万美元成本。2013 年，联合包裹首次大规模启用该系统，计划到 2017 年，ORION 将在北美 5.5 万条路径上使用。截至 2015 年年末，已经有超过 4 万名快递员使用该系统。

4.“开疆拓土”布局全球

并购是巨头迅速拓展网络的捷径。联合包裹成立于 1907 年，在经历了 90 多年的发展积淀后，于 1999 年上市，并已为股东提供了超过 580 亿美元的回报。

成为上市公司以来，联合包裹收购了 40 余家大型公司，其中不乏货车运输和航空货运、零售发运和商业服务、跨境以及金融和国际贸易服务等领域的领军者。这使其业务范围显著扩大，远远超过运输服务的本业。

与联合包裹的厚积薄发不同，联邦快递成立 7 年后就上市了。联邦快递的每一次重大收购都直接影响了企业的运营和发展方向。其在上市后的第 6 年进行了第一次收购。1984 年，收购了 Gelco 国际快递公司，该公司在欧亚两地设有办事处，联邦快递的服务由此拓展到亚太地区。

1995 年，联邦快递收购了 Evergreen 国际公司中美货运航线权，成为当时唯一进入中国的美国快递运输公司。此后，联邦快递相继完成了 20 多项重量级并购交易，强化了其在快递、小包、零担货运、物流、零售电商运输及相关技术领域的领先地位，足迹遍布美洲、欧洲、亚洲、非洲、拉美及加勒比海等地区。

尽管优势明显，但面对激烈的市场竞争，三大巨头也充满危机感。

联合包裹在 2015 年的年报中称，“当前和未来，我们面临着国内、国际各种服务类型公司的竞争，有的企业的成本和组织结构与我们存在差异，他们会提供一些我们所不愿意或不能提供的服务和价格。如果不能及时适应竞争，我们的财务和经营都将受到消极影响。”

此外，联合包裹还深入分析了企业面对的其他风险，如国内外监管政策的变化、日益严格的安全要求、隐私泄露或 IT 系统崩溃、劳工权益或财产损失诉讼，此外还有环保义务、并购或合作未带来预期收益等风险，这些都可能对企业的运营财务或品牌形象等产生影响。

合理的公司架构、系统的解决方案、持续的科技创新和有序的并购步伐，国际巨头的发展壮大不存在任何侥幸，而是凭借实力和正确的策略一步一个脚印扎实走出来的。

本章小结

企业的内、外部环境是不断变化的，具有很大的随机性。这必然影响和冲击业已确定的经营战略，所以，企业经营的战略必须根据环境的变化而及时做出应对。本章首先介绍了环境的概念以及物流企业环境的分类，并对环境研究的必要性进行了介绍；然后介绍了物流企业进行战略选择的必要性以及依据，详细介绍了物流企业战略的种类；最后从外资企业、大型国企以及民营企业三个方面对我国物流企业的发展前景进行了展望。

练习题

一、概念识记

环境　物流企业环境　宏观环境　中观环境　微观环境　经济环境　企业经营战略

二、单选题

1.（　　）环境因素对某一具体企业的影响通常并不是直接的，而往往是间接的。

A. 宏观　　B. 中观　　C. 微观　　D. 以上都有

2.（　　）经营战略是指企业开发出新产品或服务投放到新的市场以达到发展目的的战略。

A. 多样化　　B. 市场　　C. 技术　　D. 产品

3. 差异化战略是指企业通过对产品或服务进行一些改进，使之与竞争对手的产品或服务存在一定差异，从而稳定吸引一些顾客，达到（　　）目的的战略。

A. 提高市场占有率　　B. 增加营业收入

C. 降低成本　　D. 利润最大化

三、多选题

1. 根据影响企业管理的领域，可以将物流企业环境分为（　　）类。

A. 宏观环境　　B. 中观环境　　C. 微观环境

D. 社会环境　　E. 经济环境

2. 影响行业内竞争结构及强度的主要环境因素有（　　）。

A. 现有竞争对手研究　　B. 潜在竞争对手研究　C. 替代品制造商研究

D. 供应商研究　　E. 用户研究

3. 影响企业经营战略的要素有（　　）。

A. 现有产品或服务　　B. 新产品或服务　　C. 现有市场

D. 新市场　　E. 差异化

四、判断题

1. 外部环境研究可以为物流企业提供大量的能够客观反映环境特点及其变化趋势的信息。（　　）

2. 增长型战略又称进攻型战略，是指发展目标大大低于企业现有水平的战略。（　　）

3. 物流企业环境分为宏观环境、中观环境和微观环境三大类。其中宏观环境、中观环境又称为企业的外部环境，微观环境又称为企业的内部环境。（　　）

4. 对物流企业内部环境的分析可以从两个方面来进行：一是对物流企业内部的各职能部门进行分析；二是对物流企业的生产要素进行分析。（　　）

五、简答题

1. 物流企业进行环境研究的作用。

2. 物流企业战略选择的类型。

3. 物流企业战略选择的必要性。

六、案例分析

转型升级进程中的国内快递企业应对大型国际快递物流企业，厘清其发展脉络、总结其成功经验，或“取长补短”，或“扬长避短”，依靠自身优势打造核心竞争力。而且，全球快递企业在发展过程中所面对的问题具有一致性，这也给国内外企业创造了合作共赢的机会。综合媒体报道，自 2013 年《关于深化收入分配制度改革的若干意见》出台之后，收入分配改革难题呈现各个击破的态势，进入 2015 年，我国收入分配改革步伐明显提速：企业退休人员养老金在已实现“十连涨”的情况下，迎来第 11 次上调；机关事业单位和城镇职工养老金正式并轨；央企高管开始限薪，72 家央企负责人将率先启用新的薪酬制度，未来国企负责人和高管们将逐渐告别高得离谱的薪酬水平。

结合案例分析我国快递企业应如何选择物流战略以适应不断变化的物流环境。

第三章 物流企业客户关系管理

【学习目标】

熟悉客户关系管理的内涵和本质；掌握物流企业客户关系管理的实施办法；了解物流企业客户关系管理的现状和困境。

案例 3.1

马士基物流公司的客户关系管理

全球著名的家居产品供应商瑞典宜家（IKEA）是马士基极其看重的一个全球协议伙伴，客户关系管理系统为其处理企业管理和产品供应增加了新的技术手段。

马士基承揽着宜家在全球 29 个国家、2000 多家供应商、164 家专卖店、10000 多种家具材料的物流任务。宜家和马士基有牢不可断的"纽带关系"，因为宜家的"供应商家族"多年前就一直在与马士基合作。两家公司进行了长期的合作，彼此在生意模式、价值观、商业目的等方面多有相似之处。

1998 年，宜家感觉中国市场大有可为，其亚太战略重心开始向中国转移。同年，宜家在上海开了第一家家居商场，1999 年又在北京开了第二家。随后，宜家风行中国，两年内在中国的销售额涨了 43.6%，全球采购量的 10%也转移到了中国。这时，供应商的数量增加，地域分布拓宽，部署了在中国的生产网络和销售网络，使得物流业务量快速膨胀。包括原料采购、原料进口、产品和原料出口、国内运输、仓储、配送等，这显然需要物流服务者能够对 SCM（供应链）作整体计划。此时，马士基的办事处显然已经不能满足宜家在中国的需要了。

就在宜家火爆中国的时候，马士基也没有闲着。经过层层努力，终于将"有利集运"注册成了独资公司。权限扩大后，该独资公司接着又在中国沿海城市设立分公司和办事处，迅速扩张网络。有人笑言："马士基的物流服务几乎是随着宜家的扩张而扩张的。只要宜家在新的地区找到供应商，马士基就尽量扩张到那里。"马士基和宜家在物流领域的合作是经典的"点对点"链条关系。这种链条关系并不仅仅是业务需求，更关键的是，它们长期的合作使彼此相互促进。当然，马士基的"跨国链条"上，不可能只连着宜家一个，这个链条上源源不断地连接着马士基的全球协议伙伴，如耐克、米其林轮胎、阿迪达斯等公司。马士基是追随它们而来。

这种点对点的链条现象在各个行业的跨国公司是普遍存在的，它们显然更愿意携着自己的伙伴来中国开垦，而不是选择中国的小企业。宜家这样的跨国公司更像是一艘旗舰，在它的"联合舰队"中，当然不希望有破旧的"机帆船"。

启发思考：

（1）马士基物流公司是怎样对它的客户——宜家家居进行管理的？

（2）通过对宜家的服务，给马士基带来了哪些发展机遇？

（3）马士基和宜家是怎样通过长期合作进行相互促进的？

第一节　概述

一、物流企业客户关系管理

（一）客户关系管理的内涵与本质

1. 客户关系管理的内涵

贝利于 1982 年率先提出了“关系营销”的概念，理论界研究客户关系的序幕被正式拉开。多年来，客户关系管理理论的研究有了质的飞跃，但国内外学者在对客户关系的界定上又显著不同。总的来说，相关专家都一致认为成功营销项目的核心是“吸引和挽留最有价值的客户”。客户关系管理首先是一种管理理念，它的核心思想是将客户作为企业的战略资源来看待的，在满足客户需求的基础之上对客户进行深入的分析，据此来对客户服务逐步完善，确保客户终身价值的实现；其次，客户关系管理是一种管理软件、管理技术，它通过将最好的商业实践与数据挖掘、数据仓库、一对一营销、销售自动化及其他先进的信息技术相结合，为企业的销售、客户服务等众多领域提供自动化的解决方案。

知识点滴

关系营销，是把营销活动看成是一个企业与消费者、供应商、分销商、竞争者、政府机构及其他公众发生互动作用的过程，其核心是建立和发展与这些公众的良好关系。

综合目前研究成果，客户关系管理研究可分为两大派。其一是在有效客户关系管理及其运用方面学术界和实业界的探索；其二是以 SAS、SAP 和 IBM 等为代表的 CRM 方案平台开发商，其对客户关系管理的定义强调从技术的角度，他们把客户关系管理看作一个过程，企业凭借此过程，能够更好地掌握和运用客户的信息，以达到增加客户忠诚度，终身挽留客户的目的。

本文中将客户关系管理的定义做了以下描述：客户关系管理作为企业的一种经营哲学和总体战略，它通过先进的信息通信技术来获取客户的相关数据，并运用相关的数据分析工具对其进行分析，以此来挖掘客户的需求特征、行为模式、偏好变化趋势等，积累、运用和共享客户知识，并通过为不同的客户提供具有针对性的优质价值的定制化产品和服务对处于不同生命周期的客户关系及其组合进行管理，采取一定的措施来强化客户忠诚，并最终实现客户与企业价值最大化之间的合理平衡的动态过程。

知识补充：

今年“双 11”陕西快递将呈 7 大特点　增加人员“滚动”配送

http://news.hsw.cn/system/2016/1110/532414.shtml

客户关系管理的定义包括以下几个层面的含义。

（1）不能把客户关系管理只看作是一种简单的概念或者方案，客户关系管理又是企业的一种经营哲学和战略，它存在于企业的每个经营部门与经营环节当中，以达到在获取一定利润的前提下合理有效地对企业现有的和潜在的客户进行管理。

（2）实现客户与企业价值的最大化的动态平衡是客户关系管理的目的，即实现客户与企业的双赢。客户关系管理的基础是坚持以客户为中心并为客户创造更佳的价值；作为一个以盈利为目的的组织，企业生存和发展的宗旨就是实现利润的最大化。而为客户创造最佳的价值与企业获取最大的利润两者之间又是对立统一的，如果只顾着为客户创造最佳的价值就必然导致企业成本的增加，这样就会损害企业的利益，进而不能确保企业在为客户创造长期持续的客户价值方面的能力。然而，只有为客户创造更优异的价值，才能不断地提高客户满意度与忠诚度，才能实现获取并挽留客户的目的，进而实现企业价值的最大化。

（3）从真正意义上确保客户关系管理的有效性，关键就在于对客户互动的管理是否有效。企业必须对与客户接触的每个界面进行有效的管理才能为客户创造优异的价值，在与客户的互动中要实现全情境价值的最优化，最大限度地获得客户的相关信息。

知识点滴

数据挖掘（data mining），又称为资料探勘、数据采矿，它是数据库知识发现中的一个步骤。数据挖掘一般是指从大量的数据中通过算法搜索隐藏于其中信息的过程。数据挖掘通常与计算机科学有关，并通过统计、在线分析处理、情报检索、机器学习、专家系统（依靠过去的经验法则）和模式识别等诸多方法来实现目标。

（4）客户关系管理的技术支撑是以互联网和数据挖掘等工具为代表的信息技术。为使企业能以整合的方式收集、运用、共享和更新相关的客户信息，最大限度地获取、运用和共享客户知识，需要先进的信息技术作为支持为客户创造优异客户价值、实现有效客户互动、制定和实施客户关系管理战略。

（5）客户关系管理要求企业把主要精力集中在最有价值的客户身上，但并不是要求企业放弃那些低价值的客户，而是要在对客户进行细分和深入分析之后，区别对待低价值的客户。

2. 客户关系管理的本质

客户关系管理理论的基石是以客户为中心并为客户创造价值，实施客户关系管理的企业必须突破营销部门和客户服务部门的传统模式，实施跨部门的、贯穿于整个组织的战略，把客户中心型战略与强化客户忠诚和增加利润的流程整合在一起。客户关系管理的本质具体表现在以下几个方面。

（1）客户关系管理的最终目标是实现客户价值的最大化

随着“产品导向”向“客户导向”的转变，客户的选择越来越决定着企业的命运。客户之间的关系及相关的客户知识、能力，都是当今企业最重要的战略资源之一。企业执行客户关系管理，就是要对企业与客户之间存在的各种关系进行全面管理，实现客户价值的最大化。企业与客户的关系不仅包括销售过程中所发生的业务关系，也包括企业售后服务中发生的业务关系。对这些关系实施全面有效的管理，能够提升企业在营销与关系管理方面的能力，降低营销成本，控制营销过程中导致的客户抱怨等行为。

（2）客户关系管理本质上是企业与客户的一种竞合性博弈

首先，如果企业想获得持续、健康、稳定的发展，就得具备扩大规模的资金，相应的就要求企业有更强的盈利能力，而获得更大的利润就要求企业首先为客户提供满意的产品和服务。其次，为了获取相应的利润，企业就必须追求投入与收益的平衡，而为了满足客户高层次的需求，还必须维持客户的需求与满足之间的平衡。在竞争与合作的大前提下，客户与企业之间已经不是一种供需矛盾的对立关系，而是一种持续学习的关系。

知识点滴

博弈的本意是：下棋。引申义是：在一定条件下，遵守一定的规则，一个或几个拥有绝对理性思维的人或团队，从各自允许选择的行为或策略中进行选择并加以实施，并从中各自取得相应结果或收益的过程。有时候也用作动词，特指对选择的行为或策略加以实施的过程。

一个完整的博弈应当包括 5 个方面的内容：第一，博弈的参加者，即博弈过程中独立决策、独立承担后果的个人和组织；第二，博弈信息，即博弈者所掌握的对选择策略有帮助的情报资料；第三，博弈方可选择的全部行为或策略的集合；第四，博弈的次序，即博弈参加者做出策略选择的先后；第五，博弈方的收益，即各博弈方做出决策选择后的所得和所失。

（3）企业实施客户关系管理战略所追求的根本目标是建立客户忠诚

所谓的客户忠诚是指企业现有的客户高度承诺保证会在将来一直重复购买企业特定的产品或服务，而产生的对同一产品或服务的重复购买行为，与此同时，无论市场竞争环境如何变化，其他竞争性产品做出何种营销努力，客户都不会发生转移购买的行为。与拥有较高的市场份额相比，拥有忠诚客户的企业比竞争对手更具有竞争的优势。

大多数企业实施 CRM（客户关系管理）战略的一个基本目标是客户忠诚指标，而已不再是客户满意指标，企业实施 CRM（客户关系管理）的目的就是通过合理有效的客户保持战略，不断保持与客户的良好关系，不断加强客户关系持续的意愿，最终建立客户忠诚，实现长期稳定的客户重复购买。

（二）客户关系管理的核心思想

1. 客户是企业发展最重要的战略资源之一

客户是企业收入和利润的源泉，如果没有客户，企业就没有收入和利润，也就不存在市场价值。详细地说，如果一个企业没有客户资源，它的产品或服务价值就无法实现交换，企业也就没有相应的收入，更没有利益可言，当然也就没有了存在的意义，因此客户资源是企业生存的基础。

就目前来说，客户已经不再是被动的消费者角色了。一方面，客户愈加推崇、追求产品的个性化；另一方面，在同质产品的消费上，客户也有追求个性化消费模式的趋势。同时客户在产品、渠道、服务、沟通等方面选择的空间也在不断地增大，转移壁垒逐渐降低，客户的忠诚也已下降，市场的主导权又从企业逐渐转回到客户的手里。因此，企业为了获取与挽留客户，必须坚持以“客户为中心”，从根本上重视客户的需求，不断进行产品创新、实现差异化经营。

2. 企业与客户之间关系的全面管理

建立“以客户为中心”的企业战略管理模式，就要全面管理企业间的各要素以及企业与客户之间的各种关系。通过对客户管理的人性化，使企业能够建立和维护一系列与客户之间的关系，继而使企业提供更加快捷、周到的服务，提高客户满意度，最终提升企业的营销能力，降低企业的营销成本，是对企业和客户之间的所有售前、售中、售后的关系进行全面管理的目的。

3. 客户关系管理的两项基本任务是识别和保持有价值的客户

> **知识补充：**
> 林氏木业 在数据化仓储下打造服务零距离
> http://news.ifeng.com/a/20161110/50231231_0.shtml

根据帕累托原理，一个企业80%的利润通常是由20%的客户所创造的，而其余80%的客户对于企业来说是微利、无利的。企业要生存和发展就必须保持有价值的客户，因此，客户关系管理第一个基本任务就是识别有价值的客户。

客户忠诚从萌芽到成熟需要经历一定的过程，客户关系有显著的周期性特征。怎样留住已经识别的有价值的客户，使客户关系进入稳定期，尽可能地增加客户关系的生命周期，避免其进入衰退期，同时实现客户对企业价值的最大化，也就是所谓的客户保持，是客户关系管理必须完成的另一个基本任务。

（三）客户关系管理的系统分类

随着客户关系管理供应商的增多，产品的功能也随之增多且有所侧重。依照目前市场上主流的功能分类方法，可以将客户关系管理系统分为运营型、合作型和分析型三种。

1. 运营型客户关系管理系统

运营型客户关系管理系统是客户关系管理软件中最基本的，使用者包括销售人员、营销人员以及现场服务人员，支持前台办公流程自动化是运营型客户关系管理系统的主要作用，保证企业与客户之间良好的沟通交流是实施管理的目的，进而使企业利用多种沟通渠道获取相关的客户信息，以便建立一个客户档案，并存储在客户关系管理信息系统当中。运营型客户关系管理系统对销售、营销和客户服务三个部分的业务流程及管理信息化进行了改造，侧重客户接触点（市场、销售、客户服务等方面）业务流程的自动化，它通过跟踪、分析以及驱动市场的导向来提高前台的日常运作效率，降低运作的差错率。这类客户关系管理系统主要是面向与客户直接接触的业务人员、销售人员。

2. 合作型客户关系管理系统

该种类型的客户关系管理系统通过将市场、销售、服务三个部门进行结合并支持其协作，目的就在于依据客户沟通所需手段渠道的集成和自动化，注重客户、员工以及商业伙伴的协同与合作，主要有业务信息系统（operational information system，OIS）、联络中心（contact center，CC）和Web集成管理（web integation management，WIM）。员工、客户以及商业伙伴通过协作界面的使用实现了实时沟通，保证了信息的完整性、及时性、准确性和可靠性。

3. 分析型客户关系管理系统

分析型客户关系管理系统是对应用运营型客户关系管理系统和合作型客户关系管理系统产生的信息进行加工处理和分析，并产生相应的报告与客户智能，不仅能为客户提供个性化的服务，还能为企业提供决策支持。企业通过分析并预测收集到的关于客户的数据，将其转化为信息，然后通过一定的方法又把信息进一步转换成客户知识，最后再将客户知识应用到相应的目标营销活动中去。分析型客户关系管理的主要功能包括现有应用系统的整合、存放在不同数据库中的相互关联的原始数据的整合、关联性查询、客户价值评估和客户细分、利用分析数据和商业智能方法验证行业经验、分析和考察客户的消费行为和数据挖掘、建立数据模型和预测市场活动效果、调整重要参数和估计对收益及利润的影响、知识发现和知识库、产品定位和市场决策、数据模型的优化和确定营销策略。

二、物流企业客户关系管理的特征

1. 客户的双向性

传统企业一般都是与客户进行一对一的交流，交流过程中只涉及产品或服务的供方和需求方，而不涉及第三方。物流企业的客户与传统企业有很大不同，物流是物流企业为供应方和需求方提供产品运输、产品配送、仓库存储等各项物流服务的，是供方和需方之间的纽带，物流企业是从生产到销售过程中进行服务的，为客户提供专门的物流服务，但商品的所有权不归企业所有。物流客户包括第一方（商品的供应方），也包括第二方（商品的需求方）。实际上，第一方企业真正的客户是第二方。因此，物流企业的客户具有双向性，如图 3-1 所示。这就使得物流企业的客户服务有两个特征：一是为使物流企业能够很好地替代客户企业为客户企业的客户提供客户服务，要求其对客户企业客户的需求特征有一个充分的理解；二是物流企业客户服务水平是由客户企业以及客户企业客户的评价共同决定的。只要一方客户流失都将导致另一方客户（客户的客户）的流失，因此就会出现客户加倍流失的现象，如图 3-2 所示。相反，客户的忠诚的获得速率将会大大增加。

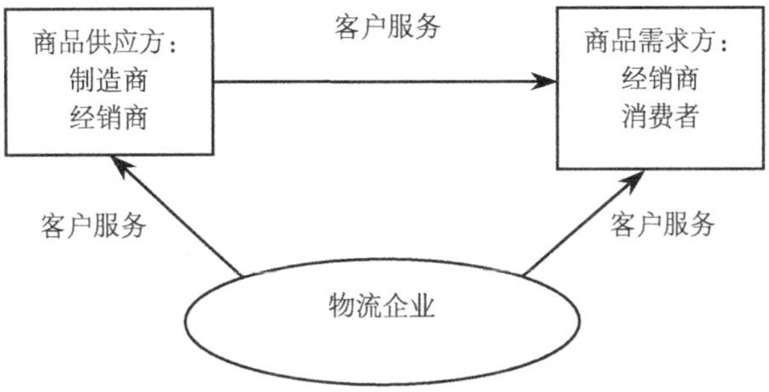

图 3-1　物流企业客户关系示意图

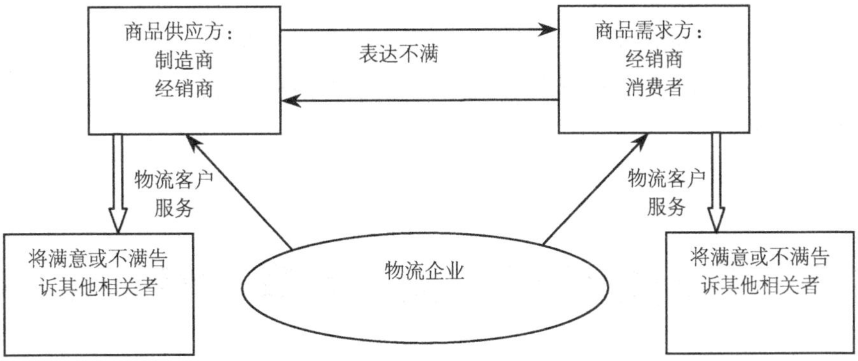

图 3-2　物流企业客户流失走向

2. 客户满意度标准不同

物流企业与传统服务型企业相比，其所拥有的客户类型不同。传统服务型企业的客户以个人客户为主，而物流企业的客户则是以团体为主，与个人客户的差异在于，这些团体客户的消费理性较高，他们对获得服务和价值利益的满意程度经常是通过绩效考核和利润比率共同来衡量的。而企业的总体满意水平与企业内部多个接受企业提供产品或服务的部门都是相关的，所以说物流企业要想获取较高的评价，就不能只停留在单一顾客的单向满意水平上，而要充分考虑到客户内部的各个部门对服务水平的要求。因此，物流企业在进行客户关系管理时，要同时考虑到客户各个部门的服务要求，尽量使每个部门达到满意，进而实现客户整体满意。

3. 客户数量相对较少，且变化率大

由于传统企业的客户以分散的个人为主，所以数量相对较多。物流企业的客户大都是较大的生产企业或是零售企业，数量相对较少且集中。此外，物流企业服务的双向性还表明，只要一方客户流失都会导致网络客户（客户的客户）的流失，因此就会出现客户加倍流失的现象。相反，客户忠诚的获得速率就会显著增加。

4. 客户关系管理的全面性、持续性和创新性

知识补充：

日日顺物流：共建仓储运输体系　提升配送效率

http://www.zggcjsxyw.com/quote/show.php?itemid=1006

物流企业为客户提供的物流活动本质上就是服务，它具体包括货物的运输与配送、库存管理、装卸、包装、流通加工等。物流企业所提供的服务不仅要包括一般的物流服务，还应该包含各类增值性服务。在服务内容上物流企业与传统物流企业相比，为客户提供的不仅是一次性运输或配送服务，而且是一种长期的具有契约性质的综合物流服务，其服务范围不只局限于运输、仓储服务，而是更加注重客户物流体系的整体效率和效益。因此物流客户关系管理必然要求在每个客户接触点上的服务都必须满足客户需求。

在与客户建立好了关系之后，物流企业最重要的任务就是维护客户关系，与客户之间的关系不能被简单的定义为交易关系，它实际上是一种战略合作伙伴关系，每一次的物流服务都要保质保量的完成，要与客户保持经常性的沟通，做好客户关系管理的各项工作。

另外，客户服务的变化往往会产生新的客户服务需求，所以在客户服务管理中，应当充分重视研究顾客服务的发展方向和趋势，不断创新物流服务。

课堂讨论

结合现实分析讨论一下物流企业客户关系特征是如何体现在工作中的。

第二节　物流企业客户关系管理的特点及必要性

案例 3.2

马狮百货集团（Marks & Spencer）是英国最大且盈利能力最高的跨国零售集团，以每平方英尺销售额计算，伦敦的马狮公司商店每年都比世界上任何零售商赚取更多的利润。马狮百货在世界各地有 2400 多家连锁店，“圣米高”牌子货品在 30 多个国家出售，出口货品数量在英国零售商中居首位。《今日管

理》（Management Today）的总编罗伯特·海勒（Robert Hellen）曾评论说："从没有企业能像马狮百货那样，令顾客供应商及竞争对手都心悦诚服。在英国和美国都难找到一种商品牌子像'圣米高'如此家喻户晓，备受推崇。"这句话正是对马狮在关系营销上取得成功的一个生动写照。早在20世纪30年代，马狮的顾客以劳动阶层为主，马狮认为顾客真正需要的并不是"零售服务"，而是一些他们有能力购买且品质优越的货品，于是马狮把其宗旨定为"为目标顾客提供他们有能力购买的高品质商品"。马狮认为顾客真正需要的是质量高而价格不贵的日用生活品，而当时这样的货品在市场上并不存在。于是马狮建立起自己的设计队伍，与供应商密切配合，一起设计或重新设计各种产品。为了保证提供给顾客的是高品质货品，马狮实行依规格采购方法，即先把要求的标准详细订下来，然后让制造商一一依循制造。由于马狮能够严格坚持这种依规格采购之法，使得其货品具备优良的品质并能一直保持下去。马狮要给顾客提供的不仅是高品质的货品，而且是人人力所能及的货品，要让顾客因购买了物有所值甚至是"物超所值"的货品而感到满意。因而马狮实行的是以顾客能接受的价格来确定生产成本的方法，而不是相反。为此，马狮把大量的资金投入货品的技术设计和研发，而不是广告宣传，通过实现某种形式的规模经济来降低生产成本，同时不断推行行政改革，提高行政效率以降低整个企业的经营成本。

此外，马狮采用"不问因由"的退款政策，只要顾客对货品感到不满意，不管什么原因都可以退换或退款。这样做的目的是要让顾客觉得从马狮购买的货品都是可以信赖的，而且对其物有所值不抱有丝毫的怀疑。在与供应商的关系上，马狮尽可能地为其提供帮助。如果马狮从某个供应商处采购的货品比批发商处更便宜，其节约的资金部分，马狮将转让给供应商，作为改善货品品质的投入。这样一来，在货品价格不变的情况下，使得零售商提高产品标准的要求与供应商实际提高产品品质取得了一致，最终形成顾客获得"物超所值"的货品，增加了顾客满意度和企业货品对顾客的吸引力。同时，货品品质提高增加销售，马狮与其供应商共同获益，进一步密切了合作关系。从马狮与其供应商的合作时间上便可知这是一种何等重要和稳定的关系。与马狮最早建立合作关系的供应商时间超过100年，供应马狮货品超过50年的供应商也有60家以上，超过30年的则不少于100家。在与内部员工的关系上，马狮向来把员工作为最重要的资产，同时也深信，这些资产是成功压倒竞争对手的关键因素，因此，马狮把建立与员工的相互信赖关系，激发员工的工作热情和潜力作为管理的重要任务。在人事管理上，马狮不仅为不同阶层的员工提供周详和组织严谨的训练，而且为每个员工提供平等优厚的福利待遇，并切实做到真心关怀每一个员工。马狮的一位高级负责人曾说："我们关心我们的员工，不只是提供福利而已。"这句话概括了马狮为员工提供福利所持的信念的精髓：关心员工是目标，福利和其他措施都只是其中一些手段，最终目的是与员工建立良好的人际关系，而不是以物质打动他们。这种关心通过各级经理、人事经理和高级管理人员真心实意的关怀而得到体现。例如，一位员工的父亲突然在美国去世，第二天公司已代他安排好赴美的机票，并送给他足够的费用；一个未婚的营业员生下了一个孩子，她同时要照顾母亲，为此，她两年未能上班，公司却一直发薪给她。马狮把这种细致关心员工化成为公司的哲学思想，而不因管理层的更替有所变化，由全体管理层人员专心致志地持久奉行。这种对员工真实细致的关心必然导致员工对工作的关心和热情，使得马狮得以实现全面而彻底的品质保证制度，而这正是马狮与顾客建立长期稳固信任关系的基石。

一、物流企业客户关系管理的特点

作为一种新的物流形态，物流企业的本质就是为客户企业提供物流服务。随着服务营销的日趋成熟，客户关系营销所带来的潜在利益日益明显，这就引起了众多的物流企业对客户利益的重视。为使营销的重心从“交易导向”向“客户关系导向”转变，物流企业就必须实施有效的客户关系管理战略。

> **知识补充：**
> 菜鸟携快递公司推云客服 “双 11”咨询包裹到哪不再难
> http://news.163.com/16/1109/10/C5E41BR700014JB6.html

根据大量成功的营销实践经验，企业更愿意花费资金在那些能获得较高客户忠诚的项目上，即使企业在短期内可能会遭受损失，但只要保持好客户关系就会使企业取得长期稳定的利益。因此，若想形成其他物流企业无可比拟的核心竞争力，企业在实施客户关系管理战略时应当适当地放弃追求短期利益的市场份额，去追求长远利益的客户份额。

具体来说，我国物流企业实施客户关系管理战略是物流企业的行业特殊性，客户的双向性，细分客户群体、发掘潜在客户，我国物流企业竞争和发展四个方面的必然要求。

1. 物流企业行业特殊性的要求

现目前，为使物流由“活动”变为一种“服务”，更多的企业愿意把自身的物流活动交给独立的物流企业。与传统的运输企业相比，物流企业在服务内容上为客户提供的不仅仅是一次性的运输或配送服务，而是一种长期的具有契约性质的综合物流服务，它服务的最终目标就是确保客户物流体系能够高效率地运转起来，其服务范围也不仅仅局限于运输和仓储服务方面。从长远来看，物流的服务领域还会进一步拓展，甚至成为客户销售体系的一个组成部分，物流企业的生存与发展和客户企业的命运是密不可分的。因此，物流企业必须高度重视客户，加快物流服务体系的完善进度，切实实施客户关系管理战略。

2. 物流企业客户双向性的要求

作为物流服务的提供者，物流企业是连接商品的供应方（第一方）与需求方（第二方）之间的桥梁，同时为两个客户服务。如果物流企业没有充分理解和掌握客户企业的服务需求，也就无法为客户提供高质量的物流服务，因此就必然降低客户企业对物流企业的评价，最终导致客户企业的流失。只要有一方客户流失就必然导致另一方客户（客户的客户）的流失，从而出现客户加倍流失的现象。相同的，如果物流企业实施客户关系管理，能够从客户企业的实际需求出发，为其提供优质的个性化的服务，满足双方对物流服务的需求，同时提高他们的满意度，就必然引起客户忠诚获得速率的增加。

3. 细分客户群体、发掘潜在客户的要求

众所周知，任何企业的任何资源都是有限的。因为客户价值是高度异质的，又根据帕累托定律，可以得知片面地追求所有客户的服务满意、客户保持率，势必造成低价值客户分配过多的资源，而高价值客户资源分配不足的情况。这两者都会降低全面客户价值，进而导致企业和股东的利益严重受损。而客户关系管理中的客户价值管理就可以给物流企业提供帮助，从而解决这个问题。

将根据客户价值管理区分出的物流企业战略客户进行客户轮廓分析，据此，可以发现高价值客户所具有的交易行为模式和人口统计特征，企业就可以选择更合适的沟通方式，策划更有效的营销活动。企业可以将对现有客户的分析结果应用到潜在客户的识别与获取中，与现有高价值客户具有近似特征的潜在客户将来最有可能成为高价值客户。

4. 物流企业竞争和发展的要求

自加入 WTO 以来，我国的经济得到了迅速的发展，各行业对物流服务活动的需求也越来越大，因此物流的市场前景还是很好的。但是，正因为国内物流市场被逐渐放开，我国物流企业的发展环境也不容乐观：一方面，我国很大部分的物流企业是由传统的储运、仓储企业转化而来的，在物流观念、物流技术以及物流解决方案的设计等方面与国外大型的综合物流企业还存在相当大的差距；另一方面，随着国外的如联邦快递（FedEx）、联合包裹（UPS）、敦豪（DHL）、德国邮政等大型综合物流企业的进驻，占据了国内物流市场的不少份额，特别是高端物流市场。为此，我国物流企业就必须找到一条确立竞争优势的道路。根据企业对国民的了解，应从客户需求入手，为客户提供优质、高效的物流服务，对客户资源进行有效管理，维护和修护客户关系，从而形成一个长期、稳定、互惠互利的客户关系。

新闻摘要

联邦快递隶属于美国联邦快递集团（FedEx Corp），为顾客和企业提供涵盖运输、电子商务和商业运作等一系列的全面服务。联邦快递集团通过相互竞争和协调管理的运营模式，提供了一套综合的商务应用解决方案，使其年收入高达 320 亿美元。2012 年财富世界 500 强排行榜第 263 位。2013 年财富世界 500 强排行榜第 245 位。联邦快递集团旗下超过 2.6 万名员工和承包商高度关注安全问题，恪守品行道德和职业操守的最高标准，并最大程度满足客户和社会的需求，使其屡次被评为全球最受尊敬和最可信赖的雇主。

联邦快递设有环球航空及陆运网络，通常只需一至两个工作日，就能迅速运送时限紧迫的货件，而且确保准时送达，并且设有“准时送达保证”。2013 年 4 月 1 日起，联邦快递中国有限公司实施 GDS（全球分销系统）中国区全境覆盖计划，在武汉设立中国区公路转运中心，正式将武汉作为全国公路转运枢纽，承担武汉自西安、郑州、长沙、南昌、上海、重庆、成都、广州 8 条公路干线，16 个往返班次的货物分拨与转运业务。

二、物流企业客户关系管理的必要性

近年来，我国物流企业受客户关系管理理论在众多领域的广泛应用的影响，越来越意识到客户关系管理的重要性。现在，我国的物流业正处在向现代物流转型的重要时期。虽然企业在一定程度上对客户重视，也积累了一定的客户信息和客户知识，却没能从根本上做到“以客户为中心”。事实上，国内大多数物流企业对客户关系的管理还局限于售后跟踪服务、客户售后咨询、产品理赔以及有限的客户回访等售后服务的相关环节上，没有从根本上理解客户关系管理的内涵与本质。我国物流企业在实施客户关系管理过程中还存在以下问题和特征。

1. 客户关系管理意识缺失，观念依然陈旧

国内很多的物流企业都未能正确理解物流客户关系管理是物流企业的核心竞争力这一理念，而只是把客户关系管理水平的高低当做一种销售竞争的手段，缺乏整体理念和建立长期、稳定的合作关系的意识。物流企业本质上属于服务行业，它服务于从生产到消费的全过程。但很多物流企业仅站在自己业务范围的视角看待自身的服务，因而缺乏高屋建瓴的气势和视角，对于客户企业的需求了解还不够。

物流企业的决策层更愿意实施CRM项目的原因在于CRM能够满足物流企业的三个基本

需求：一是提高物流作业效率，缩减开支；二是通过对客户消费行为的理解来提高物流服务质量；三是能在整个物流企业内部充分共享客户的相关信息，提高那些直接接触客户的员工的工作效率。然而一些物流企业还未能充分意识到这一点，因此他们依然从企业自身出发，并没能真正满足客户的需求。若要真正坚持“以客户为中心”就必须改变我们陈旧、落后的观念。

2. 物流企业客户关系管理依旧落后

虽然上层领导也意识到了客户关系管理的重要性，但并没有将工作落到实处。目前我国大多数物流企业并没有设立专门的组织机构来对客户关系进行管理，没有以客户关系管理为目标来设置相应的岗位。在实施客户关系管理时，必须以强大的信息及技术处理方面的能力作为基础，如分析信息支持网络运用、数据库建设等的能力。然而这些对于我国物流企业来说还不熟悉，这样就增加了实施客户关系管理的难度。

3. 误认为客户关系管理就是取悦客户，目光短浅

国内许多物流企业在实施客户关系管理的过程中，是以推出各种营销折扣、折让等简单的促销手段为主。虽然他们已经意识到了客户资源的重要性，并且也都在一定程度上实行了客户关系管理，但却“以利润为中心”来代替“以客户为中心”。这些企业尽管将“客户就是上帝”奉为企业的价值观，但由于缺乏长期稳定的经营理念，当客户与它们的根本利益相冲突时，可能就会毫不犹豫地选择牺牲客户的利益。然而，客户关系管理强调的是保持并维护客户关系，以便于企业能在长期稳定的经营下，去服务客户和奉献社会。

4. 对客户关系管理软件的错误认识

很大一部分物流企业在实行客户关系管理时，过分依赖于软件的效果。有些物流企业将问题简单化了，以至于认为只要用了 CRM 项目，销售业绩和企业的市场竞争力就能立即得到提升。但是客户关系管理软件只是一项辅助技术，它只是将企业内部的资源进行了整合，并没有直接接触客户关系，不能将客户关系管理软件神化。例如，销售自动化是客户关系管理项目实施中一个有用且效果非常好的工具，但它与客户不直接联系，企业只是借此更好地优化资源配置。所谓的价值最大化也只是帮助人们指出在哪个客户群值得投入更多精力，以此给公司带来最大的收入，而这些与客户也无关，仍然需要企业制定具体的策略去研究如何进行资源的有效合理配置。客户关系管理软件不是万能的，CRM 软件是不能直接服务于客户的，只有将软件与内部资源进行有效整合才能真正地实施 CRM 项目，并达到预期效果。

5. 物流客户关系管理项目的缺乏

国内许多物流企业的客户关系还在使用“一刀切”的方式，也就是说，这些物流企业并没有充分了解和掌握客户的实际真正的需求，没有区分对待不同的客户和不同的服务需求而继续采用相同的策略和服务手段，这就严重影响了客户关系的水平及质量。实际上，物流企业客户关系管理的项目和内容应该以商品特性、季节、市场形势、竞争对手情况，最主要的是客户的实际需求与价值体现为出发点，制定符合客户需求的关系管理策略，更好地满足客户的不同需求。

6. 没有规范的物流服务评价标准

通常情况下，客户对物流企业进行客户关系管理绩效评价时将合约条款的内容作为评价

的标准，而大多数物流企业在合约中只描述结果，缺乏具体实施的依据。另外，合约中的条款都比较粗泛化，没有将具体要怎么做纳入条款中。如果物流企业只是按照合约实施，就必然会有所疏忽。如果物流企业能够制定规范的评价标准，就迫使企业按照具体细则实施，在此过程中也更容易发现企业在进行客户关系管理时存在的不足之处，并及时更正。评价标准的实施是在保证客户满意度和忠诚度的基础上进行的，它不是物流企业的个体行为。因此物流企业评价标准的制定应该寻求与客户方的合作，至少客户应该为物流企业客户关系管理绩效评价进行打分。

7. 物流信息化薄弱

物流企业依靠网络跟踪服务来实现电子订货、运价咨询等系统，而这些系统的建立需要以技术为支持，所以，物流信息系统是现代物流行业的支柱。目前在网络建设方面我国物流企业的整体水平比较差；客户关系管理系统是 ERP 系统功能的延伸，它要求企业在成功实施 ERP 后再运用客户关系管理系统，但我国 ERP 应用普遍较低，也缺乏完善的体系，因此在客户关系管理的成功运用上还存在着很大的不确定性；另外，市场上的客户关系管理软件大都是通用化的，与企业的实际情况不一定相匹配，所以客户关系管理应该以企业自身为前提选择功能模块灵活的系统，否则，客户关系管理将失去意义。

8. 缺乏实施客户关系管理的评价体系

客户关系管理得以有效实施的保障是具备实施客户关系管理的评价体系。在国内现有的物流服务中，即使是实施客户关系管理的物流企业都没有建立科学合理的客户关系管理绩效指标体系，指标体系的缺失造成服务目标不明确、服务过后没有反馈等诸多问题。

课堂讨论

当前我国物流企业客户关系面临的问题有哪些？你有什么好的解决办法？

第三节　物流企业客户关系管理实施办法

过去的采用邮购销售的企业由于印刷产品宣传页、宣传手册以及和媒体的交涉等都造成了大量的管理、沟通和成本方面的负担。和以往的物流公司不同，伊罗杰托将提供诸如从宣传材料的材料选择、设计、印刷、包装到发送以及发送后的对象名单更新等全方位的服务，使客户企业可以将它们的服务作为一种市场开发、增加消费者市场的战略手段。现在从传统物流服务的商品出入库管理、库存管理开始，到企业宣传资料的发放、样品的发送等各种各样的支持业务都被伊罗杰托列入所提供的服务内容。

整个客户关系管理都是以客户关系基础理论体系作为基础的，客户关系基础理论体系是由客户价值识别理论和客户忠诚理论所构成，如图 3-3 所示。在众多潜在的客户群中识别出有价值的潜在客户是客户价值识别理论的基本任务，而客户忠诚理论则是将有价值的潜在客户转化为现实客户。客户价值识别理论和客户忠诚理论构建都必须在客户关系生命周期的框架下进行。

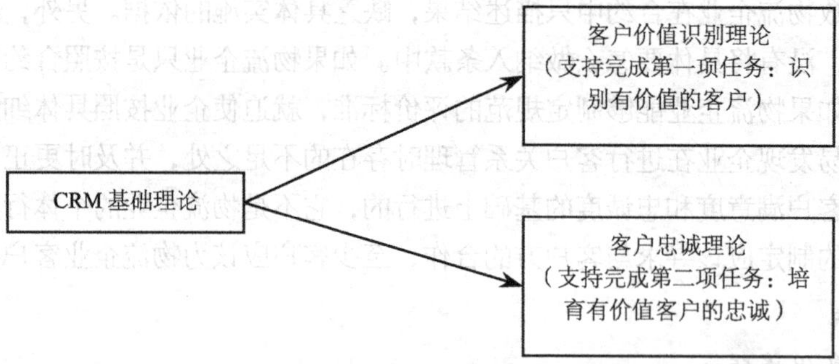

图 3-3 CRM 基础理论总体框架

因此，物流企业实施客户关系管理战略时必须以识别客户、保留客户为中心。物流企业实施客户关系管理战略成功的关键在于通过企业内部、外部的各种管理活动来提高识别客户和保留客户的能力。物流企业通过客户价值管理来识别有价值的客户，并合理地分配营销资源；通过完善物流服务内容、提高物流服务水平来保持有价值的客户。

一、客户价值管理

客户价值（customer value）包含两个方面的意义。其一，客户作为价值感受主体，企业为价值感受客体的客户价值，也就是说企业提供给客户的价值。它衡量了企业提供给客户的消费者剩余的大小。其二，企业作为价值感受主体，客户为价值感受客体的客户价值，也即客户给企业创造的价值。它衡量了客户对于企业的相对重要性，有利于企业为客户提供产品、服务以及问题解决方案并且能够使长期盈利最大化。

因此，为能够有效地实施客户价值管理战略，物流企业应该同时关注客户价值的两个方面：一个是企业提供给客户的价值；另一个是客户给企业创造的价值。只有在企业进行市场投资且能获得充分的回报时才能有效地提供客户价值。而在实际与客户的交易过程中，基于客户价值的两个维度会出现四种不同的情形：明星客户、敏感性客户、“搭便车”客户、放弃客户，如图 3-4 所示。

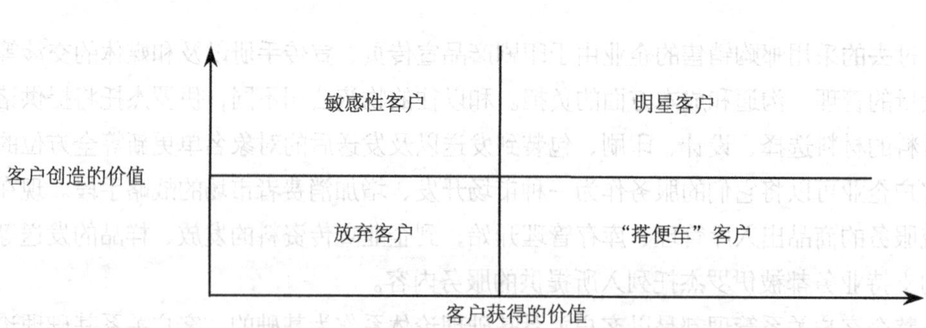

图 3-4 客户价值双维度识别框架模型

图 3-4 描述了客户价值两个维度的四种不同情形。物流企业凭借提供给明星客户的物流服务使其获得了很高的价值，同时明星客户为物流企业创造了高价值，如高额的边际利润、强烈的客户忠诚等，这种关系是平衡的、对等的，而且是互惠互利的，智慧的物流企业通常

会建立这样的客户群体。

相反，放弃客户没有通过物流企业的物流服务获得多少价值，也没有为物流企业创造多少价值。通常情况下，这种类型的客户对公司并不重要。他们的主要价值来自大量销售所创造的规模经济，如减少成本和提高促销效率。在达不到一定的规模经济的情况下，物流企业若不能把他们转变成高利润的客户，那么就应该考虑或者降低对这些客户的投资，或者彻底放弃这些客户。

图 3-4 显示的另外两种情况是不平衡、不稳定的关系。敏感性客户能为物流企业创造较高的价值，却没有从物流企业那里获得太多的价值。这种类型的客户可能是一些新获得的经验不稳定的客户群体，也可能是长期稳定的客户，只是因为惯性而对公司保持忠诚。从某种意义上说，这些客户很敏感，如果不适时地采取正确的物流营销策略，也许它们会转向竞争对手。

物流企业可以通过付出更多的努力，以提供更好、更多、更完善的物流服务支持来提高他们的价值增长性。物流企业要主动与敏感性客户进行沟通，对他们未被满足的需求积极采取相应的措施，阻止使其发展为放弃客户。

知识点滴

"搭便车"客户从物流企业那里获得了超值的物流服务或者产品，但为物流企业所创造的价值却不大。无论出于哪种原因，这些客户都在利用与物流企业的关系来获得大部分的价值。对待这类客户公司的营销策略应该是降低服务成本，提高物流服务价格，使其转向竞争对手。

所谓"搭便车现象"是指某种事情产生了正外部性，所谓外部性是指经济主体（包括厂商或个人）的经济活动对他人和社会造成的非市场化的影响。分为正外部性和负外部性。正外部性是某个经济行为个体的活动使他人或社会受益，而受益者无须花费代价，负外部性是某个经济行为个体的活动使他人或社会受损，而造成外部不经济的人却没有为此承担成本。比如说某工厂为生产产品而排放了污水，这就污染了河流从而影响到周围人的身体健康，而周围人与这个工厂没有经济上的来往，同时这个工厂又不给周围人经济赔偿，这种情况就叫做负外部性。又比如一个人在院子里点烟花给自己欣赏，燃放烟花的同时不但给他带来了快乐，也给他周围看烟花的人带来了快乐，而周围的这些人却不需要为此付出成本，这就产生了正外部性，又叫"搭便车"，即周围的人搭了这个人放烟花的"便车"。

二、客户物流服务管理

实施物流服务管理可以帮助物流企业实现销售差别化服务。在物流市场需求多样化、差异化的情况下，物流企业只有满足各种不同类型、不同层次的市场需求，且能够迅速有效地满足客户的要求，才能使其在激烈的市场竞争和市场变化中得以生存和发展。而客户服务的差异是差别化经营战略中的一个最重要的内容。物流在保证物流服务的差别化时，要保证本企业的物流服务不同于其他物流企业，这不仅是物流服务战略的重要特征，也是提供高物流服务质量的基础。要实现差别化战略，物流企业就要有对比性的物流服务意识，既要了解、重视并收集竞争对手的物流服务信息，又要使本企业的物流服务不同于竞争对手的物流服务。

伴随着日益激烈的竞争，物流企业物流服务质量的高低就决定了其命运，所以，物流企业必须要制定高质量的物流服务战略，使其提供的物流服务跟随不断变化的客户需求。在分析了外部竞争环境与内部企业资源的情况下，物流企业制定客户物流服务战略的步骤和主要内容可归纳如下。

> **知识补充：**
> “互联网+物流”在郑州落地生根
> http://hn.ifeng.com/a/20160928/5017802_0.shtml

（一）明确物流服务的内容

物流企业提供的物流服务内容主要包括：① 基本的物流服务。如运输服务、仓储服务、装卸搬运服务。② 增值性服务。如物流系统计划与设计服务、采购服务与供应链管理、流通加工服务、报关及其他配套服务等。③ 特定的增值服务。它是指物流企业为客户提供的专项服务以实现一定的营销目的。

（二）收集客户物流服务的信息，准确理解客户信息

物流企业制订物流服务计划的依据主要包括客户对物流服务重要性的认识、客户对物流服务的满意度。其中，最重要的是对客户需求的准确把握。物流企业必须针对不断变化的客户需求而采取相应的措施不断地改变物流服务的目标。物流企业只有在充分了解和掌握客户对物流服务的需求时才能真正制定以客户为导向的物流服务战略。物流企业可以通过以下三个步骤来了解和确定客户的需求。

1. 理解客户企业的业务以及客户企业对其客户的服务要求

只有为客户提供高质量的物流服务，才能为客户提供更大的价值，所以物流企业必须要充分了解客户所从事的业务以及客户对其业务的需求，从而将其转化为物流企业物流服务的标准。在了解客户的需求的同时又能为客户提供相应的客户服务，并使之满意就能增加客户的满意度，降低物流服务的成本。除此之外，还要充分地搜集客户的客户的相关信息，只有在客户的客户满意的前提下，才能使物流企业与客户的关系更持久，为企业争取更多的潜在客户。

2. 通过与客户的良好沟通来鉴明客户的需求和期望

物流企业要保持与客户的良好沟通，从客户那里研究对客户来说更为重要和关键的物流服务特性，同时给客户提出一些定性的、开放性的问题，以此了解客户的真正需求，将客户的需求列出一张清单以引起企业内部员工及管理层的重视。

3. 和客户共同探讨需求和期望的重要性

当客户的最低需求和期望确定之后，物流企业就能够探索出每个服务项目的重要性。通过与客户的讨论、沟通等过程中发现客户最看重的服务标准及其原因。根据这些信息就可以区分客户需求并为客户提供个性化的增值服务。如果提供给客户的增值服务连客户的基本需求都不能满足，客户肯定不会满意。

4. 整理分析信息，评价当前物流服务及其能力

在了解客户的真实需求以后，物流企业要找出其所提供的物流服务的能力与客户需求之间的差距，进而有针对性地为客户提供相应的物流服务。客户的需求是有差异的，且存在一定的先后次序，通常位于优先位置的物流服务是物流企业要提供的物流服务的核心。物流企业要全面了解客户的真实需求，结合本企业物流服务能力和水平，确定企业要改善和提升的物流服务内容。

另外，物流企业要将本企业的物流服务能力与竞争对手及优秀企业的物流服务能力进行对比并找出不足和差距加以改善，使物流企业能够真正满足客户的需求。

5. 划分客户群并制订相应的客户服务组合

物流企业要根据不同的客户群体制订相应的物流服务方案，因为客户需求受到不同的客户思维方式、行动模式等多种因素的影响。同时，还应该考虑客户的潜在价值以及对企业的贡献度。

在划分好客户之后，物流企业首先要针对不同的客户群制订不同的物流服务方案，保证将企业资源优先分配给那些高价值客户。这样不仅能使企业提供满意的客户服务，又能够将成本控制在合理范围内。在成本分析与竞争企业物流服务水平的分析相结合的基础之上，按照不同的客户群体来制订相应的客户服务组合。

知识补充：

湖南银楼联手三大物流企业　开启高品质电商购物新体验

http://news.163.com/16/1110/12/C5GTB8AC000187VG.html

6. 客户的评估和优化

物流企业要定期对客户物流服务战略进行评估，评估后若发现实施效果与现实之间有差距，就可以对物流服务战略进行优化、调整。因此，它是一个动态变化的过程。

在物流服务方案的评估过程中，评估客户是否满意的唯一指标就是客户的反馈，客户的反馈能真实反映企业的物流服务是否满足了客户的需求。故在制定了客户物流服务战略以后要定期进行检查评估，评估该战略满足客户需求的能力，收集该战略的不足等信息，明确物流服务是否需要改进和完善。

三、客户满意度管理

企业效益的源泉就是客户满意，让客户满意是企业服务创新的驱动力，客户对物流企业物流服务的接受程度取决于物流企业的客户满意度水平。因此，物流企业必须足够重视客户的满意度，才能够给客户提供各种更优质的物流服务，并切实做好客户满意度的管理。除了物流企业所提供物流服务的质量和水平是影响客户满意度的因素以外，还有许多其他的影响因素。所以说在保证和控制物流服务质量上、在对客户物流服务的过程中、在增强客户对物流服务质量的体验上、在正确处理客户的投诉中，物流企业要做好以下两个方面的工作，以此来提高客户对物流服务的满意度。

1. 接触客户、了解客户、研究客户

（1）物流企业首先要建立“以客户为中心”的物流服务理念，继而实施一系列活动来收集客户的体验资料。并对本企业员工进行培训，让员工们了解客户满意度对维持客户关系的重要性。

（2）企业要依据客户需求的不断变化进行业务机构的调整。长久以来，物流客户服务的主要内容还是基本的运输、仓储、配送、装卸或是简单的流通加工等。但随着物流市场的不断发展，物流信息服务、金融服务也逐渐成为客户的重要需求，因此物流企业要对内部机构做出适当的调整来提供一些更高层次的客户需求。

（3）物流企业要强化与客户的交流、沟通，缩短与客户之间的距离。要花费大量的精力用于与客户的全面接触上，及时了解客户的需求，作出快速反应以制订满足客户需求的服务方案，继而维持与客户的良好关系。

（4）建立“内部客户”制度。也就是说，在企业内部的工作流程中，上一个物流服务活动环节的部门把下个环节的部门当成客户，使企业整个工作都是围绕客户来展开，最终为客户提供最满意的服务。

2. 招聘、培训高质量的服务员工

（1）为使企业招聘的服务员工在物流服务过程中让客户满意，就要求企业要保证招聘服务员工的质量，对招聘程序严格控制。物流企业要在服务的主动性、服务经验以及服务品格等方面考察服务人员的整体素质。

（2）招聘结束后，要对招聘的员工进行培训，培训的内容一般包括：培训一线员工物流服务的基础知识和企业背景知识；培训员工适当的决策技能，明确各自的职责；培训员工有关客户服务的全局观念；培训员工的团队协作意识和精神。

（3）为客户提供个性化的服务。能够为客户提供个性化的产品和及时性的服务是提高客户满意度的关键。在客户对个性化的需求愈加强烈的情况下，物流企业要提供满足客户不同需求的个性化服务。企业所提供的物流服务又具有特殊性，为实现客户的满意就只有在提供物流服务的过程中增加客户的感受机会，而不能通过产品的外形或其他性能来实现。具体来说，物流企业在充分了解和掌握了客户的实际需求后，能够根据客户的需求来制订物流服务组合；为了增加客户体验和感知的机会，要使客户参与到物流服务方案的制订和设计中来；通过个性化的敏捷化物流服务的制订使客户能够享受所提供的个性化服务；提供物流服务之前，物流企业就应该使客户感到便利；确保货物运送的及时性及后续服务的质量。

> **知识补充：**
> 劲牌互联网智能仓储中心首次备战“双 11”
> http://www.cqn.com.cn/pp/content/2016-11/10/content_3583835.htm

（4）重视客户关怀。物流企业越来越重视客户的流失情况，其本质是物流企业对客户的关怀不够。客户流失的原因主要有：让客户感到物流服务的不可靠；物流企业不能及时响应客户的需求；在提供物流服务时物流企业没能给客户带来便利，导致客户选择了其他的企业。鉴于以上客户流失的原因，物流企业的服务人员应该做到 7R 的标准服务，即合适的顾客（right customer）、合适的时间（right time）、合适的产品和服务（right produet）、合适的价格（right price）、合适的场合（right place）、合适的方式（righ tway）、合适的需求（right demand），让客户关怀体现在客户购买服务的前、中、后全过程。

物流企业要在客户购买物流服务前，根据客户关怀去改善物流服务，通过不同的定量和定性方法来确定客户对物流服务的期望，进而设计合适的物流服务方案；在客户购买物流服务中、后的两个阶段，物流企业要通过对接触过客户的员工进行服务培训和考核来完善客户关怀。所以，企业必须制定严格的物流服务操作程序和相应的行为规范来管理员工在物流服务过程中的行为，从而使物流服务水平得到很大的提升。

（5）正确处理客户的抱怨和投诉。为了满足每个客户的需求，物流企业往往会提供高质量的物流服务，但在实际操作的过程中，又不可能做到完美，总会有一些客户对企业提供的物流服务不满意。当客户有较多的不满意时就会抱怨，甚至投诉物流企业。如果这些抱怨和投诉不能得到很好的处理，客户的不满意就会持续扩散，会严重地影响客户关系的维持以及企业的形象。因此，物

> **课堂讨论**
> 物流企业通过哪些办法能够不断提高客户满意度与忠诚度？

流企业应设置一套科学合理的客户投诉处理机制来解决类似的问题，还可以考虑建立专门的客户服务投诉部门来履行，找出客户投诉的原因并给出相应的处理。

本章小结

客户关系管理是一种先进的管理理念，它的核心思想是将客户作为企业的战略资源来看待，在满足客户需求的基础之上对客户进行深入的分析，据此来对客户服务逐步完善，确保客户终身价值的实现；同时，客户关系管理是一种管理软件、管理技术，它通过将最好的商业实践、营销手段、销售自动化及其他先进的信息技术相结合，为企业的销售、客户服务等众多领域提供自动化的解决方案。客户关系管理是以客户关系基础理论体系作为基础的，客户关系基础理论体系是由客户价值识别理论和客户忠诚理论所构成。在众多潜在的客户群中识别出有价值的潜在客户是客户价值识别理论的基本任务，而客户忠诚理论则是将有价值的潜在客户转化为现实客户。客户价值识别理论和客户忠诚理论构建都必须在客户关系生命周期的框架下进行。

练习题

一、概念识记

关系营销　客户关系管理　客户忠诚度　产品生命周期　数据挖掘　双赢　客户满意度　客户忠诚度　企业价值最大化

二、单选题

1. 客户关系管理实施的核心是（　　）。

A. 客户关系管理的业务流程　　B. 客户关系管理的系统软件支持

C. 建立客户中心　　D. 客户关系管理的组织结构

2.（　　）是整个系统结构的基础，同时也是定量分析工作的基础。

A. 数据库　　B. 数据挖掘技术　C. 数据仓库　　D. 数据集市

3. 供应链管理和客户关系管理的整合，将真正实现企业实时响应客户需求，实现需求和供应链上的资源最优配置，从而全面提升企业的（　　）。

A. 市场占有率　　B. 核心竞争力　　C. 客户满意率　　D. 客户忠诚度

4. 下列说法不正确的是（　　）。

A. 连带销售成功的关键是要能提供互补性的产品或服务以加深与顾客的关系

B. 客户关系管理主要是在大公司得到重视和应用

C. 整合业务流程的关键就是要做到一致和简洁

D. 目前客户信息的获取成本比较高

5. 下列不属于客户关系管理目标的是（　　）。

A. 利用现存的客户关系增加收入　　B. 创造新价值并培养顾客忠诚

C. 着重于开拓新市场和新客户

6．企业资源规划未来的目标是（　　）。

A．提高方便性　B．减低成本　C．提高灵活性　D．效益最大化

7．（　　）是为客户服务、市场营销、技术支持和其他的特定商业活动而接受和发出呼叫的一个实体。

A．广告中心　B．后勤部门　C．客户服务中心　D．呼叫中心

三、多选题

1．客户关系管理产品目前努力的方向是（　　）。

A．成本领先　B．技术领先　C．锁定客户

D．产品差异化　E．客户沟通

2．业绩考核模块主要包括的指标类型为（　　）。

A．先导性指标　B．利润贡献　C．风险控制

D．专项指标　E．限定性指标

3．客户关系系统一般模型的营销模块包括（　　）。

A．产品质量与价格　B．客户细分　C．宣传管理

D．企业形象　E．营销能力

4．商业智能的运用范围包括（　　）。

A．客户　B．产品　C．竞争者

D．服务　E．空间

5．数据仓库的功能包括（　　）。

A．保留客户　B．降低管理成本　C．增强竞争优势

D．分析利润的增长　E．性能评估

四、判断题

1．只有大企业才需要实施客户关系管理。（　　）

2．实施客户关系管理就是要购买一个CRM软件，并且在企业全面使用。（　　）

3．消费者是分层次的，不同层次的客户需要企业采取不同的客户策略，而客户可看成一个整体，并不需要进行严格区分。（　　）

4．忠诚的客户来源于满意的客户，满意的客户一定是忠诚的客户。（　　）

5．向顾客传送超凡的价值无疑可以带来经营上的成功，因此只要实现“所有客户100%的满意”就一定能为企业带来利润。（　　）

6．维持老顾客的成本大大高于吸引新顾客的成本。（　　）

7．“数据库营销”这个概念最早是从产业市场营销领域中的“直复营销”和“关系营销”这两个观念发展而来的。（　　）

8．数据挖掘（data mining）是从大量的、不完全的、有噪声的、模糊的、随机的实际应用数据中提取人们感兴趣的知识，这些知识是隐含的、事先未知的、潜在有用的信息。（　　）

9．一个成功的客户交互中心应该是一个多渠道的客户信息交互枢纽。（　　）

五、简答题

1．什么叫客户忠诚度？什么叫顾客满意度？二者之间的关系如何？

2．什么是客户细分？在实施客户关系管理时，客户细分的目的是什么？

3．什么叫客户价值？它具体包括哪些内容？

六、案例分析

1995年，宜家在中国设立办事机构，那时只是从中国采购少量的原材料，并不在中国生产和销售。不过，即便当时那么小的物流业务也曾让宜家大皱眉头。宜家对物流服务商要求苛刻：对方必须在透明度、成本、物流能力、效率、质量控制等方面满足其条件；甚至还必须有“环保意识”——选择不污染环境的设备、机器、物流工具和燃料等，而且在运输过程中，还要科学地处理污水和气体排放问题。然而中国的物流公司有几家能这样规范呢？此时，宜家更加“怀念”马士基。当时，马士基在中国并不能设立物流公司，仅仅在上海注册了一个“马士基有利集运”中国办事处。不过，马士基仍然快速部署了宜家中国市场的原料出口物流计划。马士基通过“有利集运”，经我国香港和新加坡等地为宜家提供物流代理服务。同时，马士基在中国内地的办事处扩充到了30多个。

结合案例分析“马士基”是如何更好地为物流客户服务的。

第四章　物流企业合同管理

【学习目标】

熟悉物流合同的概念与特征；掌握物流合同的签订步骤与相关合同条款；了解物流服务合同的科学管理。

案例 4.1

物流运输合同纠纷案

成都市成华区人民法院将审判庭搬出法院，在辖区某物流公司内搭起了简易法庭，审理一起物流运输合同纠纷案。辖区内 20 余名物流企业代表到场旁听后均表示，将进一步规范物流合同的签约、履约行为。

1．托运货物被损，索要赔偿遭拒绝

成都市 a 运业有限公司（以下简称 a）将 880 箱果酒委托给李某承运，并签订了《a 公司货物运输合同书》，要求李某在 2016 年 8 月 26 日至 9 月 1 日期间，将货物运至陕西某地。但天有不测风云，李某将货物运至陕西时，意外翻车，造成货物损坏。a 公司多次向李某要求赔偿，均遭到拒绝。a 公司便将李某及其所属的 b 汽车运输服务有限公司（以下简称 b 公司）告上法庭，要求赔偿损失 90000 元。

2．运输合同有误，运输公司拒赔

“经查实，李某不是公司员工，公司也从未与他签订过任何运输合同。”庭审前，b 公司代理律师宣称，《a 公司货物运输合同书》承运方写的是 b 公司，但在签字时承运方写的却是李某，明显有误。

法庭上，b 公司代理律师称，李某并不是其所开货车的车主。该货车为黄某购买，b 公司为其作了抵押担保。而黄某本人也不是 b 公司的员工，且车子已转手卖给别人了。同时，律师还认为 a 公司作为专业的运输和运输配载企业，在签订运输合同时不核对李某的承运资格和身份、职务，本身就犯了严重错误。

启发思考：

（1）由于翻车造成货物的损坏，损失到底应该由谁承担？

（2）是什么原因导致损坏赔偿责任产生了歧义？

（3）企业在制定合同时应该如何避免以上问题的发生？

第一节　概述

一、物流企业合同的概念

合同是平等主体的自然人、法人、其他组织之间设立、变更、终止民事权利义务关系的协议。合同作为一种民事法律行为，是当事人协商一致的产物，是两个以上的意思表示相一致的协议。依法成立的合同从成立之日起生效，具有法律约束力。

物流合同是指物流作业委托人与物流经营人订立的，由物流经营人通过双方同意的方式为作业委托人完成一定的物流作业，作业委托人支付作业费用的合同。物流合同是双务、有偿合同。

物流合同是物流合作的基础，物流企业要特别重视与客户一起详细制订合同内容，包括服务性质、期限和范围，建立 KPI，确定服务方式等。合同谈判中一些关键问题如 KPI 基准、服务费率、问题解决机制、保险与责任等，要有明确约定，否则容易引起纠纷，甚至断送双方的合作。

知识点滴

KPI

关键绩效指标（key performance indicators，KPI），又称主要绩效指标、重要绩效指标、绩效评核指标等，是指衡量一个管理工作成效最重要的指标，是一项数据化管理的工具，必须是客观、可衡量的绩效指标。这个名词往往用于财政、一般行政事务的衡量。它是将公司、员工、事务在某时期的表现量化与质化的一种指标，可协助优化组织表现，并规划组织愿景。

二、物流企业合同的特征

（一）物流合同的特征

物流合同既具有符合合同法基本原理的普遍特点，也具有适应国际物流活动的独有特点。其特征如下。

1. 物流合同是双务有偿合同

根据当事人的权利和义务，可以将合同分为双务合同与单务合同。双方当事人互付对等给付义务的合同为双务合同；当事人一方负给付义务，另一方只享有权利的合同为单务合同。由此可见，物流合同应为双务合同。在物流合同中，物流服务的供需双方互负给付义务：一方提供物流服务，另一方给付报酬和费用。同时，物流服务需求方还必须表明需要处理的标的物的真实有效性、合法性及安全性。因为物流运营人处理标的物的时候为减少成本，通常会采取整合包装或拆零包装，这就要求客户真实说明货物的性质，提供相关资料和合法凭证。而物流运营人则负有把标的物适时、安全、准确地送达目的地的义务，因此，物流合同为双务合同。

问与答

问：物流合同从什么时候开始生效？

答：依法成立的合同从成立之日起生效，具有法律约束力。

2. 物流合同是诺成合同

实践性合同是以实际交付标的物才可以成立的合同。对于实践性合同，一方当事人不交付标的物的，另一方当事人不能根据合同的规定要求其支付。诺成性合同是指当事人意思表示一致即可成立的合同。诺成性合同要经过要约和承诺两个阶段，当事人意思表示真实，达成一致，合同就宣告成立并生效；如果一方不履行自己承诺的义务，没有法定的免责事由，就要承担违约责任。

3. 物流合同是提供劳务的合同

物流合同的标的不是物，而是行为，是物流服务提供者向物流服务需求者提供物流服务的行为。所以，在物流服务提供者为物流服务需求者提供服务的整个过程中，货物的所有权并不转移到物流服务提供者手中，物流服务提供者没有处分货物的权利，必须按物流服务需求者的指示将货物交付给指定的人。但是，广义的物流合同并非全是提供劳务的合同，配送合同就是一种商、物结合的非常紧密的合同，其中，销售配送合同的标的既包括物，也包括行为，配送人既将标的物的所有权转移给了用户，同时也为用户提供了配送服务。

> **知识补充：**
> 常州越来越多的企业进入了轻型货架行业—仓储行业发展趋势
> http://www.mxrb.cn/hqxx/zbgp/20161109/10301225.htm

4. 物流合同的签订方是特定主体

物流合同中的物流服务提供者必须是投资建立的物流经营人，即专为提供物流服务收取报酬而经营的法人或其他组织。物流经营人的专业性，决定了以此为基础的物流合同的主体特定性，在物流合同中处理标的物的一方必须是物流企业。之所以物流企业为特定主体，是因为在当今物流模式下，物流企业具有极强的专业性和规模化，物流是专门为提供物流服务收取报酬而经营的法人。因此，物流企业是一个特定的、统筹管理的企业。与以往的物流运营部门比较，物流企业的特定性主要体现在专业和规模上，而与以往的单一的运输、仓储企业则不具备可比性。

知识点滴

对诺成性合同的含义，我国理论界的基本观点一致，即“双方当事人的意思表示一致即可成立的合同”。物流合同包括大量的货运内容，在我国的司法实践中，货运合同已经脱离了传统民法实践合同的范围，而成为诺成性合同。第一，物流合同已经不仅是货运合同和其他合同的简单相加，而是货运、仓储、配送、通关等多个环节的紧密结合，是内容复杂的独立合同。第二，物流合同成为一种诺成性合同，这是由物流合同的性质所决定的。在物流标的物交付之前，物流服务的需求方和物流服务的企业可能已经为履行合同进行了准备，支出了成本。前者负责签订货物转卖合同、制订生产计划等，后者负责腾空仓位、安排车辆，并且还可能由于自身规模能力原因拒绝了其他客户。如果以交付标的物为合同成立的要件，不利于保护双方当事人的利益。这样对物流服务的需求方和物流服务的企业双方来说都是极不公平的，可能严重影响双方企业的生产经营活动。如果该合同是实践性合同，那就意味着客户只要实际交付标的物就可以任意改变其先前许诺，不受事先承诺之约束，这样物流运营人面临的风险便大大增加。所以，只要经过客户要约和物流运营人的承诺，物流合同即宣告成立，这样，不仅有利于维护物流运营人的利益，而且有利于保障物流供需双方交易的安全。因此，在物流合同中，只要经过物流服务的需求方要约和物流服务的企业承诺，合同即宣告成立。

5. 法律关系复杂

物流合同法律关系的复杂性具体体现在以下五个方面：一是时间长。物流过程是一个长期的、合作的过程，一项物流外包安排，基本上都希望持续三、五年甚至是十年，因此，合同必须对此加以体现，对物流环节出现纰漏时或由于一方的过错导致物流中断时，物流合同需要约定解决办法、费用以及责任的承担；二是内容复杂。现代物流不只是简单的代理、运输、仓储、保管、报关等合同的签订，它所出售的是一个方案，是按一定流程管理的设计方案，该流程要解决企业的各种疑难问题，达到简化程序、降低成本、提高管理水平、提高企业经济效益和市场竞争能力的效果，合同涉及的环节多、时间长、要求复杂；三是物流外包涉及两个实体达成商业合作伙伴关系，而不是一次性交易行为。如此密切的关系，就代表有更多出错的可能，这就构成其法律关系复杂性的本质；四是法律关系的这种复杂性多半是由双方紧密的日常接触和彼此机密资料的取得所引起的。此外，供应商提供的服务虽不属于购买者的核心业务，但会对购买者的商业活动产生巨大的影响；五是尽管物流供需双方达成了某种“合伙人”关系，但物流供需双方仍属不同的实体，他们拥有不同的环境压力、不同的策略、不同的商业导向和不同的工作人员，一旦事情出错，他们每一方都会优先考虑自己的利益，而牺牲这个“合伙关系”。

6. 物流合同具有两条相互对立的原则

物流服务使用者希望必要时能够立即终止合同，而物流服务提供者希望投资能够得到分摊与回收，这两种情况是相互对立的。物流提供者的服务承诺，常常要付出很高的代价，如雇用长期劳动力、进行设备租赁等，这对其财务平衡会产生很大的影响，因此，物流服务提供者一般坚持要求签订长期合同，从而规避风险。相反地，要求外协物流过程的公司，需要确保在物流提供者不能提供它所期望的服务标准时合同可以被终止，以便选择别的物流提供者。所以，每项物流合同的订立，都具有以下两条相对立的原则：一是物流服务提供者的投资摊提与回收；二是客户选择是否中断物流服务关系。

7. 物流合同是无名合同

根据法律是否规定一定名称和相应的规范，可将合同分为有名合同和无名合同。有名合同，又称典型合同，是法律规定了一定名称和调整规范的合同，如上述运输合同、仓储合同、买卖合同、委托合同等，在我国《合同法》中均有明确规定。无名合同则是指法律未确定特定名称和特定规范的合同。从上面的分析不难看出，在我国目前的法律规定中，物流合同不属于任何一种有名合同。也就是说，物流合同是一种无名合同。

8. 物流合同一般为格式合同

合同格式条款，是指当事人为了重复使用而预先拟定，并在订立合同时不与对方协商的条款。以格式条款订立的合同一般称为格式合同。格式合同具有以下特点：① 格式合同的预先制订性和单方决定性。格式合同的有关条款全部或部分由当事人一方预先确定，这一点是不同于一般合同的，一般合同是由双方当事人共同协商拟订的。② 格式合同具有稳定性和重复性。格式合同条款一经拟订，在相当长的时期内具有稳定性。③ 格式合同的要约具有广泛性、持续性、细节性。广泛性是指合同要约总是向不特定的多数人发出的，而非针对某一特定对象。持续性是指要约总在较长时间内发生效力，在合同制订者改变其经营策略以前该要约都可以作为承诺的对象。细节性是指该要约一般包括了合同的全部条款。④ 格式合同内容具有客观性和科学性。格式合同一般是专门部门或具有专门知识的人员或行业机构制订的，能够正确反映所涉及行业的客观规律与特殊要求，并经过较长时间反复运用与实践后总结出的，具有客观性和科学性。⑤ 格式合同双方地位上存在着不公平性。使用人利用在经济或其他方面的绝对优势地位，使其可以将预定的格式条款强加于对方，从而排除双方协商的可能性，表现在法律和事实上的垄断。当事人的这种垄断常常被称为“契约环境的不公正”。

知识点滴

格式合同的稳定性表现在：一方面合同条款不能随意修改，欲与之缔结合同的当事人只有完全同意才能成为缔结的一方当事人，不能就合同条款讨价还价；另一方面格式合同多是由提供商品或服务的一方印制成书面的固定的形式以便使用和给当事人了解。重复性是指格式合同的反复使用性。

（二）物流合同的特性

1. 合同的合理性

合同中要考虑双方的利益，达到共赢的目的。如果只考虑一方赚钱，而使另一方无利可图，这样的合同即使签下来，履约中也会出现各种问题。实践证明，如果双方的理念一致，所签合同的目标相同，履约中一般就不会产生什么问题，即使有问题也较容易解决。

2. 服务范围的明确性

物流商往往忽视了服务范围的重要性。物流商与客户初次合作签订合同时，一定要对“服务范围”给予一个明确的界定，包括如何为客户提供长期的物流服务、服务的具体内容、服务到何种程度及服务的期限，总之要对服务到何种程度有一些具体的规定。否则，物流商对要干什么都不清楚，而客户也不清楚支付的是什么服务费用。“服务范围”应详细描述有关货物的物理特征，所有装卸、搬运和运输的需要，运输方式，信息流和物流过程中的每一个细节。

3. 合同的完善性

物流商与客户签订合同是一个复杂的过程，任何一方如在签约前考虑不周或者准备不充分，都有可能在以后执行合同的过程中遇到问题。此外，合同的执行标准及衡量标准，是客户与物流商在签约时首先应协商解决的问题，但在实践中，大量的合同根本未对此作出规定，导致双方在执行合同时对所提供的服务产生争议。

4. 合同的经济性

物流商接受和签订的协议影响最终能产生效益的项目，而适当水平的物流成本开支必然与所期望的服务表现有关。要取得物流企业的领导地位，关键是要掌握使自己的能力与关键客户的期望和需求相匹配的艺术，对客户的承诺是形成物流战略的核心。一个完善战略的形成，需要具有对未实现所选方案的服务水平所需成本的估算能力。

5. 合同条款的可塑性

物流商在签订协议时，要掌握好一定的尺度，即达到何种水平。比较好的尺度是，将合同定为中间性的、可改进的方案，而非最终方案的程度上，以便为今后几年留出调整、改进的余地。合同条款要订好，要有保护措施，轻易不要订立那种没有除外责任和没有责任限额的条款，否则将收取很少的费用而承担无限的责任，赔偿整个货价。

> **知识补充：**
> 印度药品在线订购及配送平台 Medzin 获 4.5 万美元天使轮融资
> http://finance.eastmoney.com/news/1667,20161107681306348.html

6. 合同的可行性

对于专业性较强的企业，签约前应向有关专家咨询，甚至请他们参与谈判，分析企业生产、管理的特殊性、特殊要求及特别需要注意的问题，避免留下难以弥补的后患。而对于物流商经过努力仍无法做到的方面，千万不要轻易承诺。

7. 不要误导客户

> **课堂讨论**
> 联系实际列举几种物流企业合同，并判别它们的种类。

物流商不要为了争取客户而使其产生误解，将物流服务视为灵丹妙药，认为物流商可将客户所有的毛病都连根治愈。应让客户认识到，没有一个物流方案能十全十美地解决企业的全部问题；即使要解决某一方面的问题，也需要详尽的策划、充足的时间，以及付诸实施这样一个过程，最终才能见效。

第二节　物流服务合同的签订

一、物流服务合同签订的步骤

物流合同是物流服务商与物流服务需求商订立的约定物流服务商与物流需求服务商完成一定的物流行为，需求商支付服务商一定的报酬的合同。在实际的经营活动中物流合同可分为常规物流合同与非常规物流合同。常规物流合同一般是由服务商提供的具有较多格式条款面向范围较广的合同，主要面向没有特殊需求的普通客户，批量小，次数多。常规物流合同就是物流服务商在收货时与客户共同填写的运单、工作单、服务协议等。非常规物流合同通常面向的是大客户，根据帕累托原则，物流服务商可以选择一定数量的客户并与他们签订相对复杂的物流合同。此类客户的特点是货物批量大、次数少，对物流服务的时间较长，一般比普通客户更为严格。由于此类客户是物流服务商利润的重要来源，双方签订合同以确保较为稳定的合作关系，以此对双方均有利。随着众多的物流企业纷纷采用物流外包战略，这些签订非常规物流合同的客户（有的物流企业称为合同制客户或大客户）不得不为物流商所重视，而此种物流也是物流企业合同管理的重点。

想一想

为什么企业都选择与物流企业签订物流合同？真的会给企业带来更多的利润吗？

知识点滴

帕累托原则

这是由19世纪意大利经济学家维弗雷多·帕累托（Vilfredo Pareto，1848—1923年）提出的。其核心内容是生活中80%的结果源于20%的活动。

根据这一原则，我们应当对要做的事情分清轻重缓急，进行如下的排序：

A．重要且紧急——必须立即做。

B．重要但不紧急——只要没有前一类事的压力，应该当成紧急的事情去做，而不是拖延。

C．紧急但不重要——只有在优先考虑了重要的事情后，再来考虑这类事情。人们常犯的毛病是把“紧急”当成优先原则，而不是把“重要”当成优先原则。其实，很多看似紧急的事情，拖一拖，甚至不办，也无关大局。

D．既不紧急也不重要——有时间再说。

物流企业实施合同管理的一般操作程序为：合同准备—合同谈判—合同审核签订—合同实施与控制—合同执行情况总结。

1．合同准备

物流企业与客户签订的合同一般属于物流外包性质，合同时间跨度长，服务范围广，所以在合同的准备阶段需要广泛地征取专业人士的意见，对客户的情况做一个较为详细的了解，核算物流成本，草拟物流合同。

2．合同谈判

在合同谈判之前要做一个合同谈判大纲，合同谈判人员最好为负责合同管理的人员，因为合同的谈判预示着合同的管理已经进入实质阶段。合同谈判要对物流服务的细节进行广泛的谈判与协调，达成初步的共识。

3．合同的审核与签订

由于物流合同中容易出现的纠纷大多出现在合同的执行阶段，为了避免纠纷的出现，可以建立合同预警机制，其中最重要的环节就是合同的审核。

在实际的运营中，大多数的物流企业存在着合同“审决合一”的问题：负责合同审核和合同签订的人员同为一人或一部门。这样会使得即将被签约的合同中存在的问题不能被充分地发现，而为日后的合同管理及物流服务带来一些不必要的麻烦，只有通过严格审核的合同才能与对方签订。在对合同进行审核时，一般由科室负责人、主管领导审核签字，最后交由合同审核部门进行审核，加盖合同专用章之后生效。

问与答

问：合同管理最重要的环节是什么？

答：合同审核。

4. 合同实施与控制

合同签订之后在实施的过程之中必须严格按照合同条款来执行。若中途因情况有变可经双方协商更改合同。合同实施与控制中要加强对合同内容的理解，以免由于理解的误差而带来不必要的误会。合同实施与控制主要由物流经理来负责，发现问题及时纠正。合同在实施过程中要做好记录，建立健全的合同登记制度以备日后检查。另外，还需要掌握合同的均衡性，防止在合同实施的过程中因为多个合同的同时实施而出现合同冲突的现象。

物流企业还必须安排专人持续跟踪物流合同的执行情况，在对方违约或预期违约时采取有效的法律手段，必要时可以求助专业的法律人士，避免和减少自身损失的发生。及时行使抗辩权，不履行或终止合同，并发出书面通知书，掌握合同纠纷的主动权，追求对方的缔约过失责任和违约责任，以维护自身的合法权益，进行合同的保全。

5. 合同执行情况的总结

合同管理机构或人员应定期对上阶段的合同进行回顾与总结，特别是对没能顺利圆满执行的合同。找出自身存在的问题，避免同种问题的再次出现，优化物流服务。对合同执行情况的总结要制定考核指标，一般用合同的履约率来衡量合同履行的好坏程度，其公式为：合同履约率=合同完成数量/合同总数×100%。但这一指标过于宽泛，不能如实地反映合同的执行情况，即合同效度，也就是与预计达到的合同履行境况二者之间的相符程度。

二、物流服务合同的类型

合同的分类，是指根据一定的标准，将合同划分为不同的类型。合同作为商品交易的法律形式，其类型随交易方式的多样化而各不相同。

1. 有名合同与无名合同

这是根据合同在法律上有无名称和专门规定所进行的分类。有名合同又称典型合同，是指法律明确规定其名称及规则的合同。无名合同，是指法律尚未规定其名称及规则的合同。

2. 诺成合同与实践合同

这是根据合同的成立是否以交付标的物为必要条件而进行的分类。诺成合同，是指双方当事人意思表示一致就可以成立的合同。实践合同，是指除双方当事人意思表示一致外，还需要交付标的物才能成立的合同。

示例

诺成合同：例如买卖合同。

实践合同：例如保管合同。

3. 要式合同与不要式合同

这是根据法律或当事人对合同的形式是否有特殊要求所进行的分类。要式合同，是指法律规定或当事人约定必须采用特定形式的合同，包括依法应当采用书面形式、公证、审批、登记等形式的合同。不要式合同，是指法律规定或当事人约定不需要具备特定形式的合同。合同原则上都是不要式合同，要式合同则是法律规定的特殊情况。

4. 双务合同与单务合同

这是根据当事人双方权利和义务的分担方式所进行的分类。双务合同，是指当事人双方都享有权利并承担义务的合同，例如仓储合同。单务合同，是指当事人一方只承担义务不享有权利的合同，例如赠与合同。物流合同多为双务合同。

（1）二者在是否适用同时履行抗辩权上有区别。

双务合同中，一方当事人只有在自己已经履行或者提出履行以后，才能要求对方当事人向自己履行义务；在对方未履行或未提出履行以前，也可以拒绝对方的履行请求。双方当事人均享有同时履行抗辩权。

在单务合同中，因为只有一方负担义务或者另一方虽然负有义务但其所负的义务并不是主要义务，不存在双方权利义务的相互对应和牵连问题，不负有履行义务的一方向负有义务的一方提出履行请求时，对方无权要求同时履行。单务合同不适用同时履行抗辩权原则。

（2）因为一方的过错而导致合同不履行的后果不同。

在双务合同中，如果因为一方的过错而使合同不履行，另一方已经履行合同的，可以要求违约方履行合同或承担其他违约责任；另一方要求解除合同的，则对于其已经履行的部分有权要求违约方返还。但在单务合同中，一般不存在上述情况。

5. 有偿合同与无偿合同

知识补充：

优化物流流程为上海市金山区物流成本高企破局

http://www.hlbrdaily.com.cn/hqxx/ubg/20161106/10102224.html

这是根据当事人取得权益是否需要支付相应代价所进行的分类。有偿合同，是指当事人一方享有权益必须偿付相应代价的合同。

（1）对义务的要求程度不同。

无偿合同中，利益的出让人的义务较低。如无偿保管合同的保管人仅在故意或重大过失导致对方损害时方承担责任。而在有偿合同中，义务规定更重。

（2）对主体的要求不同。

有偿合同的主体原则上应具备完全民事行为能力，限制民事行为能力人非经其法定代表人的同意，不能设立较为重大的有偿合同；但纯获利益的无偿合同，限制行为能力人和无行为能力人即使未取得法定代表人的同意也可以订立。例外：返还原物的合同仍须经其法定代表人同意方可订立。

6. 主合同与从合同

这是根据合同相互间的主从关系而进行的分类。主合同是指不需要依附其他合同而能单独存在的合同。从合同，是指以主合同的存在为前提的合同，如担保合同。

三、物流服务合同的条款

课堂讨论

运输合同属于哪种合同？为什么？

物流合同的一般条款包括以下内容。

1. 当事人的名称和住所

这是每一个物流合同都必须具备的条款。当事人是合同的主体，没有当事人的合同是不能成立的。合同中如果不写明当事人，就无法确定交易的双方，无法确定权利的享有与义务的承担，也无法解决合同纠纷。合同中还应当将各方当事人的姓名、名称和住所规定准确、具体和清楚。当事人的姓名和名称应当是自然人或者组织的正式称谓，法人或者其他组织的住所是其在登记机关登记的主要办事机构所在地。

2. 物流服务的范围和内容

物流经营人提供的物流服务可以是承接物流信息管理系统开发与信息管理、数据交换网络功能开发与维护，物流业务管理，货物运输服务或综合物流业务等。

3. 合作方式和期限

这是指物流经营人以哪种运营模式向物流服务需求方提供服务，是仅提供单一或者少数物流功能的组合服务项目，还是建立长期物流服务合同。

4. 双方的具体权利和义务

物流合同中应当明确，物流经营人提供物流服务并收取费用；而物流服务需求方交付费用并享受对方提供的物流服务。

5. 服务所应达到的指标

物流服务具有很强的技术性，当事人在物流合同中应当详细规定技术指标、具体物流运作标准、对物流服务的特殊要求等。

6. 实物交接和费用的结算、支付

物流活动分为很多环节，物流合同应尽量具体地规定每个环节的实物交付和费用支付方式。

7. 违约的处理

物流过程是一个长期的、合作的过程，合同必须对此加以体现，对物流环节出现纰漏或由于一方的过错导致物流中断时，物流合同需要约定解决办法、费用及责任的承担。

8. 争议的解决方法

在物流合同中，当事人可以约定通过仲裁或者诉讼的方式解决纠纷。

第三节　物流服务合同的科学管理

一、物流服务合同管理的内容

在物流服务工作中，合同是确定物流企业与客户之间权利、义务关系的最重要的法律文本。合同既是业务的最终结果，又是业务实施过程中的执行依据，更是解决业务纠纷的主要依据，其重要性显而易见。物流业务合同是影响物流营销和服务战略的一个重要因素，加强物流合同的管理工作应从合同订立前的准备工作到合同的订立以及合同履行过程的监控和合同完成后的归档等各环节，对合同进行科学的全过程、全方位管理。具体来说，物流合同的管理主要包括以下阶段。

1. 物流合同的准备阶段

合同签订是关系到企业生存发展的大事，尤其是物流合同。由于物流业务的时间跨度较长、服务范围较广，企业在签订合同时应避免操之过急。首先，应加强企业物流部门的管理者之间、管理者和员工之间的交流沟通，明确企业物流外包项目和外包目的。其次，应对物流公司进行调查了解，选择合适的物流公司。在确定准备合作的物流公司之后，企业应与物流公司进行广泛的沟通，增进彼此的了解。一方面，企业要了解物流公司的服务能力是否符合自身的要求；另一方面，要将自身的经济实力与物流公司要求做相应对比。

2. 物流合同的订立阶段

在合同双方彼此了解之后，合同管理进入实质性阶段，即合同的订立阶段。此阶段包括合同的起草、谈判和最终订立。在这一阶段，企业应就合同涉及的必要内容和条款详细地与物流公司进行谈判和协调，确保合同内容全面，措辞严密。双方对合同内容的理解应一致，以避免产生歧义和纠纷。

3. 物流合同的履行阶段

物流服务并不意味着企业可以甩手不管；恰恰相反，企业必须随时了解合同的履行情况，监督物流公司的服务，及时发现问题、解决问题，从而保证合同的顺利实施。

4. 物流合同的归档阶段

物流合同履行后，企业均对合同进行归档管理。对物流合同履行时出现的问题需查明责任，提出改进措施，完善管理制度，不断改进自身的物流外包业务。

新闻摘要

七台河市交通运输局运输公司获得全国“守合同重信用”企业荣誉称号

黑龙江省七台河市交通运输局运输公司喜获国家工商行政管理总局 2012—2013 年度“守合同重信用”企业荣誉称号，这是继去年获得省级“守合同重信用”企业之后，公司获得目前国家诚信管理方面的最高荣誉。

全国守合同重信用评选活动是由国家工商行政管理总局组织开展的，今年在国家工商行政管理总局网站公示，从企业和品牌经营管理、合同信用管理、经营效益、社会荣誉等方面进行综合评价。运输公司作为公路客运的窗口单位，近年来企业始终恪守诚信经营的理念，把诚信经营作为企业的立业之本、兴业之基，把诚信经营的管理理念贯穿到公司日常管理和战略发展之中，通过持续不断地培育企业诚信经营文化，对外树立了良好的社会形象，有效地促进了企业规范、健康发展。

此次获得国家级守合同重信用企业，是公司在品牌建设方面奏响的第一个凯旋之歌，必将推动公司品牌建设再上一个新台阶。

二、物流服务合同管理的措施

（一）完善“三分一统”的监督制约机制，强化合同管理的重要性

所谓“三分”即物资采购权、价格控制权、质量验收权三权分离，各负其责，相互制约，互不越位；“一统”即合同执行管理特别是结算付款一律统一管理，将隐蔽的权力公开化，集中的权力分散化。业务管理部门要充分发挥监督管理职能，从采购计划的审核开始，到合同审核、物资到货、货款结算的审核实施全过程的监督管理。对计划的监督审核，主要是保证计划的合理性和准确性；对合同的审核主要是把住供货厂家，控制采购价格及确保合同的合法性、公平性；对物资到货的审核主要是掌握到货数量、到货价格及是否执行合同交货期；

对到货物资质量抽检是监督验收过程不能低于合同要求的质量标准；对货款结算的审核是监督付款是否按合同履行，确保资金的投放效益及资金安全性。把监督管理贯穿于采购活动的全过程是业务管理部门始终坚持、探索和不断完善的职能。

（二）推行“五三五、责任终身制”的管理模式，加强合同管理的严肃性

“五三五、责任终身制”的管理模式即在物资采购过程中，必须做到“五结合，三优先、五签字，责任人一直负责到底”的管理机制。“五结合”就是在物资采购中必须保持供货情况与供应价格相结合，地区价格与行业价格相结合，订货数量与订货价格相结合，结算方式与订货价格相结合，供应商资质与订货价格相结合。“三优先”就是签订合同时必须做到同等价格质量优先，同等质量信誉优先，同是客户大厂优先。“五签字”就是所有的采购订货合同在加盖供应公司合同章前必须做到业务员、业务公司经理、合同审核人、业务管理部、经理办公会逐级审批签字制度。“责任终身制”就是合同签订业务人员明确采购责任，一直负责到底的永久可追溯制度。

> **知识补充：**
> 汇总征税改革缩短通关时间　企业物流成本下降
> http://sn.ifeng.com/a/20161102/5110160_0.shtml

（三）运用现代化管理手段、提高合同审核的准确性

1. 建立供应商管理网络，方便、快捷地查找所需的供货厂家

建立一个稳定的供需链是物资活动的关键，供应商的管理在物资采购中显得尤为重要。对新老供货厂家重新审核资质、生产制造能力、产品种类、规格型号、产品质量、售后服务等各项内容，按“评分法”确定出 A（优秀）、B（良好）、C（较好）三种类别，分别建立每个供货厂家的资料档案，录入微机，形成一个供应商管理网络。此网络为动态管理，根据生产的实际需要及供应商生产经营的变化，随时增减供货厂家。业务管理部门在办理合同审核过程中能十分方便、快捷地查找到某供货厂家的资质状况，是否生产该产品，以及售后服务情况等，同时也便于询价、掌握供货资源状况。

2. 建立物资采购价格体系，快速、准确地掌握市场价格

产品价格是产品价值的货币表现，它综合反映了产品的质量、结构、性能、结算方式、运输条件等，是买卖双方关心的“焦点”，对采购企业来说，采购价格是采购决策的重要内容之一。产品价格直接受物资市场各种因素的影响，在不同时期产生上下波动。对于物资供应部门来说，建立一套价格参考体系是搞好采购工作的前提。业务管理部门要时时跟踪市场价格变化，通过网上寻价、电话询价、到市场调查等手段，随时更新参考价格，确保价格的准确性，并在合同审核中充分运用价格参考体系，做到有理可依、有据可查，不断提高合同审核质量和效率。

3. 建立微机化的合同管理台账，准确、快捷地登记汇总合同执行情况

利用微机编制出合同管理台账，取缔原来手工合同管理台账，将供货厂家、供货品种、规格型号、单价、数量、资金额、税率、运费承担方式、交货期、到货情况、货款结算等全部录入微机。进行动态管理，能够准确、全面地掌握每份合同的执行情况。每季度综合汇总一次到货、结算情况等，随时可以汇总所需数据，十分便捷准确。

三、物流服务合同的后续管理

物流合同的成功履行依靠双方的长期密切合作。物流服务在合约执行的阶段通常争议颇多，若未能采取有效的对策，合作双方往往会对簿公堂。因此，为保证物流公司有效地履行合同，实现合同的目标，企业有必要对物流合同的执行过程进行及时的跟踪与反馈，加强后续管理工作。

1. 加强合作双方的交流和沟通

在整个物流合同管理中，信息的交流和沟通应是贯彻始终的。在合同履行过程中，双方应通过召开会议或其他形式定期进行沟通，在一种制度化而又较轻松的环境下坦诚交流。重点是确认双方对项目的期望值和外包目标，对合同的进展情况及时交流，并可根据具体情况进行协商，作一定的调整改变。

2. 加强企业内部的交流和沟通

合同的履行离不开全体员工和各部门的共同努力和协作，但是物流外包将对企业的生产经营方式产生重大影响，企业的生产、营销、财务、人力资源等部门的运作方式和工作内容必须进行相应的变革。因此，企业应加强与员工关于物流外包的重要性及其具体工作程序的交流和沟通，使员工成为利益共享、风险共担的团结合作的整体，只有这样才能保证外包合同的顺利实施。

3. 及时解决合同履行中出现的问题

当合同履行出现问题时，企业应及时和物流公司协调，分析原因，找出解决方案。如果是对方的责任，应及时按照合同和法律规定，行使合同履行抗辩权，通过合同保全、合同变更、合同权利义务转让等方式加以解决，最大限度地减少企业的损失。在可能的情况下，以尽量减少必要的损失为原则，给物流公司适当的时间来挽回，同时也可避免因转向其他的物流公司而增加额外的交易费用。当企业利益严重受损时，企业可根据合同，搜集证据，利用法律手段要求赔偿。

> **课堂讨论**
>
> 结合实际情况讨论一下企业是如何具体实施合同管理的。

4. 认真总结合同实施过程，不断改进

企业在合同履行后应将合同妥善存档，并对合同实施的全过程进行总结，学习他人的先进经验，吸取教训，不断改进，以取得更大的成功。

补充阅读

京东商城

从财报数据看，2015年京东电子与家电产品GMV达人民币2289亿元，同比增长65%；日用商品及其他品类商品GMV达人民币2176亿元，同比增长达109%，占京东总GMV的48.7%，较2014年42.8%提升近6个点。在传统优势家电业务稳步扩大领先优势的基础上，京东已经逐渐成为一家全品类、一站式综合性购物平台。尤其是第四季度，日用商品及其他品类商品核心交易总额占核心总交易额比例上升至51.0%，以此趋势预测，2016年非电类业务将有望全面超过电子及家电类业务占比，带动京东商城的持续高速增长。京东物流现在在全国大致有将近50万平方米的仓库，城际传货车达到300余

辆（主要为依维柯、金杯等）、配送人员达到6000多名，这些数据无不显示着其决心：加大物流投入，强化基础服务，为京东未来的高效发展提供永续动力。

京东以 33.9%的市场份额稳居网上零售市场第一名的位置，不仅仅是要拉开家电网销的差距，更是要打造自己的综合平台，拉开与其他综合网销平台的差距，唯有发力于物流，才能将自身的优势彻底发挥出来，并且构筑较高的服务门槛，树立自己网销一哥的地位。

从早期2009年B轮融资3100万元的70%资金用于物流体系建设，到现在融资15亿美元，将几乎全部投入到物流和技术的建设当中来，绝对是大手笔。

京东准备三年内再建设7个一级物流中心，未来三年共投资50亿～60亿元人民币进行物流建设，平均每个物流中心投资6亿～8亿元，同时新增100个城市站点、10余条成绩运输线路。届时，京东商城将会拥有国内最大的网销物流平台，现阶段，京东物流已经对社会开放，未来的京东物流必然会更加游刃有余。

本章小结

合同管理属于企业内部运行管理中的一部分，但合同管理质量的好坏直接关系到企围的业务与运作。合同管理对企业的重要性体现在减少企业内耗、提高工作效率上。许多企业会把目光放在生产管理、财务管理、人力资源管理等方面，而忽视了合同管理。对合同管理缺乏足够的重视，势必会给企业带来一些不必要的麻烦。

在中国，物流企业尚处在高速发展阶段，在市场机制的推动下，物流企业不仅要保持并提高服务质量，对企业自身的管理也不能放松，对合同管理这一块理应加以重视。但是合同管理是近年来才提出的一个概念，对它的认识尚有待加深。合同管理是指企业对自身以及当事人的合同依法进行制订、履行、解除、转让、终止以及审查、监督、控制等。

合同管理必须是全过程的、系统性的、动态性的。全过程就是由洽谈、草拟、签订、生效开始，直至合同失效为止。系统性是指严格按照物流的合同要求，运用物流现有的资源，促使合同圆满顺利地履行。动态性是指物流合同在执行过程中遇到突发情况时的灵活应对，当然这一点可在合同拟定时增加相应的条款以规避风险。

练习题

一、概念识记

物流合同　诺成合同　格式条款　可塑性　帕累托原则　合同履约率

二、单选题

1．有偿合同的主体是（　　）。

A．无民事行为能力人　　B．完全民事行为能力人

C．限制民事行为能力人　　D．均可

2．以下属于单务合同的是（　　）。

A．运输合同　　B．配送合同　　C．赠与合同　　D．仓储合同

3．物流合同的标的是（　　）。

A．物　　B．钱　　C．车辆　　D．行为

4．不需要依附其他合同而能单独存在的合同是（　　）。

A．有名合同　　B．诺成合同　　C．单务合同　　D．主合同

三、多选题

1．诺成合同要经过的两个阶段是（　　）。

A．邀约　　B．邀请　　C．承诺　　D．磋商

2．物流合同法律关系的复杂性具体体现在（　　）。

A．时间长

B．B．内容复杂

C．涉及两个实体达成商业合作伙伴关系

D．物流供需双方属不同的实体

3．要式合同的特定形式为（　　）。

A．书面形式　　B．公证　　C．审批　　D．登记

4．物流合同的管理主要包括以下阶段：（　　）。

A．准备阶段　　B．订立阶段　　C．履行阶段　　D．归档阶段

四、判断题

1．合同行为是一种民事法律行为。（　　）

2．物流合同是物流合作的基础。（　　）

3．物流合同中的物流服务提供者可以是任何主体。（　　）

4．物流合同可以由双方当事人共同协商拟订。（　　）

五、简答题

1．物流服务范围应包含的内容是什么？

2．物流企业实施合同管理都有哪些步骤？具体内容是什么？

3．如何有效地进行物流合同的后续管理？

六、案例分析

如果一个物流企业的家电物流服务水平较高，那么其他类型产品的物流服务水平也应当能保持在较高水平。因为家电物流的复杂程度、产品的综合程度、后续服务的超多内容是其他很多产品所不具备的。京东物流现在最让人诟病的其实是其上楼送货问题，这是小件快递员送货最大的难题，如果京东能够破解这一难题，我想那是其品质和服务提升最大的标志，并且将会彻底扭转客户对其感官的效果。

结合案例分析物流企业应如何对小客户进行合同管理。

第五章　物流服务项目管理

【学习目标】

熟悉物流服务项目的定义、内容与分类；了解物流项目的招、投标方式与流程；掌握物流服务项目的风险管理。

案例 5.1

施多特公司物流服务项目管理

德国的施多特（Stute）公司，主要从事运输及运输代理、旅游、仓储及技术服务等业务，在其经营的物流领域方面属于典型的第三方物流经营者。公司员工只有 400 人，年营业额却达 4 亿马克，在国内设有 20 多个分公司。分析和总结这个公司成功地经营物流服务的经验，其秘诀之一是：利用自己的运输与仓储优势，为用户设计物流服务项目。

施多特公司与奥宝汽车公司进行了合作。施多特公司按照奥宝公司凯萨劳腾分厂生产的特点，投入 1300 万马克设计建造了一座面积达 9000 平方米的仓储中心。仓储中心负责汽车分厂零配件集散，主要工作是对协作厂运到的零配件进行验收、存储等后勤保障工作。该分厂的协作厂、供应商达 300 余家，与交货有关的服务都交由仓储中心负责。收货后将零配件重新包装并装入特制的箱内，通过运载工具送到工位，由工人组装车辆。奥宝公司生产分厂的仓储中心对供货有严格的要求。由于两个单位的生产和业务运作都由电子计算机相互连接成网进行控制作业，所以，当奥宝公司分厂的电子计算机发出指令后，仓储中心 2 小时左右就会供货到工位，衔接非常紧密，从未出现过差错。生产厂家享用这样的物流服务系统，可以专门致力于组装式生产，而不需要自己建立耗资巨大的仓库，仓储及配送业务均由物流企业为之服务。供需双方各自专业化经营，在互为依存中，彼此都得到益处。

启发思考：

（1）施多特公司为奥宝汽车公司提供了哪些服务？

（2）在合作中存在哪些物流服务项目风险？

第一节　概述

一、物流服务项目定义

物流是物品从供应地向接受地的实体流动中，将运输、储存、装卸搬运、包装、流通加工、配送、信息处理等功能有机结合，优化管理以满足客户要求的过程。

现代物流企业在经营范围、运作模式等很多方面与传统的货物代理企业具有明显的区别：传统的货代企业经营是由货代企业制订一套相对不变的程序，让客户服从货代企业的程序，货代企业从事的则是千篇一律、周而复始的“运行”式管理。而物流企业则将每一个客户的特殊要求作为一个项目，分析研究客户的需求特点，有针对性地为该客户制定专门的服务方案，让物流企业去适应不同客户的不同需要，这就构成了项目式的物流服务。从这一角度看，可以说项目管理的思想为传统的货代企业转为物流企业，开展现代物流服务提供了解决问题的有效方法。

物流服务项目是指为了提供某种物流服务所进行的一次性活动。物流服务项目没有实物资产形成，而是利用物流资产提供相关物流服务。

例如，北京奥运会需要的奥运物流服务、各类工程建设项目需要的物流服务以及企业的外包物流等。

物流服务项目是工程建设、体育比赛、会议、展览以及企业的生产经营活动等的子项目，是以项目方式为这些大规模活动提供所需的物流服务，是其成功运作的保障。物流服务项目与其所服务的整体项目是相互依赖、相互制约的关系。一方面，物流服务项目的服务内容、服务要求等由其所服务的整体项目所决定；另一方面，物流服务项目的运行状况直接影响到所服务的整体项目的成功与否。

二、物流服务项目内容与分类

（一）按照服务内容的不同，物流服务项目的分类。

1. 储存服务项目

储存服务项目是指有关货物的储存、保管等服务的项目，其工作内容主要包括库存管理服务、仓储管理服务等。

（1）库存管理服务。库存管理服务是有关库存货物数量、库存补充时间等的决策服务。库存货物应保持一个合理的数量。影响库存货物数量的因素包括货物的需求量、需求特性、订货提前期或生产准备时间、货物订货成本或生产准备成本、库存持有成本以及缺货成本等。可根据需求选择合适的库存管理系统。库存服务项目管理者可结合需求方的实际条件和管理需要，建立适用的库存管理系统，以实现库存管理目标。

（2）仓储管理服务。服务内容包括根据货物的性能和储存要求，选择具有相应保管条件的仓库，实行分区储存；实施在库货物的维护保养管理，包括采用科学的堆码方式、定期检查、库房温湿度控制以及货物养护的科学研究等；建立库存货物的信息管理系统，实时监控库存货物的状况。

2. 运输服务项目

运输服务项目是指利用运输工具，提供货物在不同地点的位置移动服务的项目，其主要工作内容包括：运输方式的选择、运输方案的设计、运输服务的业务流程等。

想一想

企业如何根据自身情况选择合适的运输方式？有什么需要注意的地方？

（1）运输方式。

① 铁路运输。铁路运输具有运输量大、运输速度较快、运输成本较低以及运输适应性较强的优点。但是运输时间相对较长，并且由于装卸次数较多，货物毁损或灭失事故发生率较高。因此，铁路运输适用于中长距离、大宗货物的运输。

② 水路运输。水路运输具有运输量大、运输成本低的优点，但运输速度较慢，运输时间较长，而且易受自然条件的影响，特别是气候条件的影响较大。因此，水路运输适用于大批量、对运输时间要求不高的大宗货物运输，特别是集装箱运输。

③ 公路运输。公路运输具有快速、灵活、方便、可实现“门到门”运输、对货物包装要求简单的优点，但其缺点是运输批量小，运输成本高。因此，公路运输比较适用于近距离、小批量的货物运输。

④ 航空运输。航空运输具有运输速度快、运输时间短、货物安全性高、对包装的要求低等优点，但其缺点是运输批量小、运输成本高，受气候条件影响大。因此，航空运输比较适用于高附加值、重量轻、体积小或时效性强、需求紧急的货物的长距离运输。

知识补充：

助企业成本和风险双降 信运通模式化解零担物流之痛

http://www.hubei.gov.cn/tzhb/touzi/lxhbtzdt/201611/t20161108_914807.shtml

⑤ 管道运输。管道运输是利用泵和管道进行流体货物运输的专业化运输方式。由于管道运输是定点、单向的运输，因此，通常由企业自营，很好采用项目管理的形式。

（2）运输方案的设计。运输方案的规划设计需要综合考虑货源状况、市场需求情况、环保要求、资源条件等因素，在运输方式的选择、运输路线的规划、运输车辆的安排等方面科学决策，实现运输服务项目的优化。

（3）运输服务的业务流程，主要包括货主通过电话、电邮等方式提出发货委托书，并办理货物托运手续；运输服务提供方根据货主委托书规定的时间、地点派车取货；货物在运输服务提供方的仓库集结；运输服务提供方办理货物票据手续及核收运杂费；根据货主规定的发货日期或对到货日期的要求向运输企业托运或组织货物装运；在不同运输工具的衔接点办理货物中转业务；办理货物到达票据手续和到达杂费结算；运输服务提供方根据货主指定的时间、地点送货；将经货主签收的运输单据寄回发运公司保管。

3. 配送服务项目

配送服务项目是指在经济合理区域范围内，根据物流服务需求方的要求，对物品进行拣选、加工、包装、分割、组配等作业，并按时送达指定地点的物流服务项目。其主要配送方式包括：定时配送、定量配送、定时定量配送、定时定路线配送、即时配送等。

问与答

问：什么是定时配送？

答：定时配送是指按规定时间间隔进行配送，如数天或数小时一次等。而且每次配送的品种及数量可以根据计划执行，也可以在配送之前以商定的联络方式（如电话、计算机终端输入等）通知配送的品种及数量。

（二）物流服务项目特征

物流服务项目既具有服务项目的共性，又具有物流的个性。归纳起来，物流服务项目的特征主要体现在以下几个方面。

1. 物流服务项目的伴随性

物流服务项目是一种普遍存在于人类社会的生产和生活活动之中的项目，不管是人类的生活，还是企业的生产，甚至军队的战役都需要物流服务，也就都需要物流服务项目管理。

2. 物流服务项目的集成性

物流服务项目管理的集成性是相对于一般运营管理的专门性而言的。在一般运营管理之中，分别有生产、质量、成本、供应、市场营销等各种各样的职能或是专业管理。这种职能或专业管理分工是由于一般运营的重复性和相对确定性等所造成的详细分工而形成的。然而物流服务项目管理要求的则主要是管理的集成性，这包括对于物流服务项目的工期、造价、质量等要素的集成管理，对于物流服务项目中的确定性事件和不确定性事件的集成管理等。虽然物流服务项目管理也有一定的职能或专业管理要求，但是物流服务项目管理更加强调管理的集成特性。

3. 物流服务项目的物理特征

物流服务项目的主要内容是物体的物理位移，其中还包含一些其他物理加工与保管等方面的内容，但是最主要的是将某些物料或产品从生产经营之处挪移到使用或保存之处。因此物流服务项目的最终成果是以实现物品的时间或空间效用的形式表现出来，而不是以实物产品的形式存在的。物流服务项目成果的物理特征决定了对其成果的评价较为困难。

4. 物流服务项目的工作环境开放性

一般运营型物流工作的工作环境是相对封闭和确定的，而物流服务项目的环境是相对开放和不确定的。由于物流服务项目所处环境的这种相对开放性，以及物流服务项目的一次性和独特性，就使得物流服务项目的不确定性相对较高。

> **知识补充：**
>
> 印度将建设六座大型港口年可节约物流成本 60 亿美元
>
> http://www.zgsyb.com/html/content/2016-11/04/content_600803.shtml

5. 物流服务项目的组织团队性

由于物流服务项目是一次性的和相对不确定的，所以一般物流服务项目的组织管理模式主要是基于活动的管理系统为主。例如，从事运营型物流服务的企业基本上也是按照生产、营销、财务、人力资源管理等设立部门开展专项管理的，而一个物流服务项目管理基本上是按照物流服务项目建议书、可行性分析、物流服务项目的设计与计划、服务施工与验收交割的过程展开和管理的。

6. 物流服务项目的其他特征

除了上述特性以外，物流服务项目还有其他一些特性，如物流服务项目的创新性和风险性、物流服务项目过程的渐进性、物流服务的不可触摸性、物流服务项目组织的临时性和开放性，以及物流服务的无形性和不可储存性等。这些物流服务项目的特性是相互关联和相互影响的，比如物流服务项目的创新性和风险性就是相互关联的。

> **课堂讨论**
>
> 结合现实分析讨论一下物流服务项目特征是如何体现在物流服务中的。

第二节　物流项目的招标与投标

一、物流服务项目招标及投标的相关概念

物流项目的招标与投标，是指采购人事先提出货物或服务采购的条件和要求，邀请众多投标人参加投标并按照规定程序从中选择交易对象的一种市场交易行为。从采购交易过程来看，它必然包括招标和投标两个最基本的环节，前者是招标人以一定的方式邀请不特定或一定数量的自然人、法人或其他组织投标，后者是投标人响应招标人的要求参加投标竞争，没有招标就不会有供应商或承包商的投标，没有投标，采购人的招标就没有得到响应，也就没有开标、评标、定标和合同签订及履行等。在世界各国和有关国际组织的招标采购法律规则中，尽管大都只称招标（如国际竞争性招标、选择性招标、限制性招标等），但无不对投标作出相应的规定和约束。因此，招标与投标是一对相互对应的范畴，无论叫招标投标还是叫招标，都是内涵和外延一致的概念。

具体来说，招标与投标是一种商业行为，一种有组织的交易方式，要求公正性、公平性、公开性，使投标人有均等的投标机会，使招标人有充分的选择机会。

招标是指招标人对货物和物流服务事先公布采购条件和要求，使众多的投标人参加竞争，而招标人则按公开规定的程序和条件确定中标人的行为。

招标是业主方（或通过采购代理）以一种公开的方式进行采购。招标前，要对采购的货物、服务制定一套方案，提出具体标准、要求和资金估算，并得到有关部门或贷款机构的批准。招标，既要体现公正性，又要收到经济效益。在招标文件及合同条款方面，兼顾双方利益，但更保护招标方的利益。

问与答

问：企业招投标的核心是什么？

答：招标与投标的核心是竞争，通过货比数家，从商务、数量、技术质量、交货期、价格等方面综合比较选购，以争取达到招标预期的目标。

投标是指投标人按招标人规定的期限和条件、规定的投标格式提出投标响应书和报价的行为。

投标也是一种日益多见的商业行为，投标人在决定是否参加投标之前，首先应考虑本单位的物流服务是否能达到招标人规定的资格条件，一经决定，则应进行成本核算，以最合适的产品、最合适的价格参与投标并进行投标文件的准备。一旦中标，投标人应信守合同，按质按期按数量交好货。

招标与投标的核心是竞争，通过货比数家，从商务、数量、技术质量、交货期、价格等方面综合比较选购，以争取达到招标预期的目标。

二、物流服务项目招标方式

国内招标的方式分为三种：公开招标、邀请招标、议标。

1. 公开招标

公开招标，又叫竞争性招标，即由招标企业在报刊、电子网络或其他媒体上刊登招标公告，吸引众多企业单位参加投标竞争，招标企业从中择优选择中标单位的招标方式。按照竞争程度，公开招标可分为国际竞争性招标和国内竞争性招标。

2. 邀请招标

邀请招标也称有限竞争性招标或选择性招标，即由招标企业选择一定数目的企业，向其发出投标邀请书，邀请他们参加招标竞争。视具体的招标项目的规模大小而定数目。由于被邀请参加的投标竞争者有限，不仅可以节约招标费用，而且能提高每个投标者的中标机会。然而，由于邀请招标限制了充分的竞争，因此招标投标法规一般都规定，招标人应尽量采用公开招标。邀请招标的特点是：① 邀请投标不使用公开的公告形式；② 接受邀请的单位才是合格投标人；③ 投标人的数量有限。

邀请招标的这些特点对采购那些价格波动较大的商品是非常必要的，可以减低投标风险和投标价格。如鱼粉是采用国际有限招标的最典型的例子。世界上只有少数几个国家生产鱼粉，如果采用国际竞争性招标，会导致开标后无人投标的结果，这样的情况在实际业务中确有发生。但在欧盟的成员国中，邀请招标的这些特点被十分看好，并得到广泛使用。

3. 议标

议标也称谈判招标或限制性招标，即通过谈判来确定中标者。主要有直接邀请、比价、方案竞赛三种方式。

由于议标的中标者是通过谈判产生的，不便于公众监督，容易导致非法交易，因此，我国机电设备招标规定中，禁止采用这种方式。即使允许采用议标方式，也大多对议标方式做了严格限制。《联合国贸易法委员会货物和物流服务采购示范法》规定，经颁布国批准，招标人在下述情况下可采用议标的方法进行采购：① 急需获得该货物或服务，采用招标程序不切实际，但条件是造成此种紧迫性的情况并非采购实体所能预见，也非采购实体办事拖拉所致；② 由于某一灾难性事件，急需得到该货物和物流服务，而采用其他方式因耗时太多而不可行。

知识链接

公开招标与邀请招标的比较：

（1）公开招标

优点：公开招标对招标者而言有较大的选择范围，可在众多的投标人之间选择报价合理、交货期短、服务周到及信誉良好的供应商。采用该招标方式，有助于开展竞争，打破垄断，能促使供货商提高工作质量，降低供应成本。

缺点：大型采购项目审查投标者资格及其投标文件的工作量较大，招标费用支出也大，参加竞争者越多，招标人的工作量就越大，费用就越高；另一方面，对投标者而言，自获悉招标信息后，须做大量的工作，参加竞争者越多，中标的概率就越小，对投标费用的风险考虑就越大，标价就越高。无论是招标企业还是投标企业，公开招标都会加大其经济负担。

（2）邀请招标

优点：邀请招标对招标者而言，简化了对投标者的资格预审及投标文件评审的工作量，提高了工作效率；对投标者而言，提高了中标的概率，减小了投标的风险性。

缺点：邀请招标的方式限制了投标竞争的范围，有可能排斥一些具有优势的投标竞争者，因此，这种方式被认为不完全符合参与机会均等的原则。

三、物流服务项目招标及投标流程

物流服务的需求方通过物流服务项目的招标方式进行业务外包，将使其以较低的成本得到较高质量的物流服务。随着物流市场的进一步规范与发展，进行物流项目招投标将成为物流服务交易的主要形式。以下介绍物流项目的招标流程。

1. 招标准备

按邀请投标人的公开程度划分，招标方式可分为公开性招标和邀请性招标。公开性招标是不限定范围，通过发布招标信息向全社会的企业进行招标；邀请性招标是向特定的某些企业发出邀请进行招标。按照邀请投标人的地域划分，招标方式可分为国内招标和国际招标。

企业进行物流项目招标，目的是为了以较低的成本得到其需要的物流服务。为了使招标得以成功，必须做好招标的每一步工作，主要包括：第一，需求表述。首先需要分析自身的物流服务需求，并明确地表达出来。第二，招标前准备工作，如物流企业资格审查、研究招标方案、制定招标文件、确定招标形式及标的等。第三，公开发布招标公告或书面邀请投标人。第四，出售或派发招标文件。第五，接受投标。第六，进行开标和评标。第七，根据评标结果，结合企业自身需要，选择中标人签订物流服务合同。

招标书的编制对于招标能否成功至关重要。一般情况下，招标书主要涉及企业自身情况和产品生产现状，以及对物流服务各个环节的要求，如货物运输、仓储控制、配送时效等，有的还可能涉及产品包装和流通加工等环节。

知识链接

招标书的组成部分

编制物流项目招标书一般应包括以下几个部分。

（1）招标邀请书、投标人须知。

（2）招标方的企业介绍和发展历程。

（3）招标方具体的物流服务需求，越详细越好。

（4）物流服务的详细操作要求、操作流程等。

（5）物流服务费用的构成。

（6）对投标书的要求和招标组织情况。

（7）物流服务招标范围和不在招标范围的说明。

（8）计划的招标程序和时间安排。

2. 投标准备

物流项目投标是投标人（即物流企业法人）寻找并选取合适的投标信息，在同意并遵循招标方核定的招标文件的各项规定和要求的前提下，提出自己的投标文件，以期通过竞争被招标方选中的交易过程。

物流项目投标活动具有三大特点：第一，投标人之间的竞争比较直接。招标方在一定的期限内接受各种投标人提出的各种服务方案和报价，并进行比较，势必使投标人之间面临相对直接的竞争。第二，投标人之间的竞争比综合优势。投标人要想被招标方选中，不仅要在物流技术、物流服务方案上具有竞争力，还要在企业资信、应付突发事件等方面具备优势。

这样，投标人之间的竞争就体现出高度综合的竞争特点。第三，投标人之间形成价格博弈之势。在招投标过程中，招标方处于主动地位，其目的是以较低的成本获得需求的物流服务。投标人若想在此过程中胜出，除了提供满意的物流服务外，还必须充分考虑好定价策略。

物流企业在达成投标意向后，随即着手投标的准备工作，主要包括如下步骤。

（1）组织物流项目投标小组。抽调有物流服务经验、有物流方案策划和设计能力的人员组成技术完备的投标小组，并给予充分的人、财、物、时间的方便，用全体员工的智慧做好投标工作。

> **知识补充：**
> 降成本智慧物流站上风口
> http://news.163.com/16/1108/06/C5B3O2P5000187VI.html

（2）收集招标企业的资料，深入了解招标企业的状况，包括成长经历、产品类型和特点、市场状况，掌握招标企业的组织结构和未来企业发展态势。

（3）认真研究招标文件，分析招标内容，提出招标文件中的质疑问题，并做好询标工作。分解招标内容，组成解决各个有关内容的工作小组，编制投标文件，确定项目实施的资源、人力以及费用等，进行投资效益分析、可行性研究等。

（4）严格按照招标书的时间要求，确定投标活动的时间表，并制订投标工作计划。

3. 投标实施

实施投标工作的关键步骤如下：

（1）在投标小组的领导和计划下，有步骤、有节奏地按照招标书的要求参与投标活动。投标小组可召开各种会议，明确目标，做好内部分工，制订详细投标工作计划。

（2）仔细分析研究招标书内容。对招标书中不清楚、不明白或有问题的地方，做认真记录。然后有计划地与招标方进行讨论，讨论结果由招标方确认，作为招标过程的支持文件。

（3）精心编写投标书。投标文件是投标活动中最核心、最关键的文件，投标书不但是一个完整的物流服务方案，而且是投标方能否中标的依据。

（4）将投标书精心装订成册，在指定时间内送到招标方手中。

（5）精心准备投标答辩。就招标方可能提出的问题做好回答准备。在答辩会上，进一步展示投标方的合理化建议，以及提高服务质量、降低物流服务成本的措施。

> **知识补充：**
> 山西省高速路减免货车通行费降低物流成本 7.82 亿元
> http://finance.sina.com.cn/roll/2016-11-01/doc-ifxxfuff7468604.shtml

4. 投标书

物流项目投标书是在分析招标企业的概况和物流需求后，做出的向招标方应标的一种表示方法。同时，投标书也是物流企业介绍自己服务能力的机会，对投标的成功与否起着决定性作用。物流项目投标书主要由以下部分组成。

（1）总则。表示愿意投标，以本企业拥有的物流资源提供招标方所需的物流服务，以及与招标方共同发展的愿望。

（2）本物流企业介绍。对本物流企业发展历程、企业的实力尤其是取得的物流服务的历史业绩向招标方作说明。

（3）提出本企业物流服务优势。如具有经验丰富的物流运作团队，能为客户高质量地完成各项物流服务；具有先进的 IT 技术和物流信息网络技术，高效而实用的物流运作平台，具有足够的物流服务资源，先进的仓储设施和强大的运输网络等。

（4）提出物流服务措施。针对招标方的物流需求，提出实施物流服务的具体办法。

（5）根据提供物流服务的种类和数量，结合市场实际，对提供的物流服务给出报价。

5. 物流项目目标实现

招投标结束后，中标的物流企业将与招标方签订物流服务合同，提供招标方所需求的物流服务。为了使物流项目目标得以实现，需要招投标双方充分交换信息、相互信任、共同协作。在物流服务项目进行的过程中，应对服务的每一阶段进行监督，看物流项目每一阶段的目标是否实现，是否满足需求，是否存在有待改进之处。双方应本着共赢的原则，积极理顺沟通渠道，妥善解决出现的问题，这样才能使物流项目的目标得以最终实现。

四、物流服务项目招标与投标文件

招标投标文件的主要内容可分为三大部分，即程序条款、技术条款和商务条款。无论工程还是货物，通常都包含下列九项内容。

（1）投标邀请函

（2）投标人须知

（3）招标项目的技术要求及附件

（4）投标书格式

（5）投标保证文件

（6）合同条件（合同的一般条款及特殊条款）

（7）技术标准、规范

（8）投标企业资格文件

（9）合同格式

“投标邀请函”由招标机构编制，内容包括：简要介绍招标单位名称、招标项目名称及内容，招标形式，售标、投标、开标时间地点，承办联系人姓名、地址、电话等。开标时间除给投标商留足准备投标书、传递投标书的时间外，国际招标应尽量避开国外休假和圣诞节，国内招标应避开春节和其他法定节假日。

“投标人须知”由招标机构编制，是招标的一项重要内容，着重说明本次招标的基本程序，包括投标者应遵循规定和承诺的义务；投标文件的基本内容、份数、形式、有效期和密封及投标的其他要求；评标的方法、原则；招标结果的处理；合同的授予及签订方式；投标保证金。

> **课堂讨论**
> 联系实际讨论哪些属于招标投标活动，属于何种类型。

第三节　物流服务项目风险管理

物流项目的实现过程是一个具有创新性的复杂过程，涉及许多不确定性因素，因而存在着各种各样的风险。如果不能很好地管理这些风险就会造成各种各样的损失，因此在物流项目管理中必须充分识别、度量和控制风险。物流项目管理中最重要的任务之一就是对物流项目不确定性和风险进行管理，必须重视物流项目风险管理。

一、客户价值管理

“风险”具有两种含义：其一是“不确定性”或围绕期望损失的波动，其二是“期望损失”本身。一般的风险管理理论认为，风险是指由于难以预见或控制的不确定性因素的存在，使得最终收益与原有的期望产生较大背离，从而蒙受损失的可能性。因而物流项目风险可以定义为：由于物流项目所处的外部环境和条件本身的不确定性与物流项目组织或其他相关利益者内部在主观上不能准确预见或控制的影响因素的存在，使得物流项目的最终收益与初始期望产生背离，从而带来损失的可能性。

人们对于项目信息的掌握程度由低到高可以有三种不同的情况，即完全没有信息、拥有不完备信息以及拥有完备信息。其中完全没有信息或者拥有完备信息的情况通常都是少数，而拥有不完备信息的情况却极为普遍。

由于人们对于将来的活动或事件一般不能掌握全部信息，因此，事先不能确知最终会产生什么样的后果，这种现象叫做不确定性。不确定性是存在于客观事物与人们认识与估计之间的一种差距，它反映了人们由于难以预测未来活动或事件的后果而产生的怀疑态度。即使有些时候人们可以事先辨识事件或活动的各种可能结果，但仍然不能确定或估计它们发生的概率。这种情况也是一种不确定性。不确定性有程度之分，物流项目的不确定性有三种类型。

1. 项目变数的不确定性

它指由于认识能力和时间限制，不能完备而清楚地罗列出物流项目的各种变数。

2. 计量的不确定性

它指在确定项目变数数值大小时由于缺少必要的信息、尺度或准则而产生的不确定性。在确定项目变数的数值时，有时难以获取有关数据和观察结果。有些项目则不知采用何种计量尺度和准则才好。

3. 收益的不确定性

它指无法确认项目的预期收益及其发生的概率，无法明确知道项目实施后的实际最终收益。

在拥有不完备信息的情况下，我们只知道项目变数在一定条件下发生的概率（可能性）以及发生后会出现的各种可能后果，但是并不能确切对项目变数数值大小进行计量并评估其项目实施后的最终收益的确切影响，从而无法把握物流项目实施后的实际收益，带来了物流项目风险。

二、物流服务项目风险的特点

1. 项目风险的客观性

项目风险的客观性是指风险的存在是不以人的意志为转移的，不管风险主体是否能意识到风险的存在，风险在一定情况下都会发生。

2. 项目风险的不确定性

它的发生不是必然的。风险何时、何地发生以及风险对项目的影响程度都是不确定的。

> **知识补充：**
> 优化物流流程为上海市金山区物流成本高企破局
> http://www.hlbrdaily.com.cn/hqxx/ubg/20161106/10102224.html

3. 项目风险的相对性

项目风险是相对不同的风险管理主体而言的，项目风险管理主体承受风险的能力、项目的期望收益、投入资源的大小等因素都会对项目风险的大小和后果产生影响。因此，项目风险是相对的。

4. 项目风险的可变性

在不同的情况下，项目的风险是可以变化的：项目本身和环境发生变化，项目的风险也会随着发生变化。一般情况下，项目风险的可变性包括项目风险的性质发生变化、项目风险的后果发生变化和新风险的出现。

5. 项目风险的阶段性

项目风险是分阶段发展的，而且各个阶段都有明确的界限。项目风险的阶段性主要包括3个阶段。

（1）风险潜在阶段——在这一阶段中的潜在风险是没有危害的，但是它会逐步发展成为现实的风险。

（2）风险发生阶段——此时，风险已经发生，但尚未产生后果，如果不及时采取措施加以处理，风险就会给项目带来危害。

（3）造成后果阶段——在这一阶段，风险造成的后果已经无法挽回，只能尽量采取措施减少它对项目造成的危害。

6. 项目风险与收益具有对称性

对风险主体来说，项目风险和收益是对等的，即收益是以一定的风险为代价的。第三方物流提供者为了获得一定的收益就要承担相应的风险。

三、物流服务项目风险防范政策

物流项目风险的监督与控制是指在整个项目过程中根据物流项目风险管理指南和物流项目风险实际发生的变化所开展的各种物流项目风险监督与控制的活动。物流项目风险监督与控制是建立在物流项目风险的阶段性、渐进性和可控性等基础上的一种项目风险管理工作。

想一想

物流服务项目风险能够有效地控制和完全避免吗?

1. 物流项目风险监督与控制的概念

对于物流项目的风险而言，通过物流项目风险的识别与评估，已经识别出项目的绝大多数风险，而且这些项目风险多数是相对可控的。这些项目风险的可控程度取决于在物流项目风险识别和评估阶段给出的有关物流项目风险信息的多少。所以，只要能够通过物流项目风险识别和评估得到足够的有关物流项目风险的信息，就可以采取正确的物流项目风险应对措施，从而实现对物流项目风险的有效控制。

项目风险是发展和变化的，在人们对其进行监督和控制的过程中，项目风险的发展与变化会随着人们的监督与控制活动而改变。因此，对于物流项目风险的监督与控制过程实际上是一种人们发挥其主观能动性去改造客观世界的过程，与此同时，在这一过程中所产生的信息也会进一步改变人们对于物流项目风险的认识和把握程度，使人们对物流项目风险的认识更为深入，对物流项目风险的控制更加符合客观规律。实际上，对物流项目风险的监督与控制过程也是一个不断认识物流项目风险的特性、不断修订物流项目风险控制决策与行为的过程，是一个使项目风险逐步从相对可控向绝对可控转化的过程。

新闻摘要

贸易量增大 LNG 物流需建立风险管理体系

陕西榆林金源天然气有限公司总经理助理兼经营管理部部长林涛介绍，当前，LNG 工厂的竞争导致销售价格在各企业的成本线上下波动，加气站成为发展过程中较高利润的热门项目，年平均毛利在 15%～20%，必然导致在优势地区加气站的建设、运营成为资源倾斜的下一个突破口，而随着各大运输要道的 LNG 加气站布局的完善，将迎来 LNG 运输的爆发式增长。

中外运化工国际物流有限公司安全检查部副总经理钟原认为，LNG 运输属于危险品物流，其中的风险对物流的安全性构成挑战。对于危险品物流企业来说，风险是指对物流企业具有严重威胁的不确定性事件及其后果可能对组织、人员、产品、资产和声誉等造成的巨大损害。

钟原建议，危险品物流企业应该建立风险预防机制。一是构建物流企业预警文化，强化风险意识，从思想理念上培养全体员工的风险意识和忧患意识，从制度上规范企业预警文化。二是建立和完善物流企业风险管理组织，力求做到风险管理组织机构系统化和专业化，风险管理组织机制规范化和科学化，风险管理组织结构扁平化和弹性化。三是制订风险管理计划，给企业提供应对风险的方法。四是建立危机预警系统，包括监测、诊断、纠偏、辅助方案决策等，目的是评估预警信息，发出危机预警，防患于未然。五是建立应急保障机制，包括建立规范、科学、高效的应急指挥体系；根据风险对企业经营的影响程度分级设置应急响应机制；针对应急物资和应急运力储备建立应急保障体系。六是建立风险管理的模拟训练机制，定期进行风险实战演练，包括心理训练、风险处理知识训练，提高风险管理的应变能力，并检测拟定的计划是否周密可行。七是建立和完善物流企业风险公关机制。

2. 物流项目风险监督与控制的目标

（1）努力及早识别项目的风险。物流项目风险控制的首要目标是通过开展持续的物流项目风险识别和评估工作，及早地发现项目所存在的各种风险以及物流项目风险的各方面特性，这是开展物流项目风险控制的前提。

（2）努力避免项目风险事件的发生。物流项目风险控制的第二个目标是在识别出项目风险后，通过采取各种风险应对措施，积极避免项目风险的发生，从而确保不给物流项目造成不必要的损失。

（3）积极消除项目风险事件的消极后果。物流项目的风险并不都是可以避免的，有许多物流项目风险会由于各种原因而最终发生，对于这种情况，项目风险控制的目标是要积极采取行动，努力消减这些风险事件的消极后果。

（4）充分吸取项目风险管理中的经验与教训。物流项目风险控制的第四个目标是对于各种已经发生并形成最终结果的项目风险，一定要从中吸取经验与教训，从而避免同样风险事件的发生。

3. 物流项目风险监督与控制的依据

物流项目风险监督与控制的依据有以下几个方面。

（1）物流项目风险管理计划。物流项目风险监督与控制活动都是依据这一计划开展的，但是在发现新风险后需要立即更新项目风险管理计划，所以项目风险监督与控制工作都是依据不断更新的项目风险管理计划开展的。

（2）实际物流项目风险发展变化情况。有些项目风险最终变成现实而发生了，有些项目风险却没有发生。这些项目风险实际情况的发展变化情况也是项目风险监督与控制工作的最重要的依据之一。

4. 物流项目风险监督与控制的内容

（1）建立物流项目风险事件监督与控制体制。这是指在物流项目开始之前要根据物流项目风险识别和评估报告所给出的项目风险信息制定出整个物流项目风险监督与控制的大政方针、物流项目风险监督与控制的程序以及物流项目风险监督与控制的管理体制。这包括项目风险责任制、项目风险信息报告制、项目风险控制决策制、项目风险控制的沟通程序等。

（2）确定要控制的具体项目风险。这一步是根据物流项目风险识别与评估报告所列出的各种具体项目风险确定出对哪些物流项目风险进行监督和控制，而对哪些物流项目风险采取容忍措施并放弃对它们的监督与控制。通常这需要按照具体物流项目风险和项目风险后果的严重程度，以及物流项目风险发生概率和项目组织的风险控制资源等情况确定。

（3）确定物流项目风险的监督与控制责任。这是分配和落实项目具体风险监督与控制责任的工作。所有需要监督与控制的物流项目风险都必须落实到具体负责监督与控制的人员，同时要规定他们所负的具体责任。对于物流项目风险控制工作必须要由专人去负责，不能多人负责，也不能由不合适的人去担负风险事件监督与控制的责任，因为这些都会造成大量的时间与资金的浪费。

知识补充：

钢铁行业:钢材价格窄幅震荡,关注钢企生产及物流成本变化情况
http://finance.qq.com/a/20161013/029432.htm

（4）确定物流项目风险监督与控制的行动时间。这是指对物流项目风险的监督与控制要制订相应的时间计划，计划和规定出解决项目风险问题的时间表与时间限制。因为没有时间安排与限制，多数项目风险问题是不能有效地加以控制的。许多由于项目风险失控所造成的损失都是因为错过了项目风险监督与控制的时机，所以必须制订严格的物流项目风险控制时间计划。

（5）制订各具体项目风险的监督与控制方案。这一步由负责具体项目风险控制的人员根据物流项目风险的特性和时间计划制订出各具体项目风险的控制方案。在这一步中要找出能够控制物流项目风险的各种备选方案，然后要对方案作必要可行性分析，以验证各项目风险控制备选方案的效果，最终选定要采用的风险控制方案或备用方案。另外还要针对风险的不同阶段制定不同的风险控制方案。

（6）实施具体项目风险监督与控制方案。这一步是要按照选定的具体项目风险控制方案开展物流项目风险控制的活动。这一步必须根据物流项目风险的发展与变化不断地修订物流项目风险控制方案与办法。对某些项目风险而言，风险控制方案的制订与实施几乎是同时的。

（7）跟踪具体项目风险的控制成果。这一步的目的是要收集风险事件控制工作的信息并

给出反馈，即通过跟踪去确认所采取的物流项目风险控制活动是否有效，物流项目风险的发展是否有新的变化等。这样就可以不断地提供反馈信息，从而指导物流项目风险控制方案的具体实施。这一步是与实施具体项目风险控制方案同步进行的。通过跟踪而给出物流项目风险控制工作信息，再根据这些信息去改进具体项目风险控制方案及其实施工作，直到对风险事件的控制完结为止。

> **课堂讨论**
> 讨论物流企业是如何有效地进行项目风险管理的。

（8）判断项目风险是否已经消除。如果认定某个项目风险已经消除，则该具体项目风险的控制作业就已经完成了。若判断该项目风险仍未消除，就需要重新进行物流项目风险识别。这需要重新使用物流项目风险识别的方法对项目具体活动的风险进行新一轮的识别，然后重新按本方法的全过程开展下一步的物流项目风险控制作业。

补充阅读

天猫超市华南仓开仓全自动操作，日处理快递百万件

菜鸟天猫超市专用仓——广州仓正式启用。该仓库位于广州增城，采用一整套自动化系统，每天可处理超过百万件商品。该仓库的投用，将给天猫超市华南地区的当日达和次日达寄递服务提供保障。

广州仓最引人注目的是“穿梭”于货架之间的一条长达4000米的自动传送带。天猫超市总经理江畔介绍，广东仓库采用全自动化的流程设备，仅需在条码复核、分拣机监护等环节投入人工。货品的运输、仓储、装卸、搬运7个环节可实现一体化集成，效率至少提升30%，拣货准确率几乎可达到100%。

据介绍，广东仓是天猫超市携手菜鸟网络和广东心怡科技打造的自动化仓储运营中心，主要服务天猫超市华南地区的用户，实现了商品“统一入仓、统一配送、统一服务”的目标。仓库的自动化系统，可以从4万多个商超全品类商品中准确拣选出货品，日处理商品达百万件，吞吐能力达到了全国领先水平。

天猫超市启动了“双20亿计划”，一个20亿元将用于补贴消费者，另一个20亿元将用于提升物流及供应链服务能力。江畔表示，未来两个月，天猫超市和菜鸟网络还将新开一批仓储，使天猫超市专用仓从目前的12地分仓升级为19个大仓，将11城本地化运营升级为31城本地化运营。届时，消费者下单后，订单会从最近的一个城市仓库中发货，从而保障当日达和次日达的服务时效。

本章小结

物流服务项目管理是运用各种知识、技能、方法与工具，为满足或超越项目有关各方对项目的要求与期望所开展的各种管理活动。

物流服务项目管理的根本内容有两个：其一是识别和找出对于物流服务项目的各种要求和期望；其二是管理好物流服务项目去满足或超越这些要求和期望。物流服务项目的要求与期望涉及物流服务项目的各个利益相关方，物流服务项目的用户期望以最小的成本获得高质量的物流服务，物流服务的提供者期望以最小的成本获得最大的利润，物流服务项目的设计者或集成者（包括第四方物流集成商）则期望通过提供服务辅助而获得收益等。物流服务项目管理的根本目的就是要努力使这些不同的项目相关利益主体要求和期望能够很好地综合平

衡并最终能够合理地、最大限度地满足甚至超越。

练习题

一、概念识记

物流服务项目　招标　投标　资本筹措　标底　开标

二、单选题

1．招标与投标的核心是（　　）。

A．竞争　B．合作　C．博弈　D．协商

2．在整个招标过程中，首要环节是（　　）。

A．招标文件的编制　B．编制可行性报告

C．制定标底　D．发出招标通告

3．以下哪种配送方式灵活性最高？（　　）

A．定时配送　B．定量配送　C．定时定量配送　D．即时配送

三、多选题

1．按照服务内容的不同，物流服务项目可分为（　　）。

A．储存服务项目　B．运输服务项目　C．配送服务项目　D．信息服务项目

2．物流服务项目的特征包括（　　）。

A．物流服务项目的伴随性　B．物流服务项目的集成性

C．物流服务项目的物理特征　D．物流服务项目的工作环境开放性

E．物流服务项目的组织团队性

3．国内招标的方式与合同类型招标方式相同的招标方式有（　　）。

A．公开招标　B．邀请招标　C．议价招标

D．内部招标　E．询价招标

4．邀请招标的特点是（　　）。

A．邀请招标不使用公开的公告形式　B．接受邀请的单位才是合格投标人

C．投标人的数量有限　D．节约招标费用　E．使用公开公告形式

5．开标方式包括（　　）。

A．公开开标　B．通知开标　C．邀请开标

D．秘密开标　E．议价开标

四、判断题

1．邀请招标有助于开展竞争，打破垄断，能促使供货商提高工作质量，降低供应成本。（　　）

2．实际上招标工程的目标工期往往不能等同于国家颁布的工期定额，而需要延长工期。（　　）

3．投标文件如果没有密封，或发现曾被打开过的痕迹，应被认定为无效的投标，应不予

宣读。(　　)

4．一般国际工程承包 / 设备供货项目均要求中标者在收到中标函后一定时期内(一般不超过 15 天)提交履约保函，否则，招标人有权取消中标者的中标资格。(　　)

五、简答题

1．招投标文件内容有哪些?

2．简述物流服务项目风险防范政策。

六、案例分析

施多特(Stute)公司与 KHD 公司的合作。KHD 公司在 K 地区建造了一家现代化的柴油发动机厂，施多特公司闻讯后，经过认真分析研究，在征得 KHD 公司赞同并愿意与其合作的情况下，在距柴油发动机工厂 10 余公里处建造了一座与之配套的仓储中心，全面负责该厂生产所需要的全部物品(主要是零配件)的分送及集中作业；为 KHD 公司在 K 地区的生产经营提供强有力的后勤保障服务，使其运输、运输代理、仓储及技术服务等业务特长得以充分发挥。

结合案例分析物流项目管理的内容有哪些?

第六章　物流企业供应商管理

【学习目标】

掌握物流企业供应商的定义及类型，物流企业供应商选择的含义、原则、步骤，以及评价物流企业供应商的指标体系。理解物流企业供应商管理产生的背景、物流企业供应商管理的相关概念、物流企业供应商管理的目标。了解物流企业与供应商有效合作的意义，加强信息共享的竞争优势。

案例 6.1

中外运敦豪国际快件有限公司是国际快件公司DHL与国内最大的进出口货运代理企业中国外运的合营公司。经过多年的经营与发展，为股东创造的是每年 20%的业务增长率和近亿元的利润。中外运敦豪在供应商开发过程中有以下几个要点。

（1）相信每个供应商都是可以被改造的，不轻易放弃。中外运敦豪视每一个供应商为合作伙伴，并不遗余力地帮助他们不断改善生产、配送以及服务过程中的不足。即使出现另外一家非常有竞争力的供应商要求与其合作，中外运敦豪也不会轻易地抛弃原有供应商，企业会帮助现有供应商寻找与行业其他竞争者的差距所在，共同寻找解决方案。中外运敦豪相信，只要有足够耐心和不断地努力，任何一个供应商都是可以被改造的，轻易放弃或者改换供应商是不道德的。这种做法大大增强了供应商的合作意愿，它们与中外运敦豪共同进步、共渡难关、共享成果的信心就会愈加坚定。

（2）确信供应商愿意接受中外运敦豪的改造。对于中外运敦豪的供应商开发人员来说，供应商有很多问题并不是最可怕的，最糟糕的是供应商对于中外运敦豪提供的改造计划不感兴趣，对问题发现和解决的工作不给予积极的配合。

（3）供应商开发工程师和供应商品质工程师的培训。在和一个新供应商合作的初始阶段，中外运敦豪会把供应商开发团队派驻到供应商的生产现场，该团队由供应商品质工程师和供应商开发工程师组成。在把供应商开发团队送到供应商的公司之前，团队成员都要完成一个严格的 6 西格玛培训项目。在供应商开发的过程中，有时供应商会和中外运敦豪的供应商开发团队一起参加培训，但是大多数的供应商培训还是在供应商开发项目中进行的。这些针对供应商的培训成本大多由中外运敦豪公司承担。

（4）派遣工程师帮助供应商企业发现问题，实施改造。一旦供应商与中外运敦豪签署供货协议，中外运敦豪就会派驻训练有素的供应商品质工程师和供应商开发工程师到供应商生产现场。供应商的生产工艺和质量水平的最高境界能达到中外运敦豪的要求还远远不够，中外运敦豪的工程师们会帮助供应商发现工艺、技术、流程、管理方法中的不足，使供应商能以持续稳定的高质量水平生产中外运敦豪所定制的产品。生产高质量产品的能力不是目标，将生产高质量产品的工艺和流程固定下来以持续提供品质统一的产品才是中外运敦豪对供应商的要求。若中外运敦豪同时向两个或两个以上的供应商采购相同产品，那么品质最好的供应商就会成为其他企业的标杆。即使只有一个供应商，行业生产工艺的最高水平或明星企业的质量水平也会成为中外运敦豪改造供应商的目标。

启发思考：

（1）中外运敦豪公司在供应商开发和管理中都做了哪些工作？

（2）中外运敦豪公司是如何帮助供应商的？

第一节 概述

一、物流企业供应商的定义

物流市场的激烈竞争使得单个企业自身的赢利空间越来越小，要依靠自身去赢得优势已变得越来越难。因此，作为物流企业，与供应商良好长期稳定的战略合作关系将会使企业在激烈的竞争中有稳定可靠的物资来源，有利于企业的生存和发展。物流企业要维持正常生产就必须有可靠的供应商为企业提供各种各样的物资供应。供应商对物流企业的物资供应起着非常重要的作用，采购管理就是直接和供应商打交道而从供应商那里获得各种物资。因此采购管理的一个重要工作就是供应商管理。

知识补充：

浅谈供应商的分类和管理

http://wenda.so.com/q/1367021373062780?src=150

1. 物流企业供应商

物流企业供应商是指可以为物流企业提供材料、设备、工具及其他资源的企业。物流企业的供应商可以是生产企业，也可以是流通企业。

2. 物流企业供应商管理

所谓物流企业供应商管理，就是对物流企业的供应商进行了解、选择、开发、使用和控制等综合性的管理工作的总称。其中，了解是基础，选择、开发、控制等是手段、是目的。物流企业供应商管理的目的就在于为物流企业建立一个稳定可靠的供应商队伍，为物流企业的正常运营提供稳定可靠的物资供应。

二、物流企业供应商的类型

物流企业供应商的分类是对供应商系统管理的一个重要部分，它决定着物流企业想与哪些供应商开展不同类型的合作关系。物流企业的供应商可分为战略供应商（strategic suppliers）、优先供应商（preferred suppliers）、考察供应商（provisional suppliers）、消极淘汰（exit passive）、积极淘汰（exit active）和身份未定供应商（undetermined）。

1. 战略供应商

战略供应商指那些对物流企业有战略意义的供应商。例如，他们提供技术复杂、生产周期长的产品，他们可能是唯一供应商。他们的存在对物流企业的存在和发展至关重要。更换供应商的成本非常高，有些乃至不可能。对这类供应商应该着眼长远，培养长期关系。

2. 优先供应商

优先供应商提供的产品或服务可在别的供应商处得到，但物流企业倾向于使用优先供应商。这是其与战略供应商的根本区别。优先供应商是基于供应商的总体绩效，如价格、质量、交货、技术、服务、资产管理、流程管理和人员管理等。当然，对于优先供应商，如果其绩效在某段时间下降，也可调为考察供应商，给他们机会提高，然后要么升级，要么降级。

3. 消极淘汰供应商

消极淘汰供应商不应该再得到新的供应份额。但公司也不积极把现有生意移走。随着主产品完成生命周期，这样的供应商就自然而然淘汰出局。对这种供应商要理智对待。如果绩效还可以的话，不要破坏平衡，维持相对良好的关系很重要。

4. 积极淘汰供应商

积极淘汰供应商不但得不到新生意，连现有生意都得移走。这是供应商管理中最极端的例子，对这类供应商一定要防止“鱼死网破”的情况。因为一旦供应商知道自己现有的生意要被移走，有可能采取极端措施，要么抬价，要么中止供货，要么绩效会变得很差。所以，在积极淘汰供应商之前，一定要确保你的另一个供货渠道已经开通。

5. 身份未定供应商

身份未定供应商的身份未定。在分析评价之后，要么升级为考察供应商，要么定义为消极淘汰或积极淘汰供应商。

第二节　物流企业供应商选择

案例 6.2

英和物流公司的供应商选择

英和物流公司在选择供应商时，依据两大标准：一是技术标准；二是潜在质量标准。根据这两大标准，英和物流有经过严格培训并合格上岗的评审人员，在现场对潜在的供应商逐个进行细致的评估，不达标的一律拒绝接受；对达标的供应商还要进一步要求他们逐步达到公司要求的质量管理要求。而一旦达标的供应商供货出现问题时，英和物流则会对供应商的质量保证系统及其物流能力进行再次评估，并给予耐心指导，协助供应商改善质量保证能力和供货的物流水平。若供应商经指导后还是达不到要求，就更换供应商。因为英和物流公司的企业文化是：质量是制造出来的，不是检验出来的；质量跟每个人都有关。

启发思考：

（1）英和物流公司的供应商选择标准是什么？

（2）严格按照标准选择供应商，给英和物流公司带来哪些好处？

一、物流企业供应商选择的含义

物流企业供应商选择是指物流企业在研究所有的建议书和报价之后，选出一个或几个供应商的过程。广义的选择供应商则包括物流企业从确定需求到最终确定供应商以及评价供应商的不断循环的过程。物流企业选择供应商主要有以下几方面含义。

（1）物流企业选择供应商是采购工作中一项非常重要的工作。

（2）供应商供应产品和服务的顺畅——不会影响到物流企业正常的生产运作。

（3）进料品质的稳定——保障生产运营的稳定。

（4）交货数量的符合。

（5）保障物流企业出货的准确。

（6）各项工作的协商——良好的配合使双方的工作进展顺利。

选择适合的供应商，直接影响到物流企业的运营，对物流企业影响非常大，因此，选择优秀的供应商是非常重要的。

二、物流企业供应商选择的原则和方法

（一）物流企业供应商选择的原则

物流企业供应商选择要本着全面、具体、客观的总体原则，建立和使用一个全面的供应商综合评价指标体系，对供应商做出全面、具体、客观的评价。综合考虑供应商的业绩、设备管理、人力资源开发、质量控制、成本控制、技术开发、用户满意度、交货协议等方面可能影响合作关系的方面。许多成功物流企业的实践经验表明，选择供应商要做到目标明确、深入细致的调查研究，全面了解每个候选供应商的情况，综合平衡、择优选用。一般来说，物流企业供应商选择应遵循以下几个原则。

1. 目标定位原则

目标定位原则要求供应商评审人员应当注重对供应商进行考察的广度和深度，应依据所采购商品或服务的特征、采购数量和品质保证要求去选择适合的供应商，使建立的采购渠道能够保证品质要求，减少采购风险，并有利于自己的产品或服务打入目标市场，让客户对物流企业提供的服务充满信心。采购时的购买数量不超过物流企业供应商产能的50%，反对全额供货的供应商，最好使同类物料的供应商数量约2～3家，并有主次供应商之分。

2. 优势互补原则

每个企业都有自己的优势和劣势，选择开发的供应商应当在经营方面和技术能力方面符合物流企业预期的要求水平，供应商在某些领域应具有比采购方更强的优势，在日后的配合中才能在一定程度上优势互补。尤其在建立关键、重要零部件或服务的采购渠道时，更需要对供应商的生产能力、技术水平、优势所在、长期供货能力等方面有一个清楚的把握。要清楚地知道之所以选择这家厂家作为供应商而不是其他厂家，是因为它具有其他厂家没有的某些优势。只有那些经营理念和技术水平符合或达到规定要求的供应商才能成为物流企业生产经营和日后发展的忠实和坚强的合作伙伴。

3. 择优录用原则

在选择供应商时，通常先考虑报价、质量以及相应的交货条件，但是在相同的报价及相

同的交货承诺下，毫无疑问要选择那些企业形象好，可以给世界驰名企业供货的厂家作为供应商，信誉好的企业更有可能兑现曾许下的承诺。在此必须提醒的是综合考察、平衡利弊后择优录用。

4. 共同发展原则

随着市场竞争越来越激烈，如果供应商不全力配合物流企业的发展规划，企业在实际运作中必然会受到影响。若供应商能以荣辱与共的精神来支持企业的发展，把双方的利益捆绑在一起，这样就能对市场的风云变幻做出更快、更有效的反应，并能以更具竞争力的价位争夺更大的市场份额。因此，与重要供应商发展战略合作关系也是值得考虑的一种方法。

（二）物流企业供应商选择的方法

物流企业选择合乎要求的供应商，需要采用一些科学和严格的方法。选择供应商，要根据具体的情况采用合适的方法。常用的方法主要有直观判断、考核选择、招标选择和协商选择。

1. 直观判断

直观判断法是根据征询和调查所得的资料，对供应商进行大体分析，是对比评价的一种方法，也是常用的一种方法，它的主观性较强。其最主要的依据是物流企业的采购人员对供应商以往的业绩、质量、价格、服务等的了解程度。而选择供应商的同时也应注意到以下几个问题。

（1）单一供应商与多家供应商。尽可能避免单源供应，集中采购具有数量优势。

（2）国内与国外采购。选择国内供应商价格较低，由于距离近，可以使用“零库存”策略；而从国外供应商处则可以采购到国内技术无法达到的物料，提升产品自身的技术含量。

2. 考核选择

所谓考核选择，就是在对供应商充分调查了解的基础上，再经过认真考核、分析比较后选择供应商的方法。考核选择的方法包括以下内容。

（1）了解供应商

供应商调查可以分为初步调查和深入调查。每个阶段的调查对象都有一个供应商选择的问题，而且选择的目的和依据是不同的。

（2）考察供应商

初步确定的供应商还要进入试运行阶段进行考察。试运行阶段的考察更实际、更全面、更严格。因为这是直接面对实际的生产运作。在运作过程中，就要进行所有各个评价指标的考核评估，包括产品质量合格率、准时交货率、交货差错率、交货破损率、价格水平、进货费用水平、信用度、配合度等的考核和评估。在单项考核评估的基础上，还要进行综合评估。综合评估就是把以上各个指标进行加权平均计算而得到的一个综合成绩。

（3）考核选择供应商

通过试运行阶段，得出各个供应商的综合评估成绩，基本上就可以最后确定哪些供应商可以入选，哪些供应商被淘汰，哪些应列入候补名单。候补名单中成员可以根据情况处理，可以入选，也可以落选。物流企业在选择供应商时通常不应该只选择一个供应商，而是选择2～3 个绩效比较好的供应商作为自己的发展伙伴。这主要是由于在只有一个供应商的情况下，企业的采购活动会受制于人。但是在选择的2～3 个供应商中也是有主次之分的。

知识点滴

物流企业考核供应商可以用AB角或ABC角理论来解释：A角作为主供应商，分配较大的供应量；B角（或再加上C角）作为副供应商，分配较小的供应量。综合成绩为优的中选供应商担任A角，候补供应商担任B角。在运行一段时间以后，如果A角的表现有所退步而B角的表现有所进步的话，则可以把B角提升为A角，而把原来的A角降为B角。这样无形中就造成了A角和B角之间的竞争，促使它们竞相改进产品和服务，使得物流企业获得更大的好处。

从以上分析可以看出，考核选择供应商是一个时间较长的深入细致的工作。这个工作需要物流企业的采购管理部门牵头负责、物流企业各个部门共同协调才能完成。当供应商选定之后，应当终止试运行期，签订正式的供应关系合同。进入正式运行期后，就开始了比较稳定正常的供需关系运作。

3. 招标选择

当采购物资数量大、供应市场竞争激烈时，可以采用招标方法来选择供应商。招标采购详见前面章节。

4. 协商选择

在潜在供应商较多、难以抉择时，也可以采用协商选择方法，即由物流企业选出供应条件较为有利的几个供应商，同它们分别进行协商，再确定合适的供应商。和招标方法比较，协商选择方法因双方能充分协商，在商品质量、交货日期和售后服务等方面较有保证；但由于选择范围有限，不一定能得到最便宜、供应条件最有利的供应商。当采购时间紧迫、投标单位少、供应商竞争不激烈、订购物资规格和技术条件比较复杂时，协商选择方法比招标方法更为合适。

（三）物流企业供应商选择的标准

一个好的供应商，最根本的就是其提供的产品好。而产品好，又表现在：一是产品质量好；二是产品价格合适；三是产品先进、技术含量高、发展前景好；四是产品货源稳定、供应有保障。这样的好产品，只有那些有实力的企业才能够生产出来。因此一个好的供应商需要具备以下一些条件。

1. 优秀的企业领导人

有了优秀的领导人，企业才能健康稳定地发展。

知识点滴

五大素质造就优秀企业领导人：

（1）具有创新思维及创新能力。

（2）智商、情商、德商“三商”具足。

（3）要有容人之量及用人之能。

（4）拥有现代企业管理理念并付诸实践。

（5）拥有不断学习的能力和习惯。

2. 高素质的管理人员

有了高素质、有能力的管理人员，企业的管理才有效率、充满活力。

3. 稳定的员工群体

企业员工的稳定性，能保证产品品质的稳定，流动性过大的员工群体，其产品品质会受到相当大的影响。

4. 良好的机器设备

有了良好的机器设备，其产品品质更能加以保证。

5. 良好的技术

企业不单要有素质高的管理人员和良好的管理，还应有经验丰富、有创新能力的技术人员，只有技术不断改善创新，才能使产品品质更加有保障，材料成本不断下降。

6. 良好的管理制度

激励机制的科学，管理渠道的畅通，以及各种管理制度的健全能充分发挥人的积极性，从而保证其供应商整体是优秀的，其产品品质是优质的，其服务是一流的。

7. 地理位置

供应商的地理位置对库存量有相当大的影响，如果物品单价较高，需求量又大，则距离近的供应商才有利于管理。物流企业总是期望供应商离自己近一些，或至少要求供应商在当地建立库存，地理位置近送货时间就短，意味着紧急缺货时可以很快送到。

8. 可靠性

可靠性是指供应商的信誉，在选择供应商时，应该选择一家有较高声誉的、经营稳定的以及财务状况良好的供应商。同时，双方应该相互信任，讲究信誉并能把这种关系保持下去。

9. 售后服务

良好的售后服务是建立和维护供需双方的战略合作伙伴关系的关键，同时，也为供需双方就产品质量等其他方面的信息交流提供了条件。

10. 供货提前期

为了应付一些紧急缺货情况的发生，供应商的供货都应当有一个合理的提前期。

11. 交货准确率

供应商供应的商品的返退率要低，即交货的准确率要高。

12. 快速响应能力

随着信息技术在供应链管理中的应用，供应商对客户的需求信息的响应力比传统管理下的供应商的响应力要高许多倍，从而大大提高了供应商对客户需求变化的适应能力，所以供应商对客户信息的响应能力如何是评价供应商的一项重要因素。

三、供应商选择的步骤

供应商的综合评价选择可以归纳为以下几个步骤，如图 6-1 所示。企业必须确定各个步骤的开始时间，每一个步骤对物流企业来说都是动态的（物流企业可以自行决定先后和开始时间），并且每个步骤对于企业来说都是一次改善业务的过程。

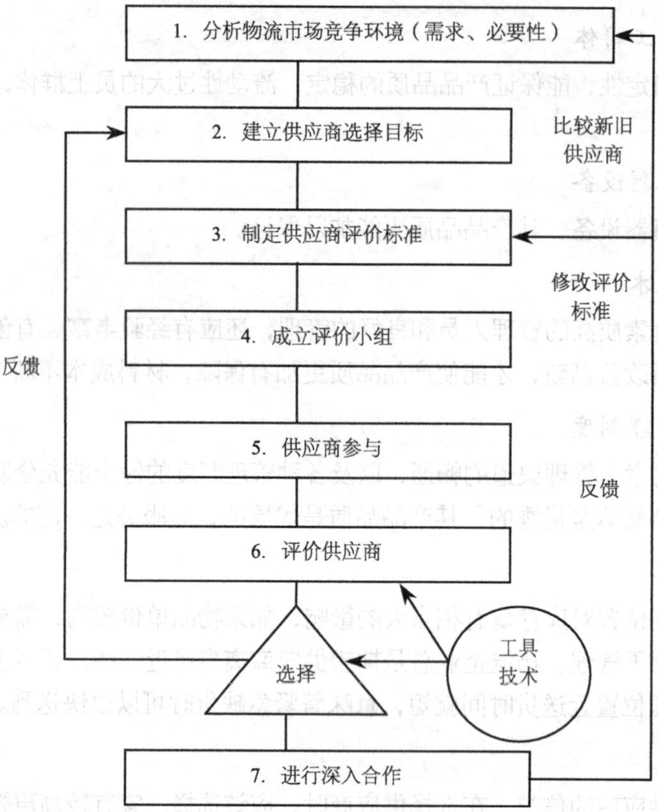

图 6-1 物流企业供应商选择与评价步骤

1. 分析物流市场竞争环境

市场需求是企业一切活动的驱动源。建立基于信任、合作的长期合作关系，首先要对物流市场进行竞争分析。目的在于了解谁是市场中的领导者，目前市场的发展趋势是怎样的，各大供应商在市场中的定位是怎样的，从而对潜在供应商有一个大概的了解。在这些分析的基础上，物流企业的采购部门可以建立初步的供应商数据库并作出相应的产品分类，从而确认供应商评价选择的必要性。同时，分析现有供应商的现状，分析、总结企业存在的问题。

2. 建立供应商选择目标

物流企业必须确定供应商评价程序如何实施、信息流程如何运作，而且必须建立实质性的、实际的目标，其中降低成本是主要目标之一。合作伙伴评价、选择不仅仅只是一个简单的评价、选择过程，它本身也是物流企业自身和企业之间的一次业务流程的重构过程，如果实施得好，就可带来一系列的利益。

3. 制定供应商评价标准

供应商综合评价指标体系是企业对供应商进行综合评价的依据和标准，应根据系统全面性、简明科学性、稳定可比性、灵活可操作性的原则，建立集成化的物流企业供应商综合评价指标体系，其中涉及合作伙伴的业绩、设备管理、人力资源开发、质量控制、成本控制、技术开发、客户满意度、交货协议等可能影响到合作关系的因素。

4. 成立评价小组

物流企业必须建立一个小组以控制和实施供应商评价。小组成员以来自采购、质量、生产、工程等与供应商有密切合作关系的部门为主，他们必须有团队合作精神，具有一定的专业技能。评价小组必须同时得到物流企业和供应商企业最高领导层的支持。

5. 供应商参与

物流企业一旦决定进行供应商评价，评价小组必须与初步选定的供应商联系，以确定他们是否愿意与物流企业建立合作关系，是否有获得更高业绩水平的愿望。物流企业应尽可能早地让供应商参与到评价体系的设计过程中来。然而，因为物流企业的力量和资源有限，企业只能与少数的、关键的供应商保持紧密合作，所以参与的供应商不能太多。

6. 评价供应商

评价供应商的一个主要工作是调查、收集有关供应商生产运作等全方面的信息。总结供应商的优点和不足之处，并听取供应商的解释。如果供应商有改进意向，可要求供应商提供改进措施报告，作进一步评估。在收集合作伙伴信心的基础上，就可以利用一定的工具和技术方法进行供应商的评价了。在评价的过程之后有一个决策点，根据一定的技术方法选择供应商，如果选择成功，则可开始实施供应链合作关系，如果没有合适供应商可以选，则返回步骤 2 重新开始评价选择。

7. 进行深入合作

在实施合作过程中，市场需求将不断变化，可以根据实际情况的需要及时修改供应商评价标准，或重新开始供应商评价选择。在重新选择供应商的时候，应给予供应商足够的时间以适应变化。

四、物流企业供应商的评价指标体系

（一）选择评价指标的原则

任何评价指标体系的建立，都必须遵循一定的原则，物流企业供应商评价指标也不例外，同时由于供应商评价过程涉及众多的因素，同时各因素的重要性又有所不同，因此，在选择评价指标时，应遵循以下几项原则。

1. 全面简洁原则

供应商评价指标不但要能够全面、准确地反映各个供应商的实际情况和反映其评价对象的优劣，在此基础上所建立的评价指标体系也应当尽可能的简洁、易于运用。

2. 客观性和可比性原则

供应商的评价应该做到尽可能的客观，尽量避免主观因素的影响，共性指标易于产生偏差，所以其指标应尽可能量化和可度量比较。并且其指标所应用的数据应真实，具有可比性。

3. 可塑性和可拓展性

评价指标应当能根据具体的情况具有一定的可塑性，根据其数量和指标内容的变化和不同要求的变化而进行修改、增加和删除，以及根据具体情况具体调整。

4. 科学性原则

供应商评价指标体系要具有应用的价值，必须具备一定的科学性，能够有效地帮助决策者进行决策，成为决策者有利的决策工具。

（二）供应商选择评价指标

供应商选择评价是要对现有供应商在过去合作过程中的表现或对新开发的供应商作全面的资格认定。评估供应商主要着重于他们的技术、质量、交货、服务、成本结构和管理水平等方面的能力进行综合评定。对供应商评价指标问题研究得较早的是迪克森，他从170个采购经理那里收集到实践数据，发现质量、成本、交货期是选择供应商时应该考虑的三个重要指标。但这并不是说其他的指标不重要。本书主要从以下五个方面对物流企业供应商评选标准加以制定。

1. 质量控制能力指标

采购物品的质量水平是衡量供应商的一项最基本的指标，产品质量必须好而且稳定，因为它会直接影响物流企业的运营质量。每一个物流企业都有自己的质量标准要求供应商去遵从，供应商必须有自己的一个良好的质量控制体系，所提供的产品质量能够持续、稳定地达到物流企业的要求。

2. 经营管理者能力指标

经营管理能力是管理人员必备的能力，在刻画一个管理者的特点和形象时，经营管理能力是其最核心的素质和最亮丽的色彩。选拔和考核企业管理人员时，经营管理能力成为重中之重，供应商经营管理能力也是物流企业评选供应商时所关注的焦点。经营管理能力的具体考核点有以下两个。

（1）管理人员的素质和能力

所谓素质，是指一个人的品质、性格、学识、能力、体质等方面特性的总和。供应商企业管理人员的素质决定着其企业在日常业务合作诸多方面的表现状况。我们要借助外部渠道综合考评供应商企业管理人员的素质，如企业人员学历水平、企业声誉、市场影响力和市场占有率等。

（2）供应商管理风格及经营理念分析

管理风格是供应商在其企业管理过程中所一贯坚持的原则、目标及方式等方面的总称。经营理念是企业发展一贯坚持的一种核心思想，是公司员工坚守的基本信条，也是企业制定战略目标及实施战术的前提条件和基本依据。供应商评选是根据自己的需要选择最适合自己的供应商。

3. 合约执行能力指标

供应商的合约执行能力指标是与供应商的交货表现以及供应商管理水平相关的考核因素，其中最重要的是准时交货率、交货周期、订单变化接受率等。

4. 经济指标

供应商的选择指标是指常常按季度核算的定性指标，难以量化。经济指标主要是考虑采购的价格和成本，一般包括以下几个方面。

（1）产品价格

产品价格是指企业购买每一单位产品所需付出的成本。供应商应该能够提供有竞争力的价格，物流企业在采购过程中，可以将自己的采购价格与本公司掌握的市场行情以及自己的价格目标进行比较，也可以根据供应商的实际成本结构及利润等进行主观判断。

（2）报价行为以及降低成本的态度和行为

这个指标主要是为了将来对供应商实施有效的管理。报价行为主要包括报价是否及时，报价单是否客观、具体、透明；降低成本的态度和行动主要指供应商是否自觉自愿地配合物流企业或主动地开展降低成本活动，制订成本改进计划，实施改进行动，是否定期与物流企业审查价格等。

（3）付款方面的指标

付款方面的指标主要包括供应商是否积极配合物流企业提出的付款条件、付款要求和方法等，同时要考察供应商的财务水平和获利能力等。

5. 支持、合作和服务指标

供应商支持、合作与服务指标也属于定性分析，主要考察供应商的反应与沟通、合作态度、参与采购方的改进与开发项目、售后服务等，一般包括投诉灵敏度、沟通与合作态度、共同改进和参与开发以及其他支持性指标等。

投诉灵敏度：供应商对订单、交货、质量投诉等反应是否及时、迅速，答复是否完整，对退货、挑选等要求是否及时处理。

沟通：供应商是否派出合适的人员与物流企业进行定期沟通，沟通是否符合物流企业的要求等。

合作态度：供应商是否将物流企业看成其重要客户，供应商高层领导或关键人物是否重视物流企业的要求，是否经常走访物流企业，供应商内部沟通协作是否能整体理解并满足物流企业的要求。

售后服务：供应商是否主动征询顾客意见，是否主动解决或预防问题的发生，是否及时安排技术人员对发生的问题进行处理。

其他支持：供应商是否积极接受物流企业提出的有关参观、访问、实地调查等要求，是否积极提供物流企业要求的新产品或新服务的报价，是否妥善保存与物流企业有关的机密文件，使其不予泄露等。

第三节　物流企业与供应商有效合作

案例 6.3

中远物流集团的供应商管理

中远物流集团的供应商管理分两个方面进行，一方面，主要实施的是供应商开源、准入、资质管理等基础数据的统一和建档；另一方面，主要实施的是供应商日常表现，周期性绩效考核，供应商的优胜劣汰管理，并且专门设计制定了一套《中远物流集团供应商管理制度》，从制度纲领上规范了供应商的评审工作，健全供应商的管理机制，发展和培育新的供应商，建立核心供应商，保证物资采购有序进行。

供应商按四级分类法，分为备案供应商、一般合格供应商、重要供应商和战略供应商。根据评审结果，调整供应商分级。一般合格供应商向重要供应商、战略供应商提升，反之逆向降级或做出停用处罚。凡是评审结果差，或同一种物资在保证有五家以上合格供应商的条件下，三年没有贸易量的供应商将被淘汰，被淘汰的供应商须经一年以后方可重新申请准入。

针对供应商评审，建立了三种评审方式，并且每种评审方式都在一采通系统中实现了评审流程的规范操作。

第一种，是供应商准入评审。对提出申请为中远船务提供产品的供应商进行评审。评审通过后成为备案供应商，评审未通过不得向其进行物资采购。准入评审每季度举行一次。

第二种，是供应商的定期评审。定期评审是针对合格供应商和备案供应商进行的评审，评审通过后纳入合格供应商名录中，评审未通过则不得向其进行物资采购。定期评审每年举行一次，由物资管理中心负责组织召开“合格供应商年度评审会”，评审供应商的资质和级别。

第三种，是不定期评审。因特殊需求对合格供应商或特需供应商会进行一些临时评审。不定期评审是由物资管理中心负责组织实施，或指定企业进行评审。

现在中远物流的供应商，无论是原有的老供应商，还是新合作的供应商，亦或是指定的供应商，都无一例外，要通过供应商管理系统，进行网上注册，走准入审批流程。

启发思考：

（1）中远物流集团是怎样管理供应商的？

（2）通过有效的供应商管理，给中远物流集团带来了哪些优势？

一、强化战略合作关系

物流企业与其供应商之间的关系，除了明显的相互作用外，还有其他一些形式。例如，产品和服务的相互适应、运作衔接以及共同的战略意图等。所有这些构成了物流企业与其供应商之间相互关系的本质。在物流市场激烈竞争的大环境下，需要将这种关系保持稳定并不断发展。

> **知识补充：**
> 箱子自己会看会走？揭秘“双 11”仓储分拣“黑科技”
> http://sh.eastday.com/m/20161109/u1ai9943988.html

供应商合作伙伴关系是当今较受企业关注，且被证明对供需双方都有较大好处的一种供应商关系。

1. 物流企业供应商合作伙伴关系的概念

供应商伙伴关系是物流企业与供应商之间达成的最高层次的合作伙伴关系。它是指供需双方在相互信任的基础上，为了实现共同的目标而建立的信息共享、风险共担、利益共享的长期合作关系。具体而言，供应商伙伴关系包含以下几个方面的含义。

（1）供需双方长期发展的、相互信赖的合作关系。这种合作关系有明确或口头的合约确定，双方共同确认并且在各个层次上都有相应的沟通。

（2）供需双方有共同的目标，并且为了实现共同的目标有挑战性的改进计划，共同开发、共同创造。

（3）供需双方相互信任，信息共享，风险共担，利益共享。

（4）有严格的评价标准来评估合作表现，并不断改善提高。

供应商合作伙伴关系最突出的表现形式是物流企业的注意力由关心成本转移到不仅关心成本，更注意供应商的产品质量与交货的及时性。供应商合作关系进入战略伙伴关系阶段的标志是物流企业主动帮助、敦促供应商改进产品设计，促使供应商主动为自己的产品开发提供设计支持。

2. 建立物流企业供应商合作伙伴关系的意义

物流企业与供应商的长期合作伙伴关系具有十分重要的意义。日本物流企业的发展经验表明，良好的供应商关系可以带来许多好处，即得到能够接受交付时间、数量、质量改变的灵活多变的供应商。另外，供应商还能帮助物流企业及时发现问题，并提出解决问题的建议。不同的物流企业由于自身条件不同，所处的企业环境不同，与供应商建立长期合作伙伴关系的目的也有所不同。总的来说，合作的主要目的是提高购买的产品和服务的质量、保证供应、缩短交货期、降低库存水平、控制成本、获得供应商的技术支持。

物流企业通过与供应商建立长期合作伙伴关系，可以缩短供应商的供应周期，提高供应的灵活性；可以降低物流企业的原材料、零部件的库存水平，降低管理费用、加快资金周转；可以提高原材料、零部件的质量；可以加强与供应商的沟通，优化订单的发送及订单的处理过程，使供应商能准确理解采购方的需求；可以共享供应商的技术与革新成果，加快产品开发速度，缩短产品开发周期；可以与供应商共享管理经验，推动企业整体管理水平的提高，等等。

总之，理解与供应商的关系，加强与供应商的合作，与供应商建立战略联盟，对促进物流企业发展具有十分重要的意义。

知识补充：

思必拓条码手持终端实现仓储物流的更快、更准发展

http://info.secu.hc360.com/2016/11/081012873602.shtml

二、强化信息共享

供应商关系管理是一种促使物流企业与其供应商从传统交易关系或普通合作关系转化为战略伙伴关系的管理过程，主要关注如何与供应商企业实现业务上的紧密联系和协同运作，并通过对双方资源和竞争优势的整合来共同开拓市场，实现双方共赢。由于供应商关系合作是物流、信息流、知识流在企业间综合作用的过程，信息共享和知识学习对提高供应商合作关系的效率尤为重要。通过信息资源共享和技术资源互补，企业间资源整合的优势才会得以体现出来，并真正获得市场的竞争优势。

（一）实施信息共享的作用

物流企业与其供应商实施信息共享后，可以在提高柔性、响应能力等方面取得预期效果。首先，在柔性方面，信息共享的双方企业能够实时接收到市场信息，减少了信息传递时间，降低了信息发生错误的概率，能够及时适应市场的变化，使得供需双方能够更好地安排生产作业及库存配送计划，在降低成本的同时提高最终用户的满意度。其次，在响应能力方面，响应能力指对订单完成的快慢程度。实时信息由信息平台传给相关企业，缩短了响应时间，有利于结成更为紧密的联盟来对快速变化的物流市场需求做出敏捷的反应，提高对订单的响应能力。

（二）物流企业与供应商信息共享的障碍

物流企业与供应商信息共享的主要障碍体现在以下几个方面。

（1）信息共享提高了物流企业的成本，因为投资于管理信息系统的硬件设施需要大量直接的投入，随之而来的是管理上的变更，如人员的培训、组织机构及业务流程的调整等也意味着相当高的转换成本。

（2）信息共享有可能使物流企业泄露商业机密，企业之间的信息共享意味着部分内部信息的公开，如生产技术和财务状况等，这些都将增加企业的经营风险。

（3）观念问题。传统上人们通常认为信息就是权力，掌握更多信息的企业在与其他企业合作时能够拥有更多的控制力，企业通常故意曲解信息来掩盖他们的意图，因此不论是物流企业还是其供应商都不愿意将自己的信息披露给别的企业，最终结果是双方收益都受影响。物流企业与供应商都应该认识到，只有各方将自己的信息共享，才能够实现更大的收益。

（三）信息共享提升物流企业核心竞争力

1. 运用信息技术优化物流运作

一方面，信息技术的“时空压缩”效应使企业信息交流变得直接和简单；另一方面，“时空放大”效应将使物流企业之间的联合和竞争可通过数字信息来实施，这既为物流企业提供了新的竞争方式，又为物流企业提供了新的竞争空间。物流企业信息化并不只是自动化系统的引进，更重要的是先进管理思想和管理体制的引进。从这一意义上讲，物流企业信息化必须对组织机构、管理制度进行合理的、有计划的调整。只有在优化经营过程、强化管理的基础上进行信息化建设，才能充分发挥其综合的经济效益，提高核心竞争力。

2. 选择适当的合作伙伴，充分合作

选择合适的供应商作为物流企业的合作伙伴，是加强供应商管理、实现信息共享的一个重要基础。合作伙伴必须拥有各自可利用的核心竞争力，拥有相同的企业价值。物流企业要明确自己的战略目标，把握核心优势，与其他企业进行合作，共同承担利益与风险，在合作方之间建立起充分的信任和信息共享机制，克服由于信息不对称而使合作企业相互封锁的弊端，使信息资源在合作企业双方之间得到充分共享，共同对付市场上的竞争者，谋求最大的合作利益。

3. 对共享信息进行有效的管理

> **知识补充：**
> 物流成本高
> 智能信息化成趋势
> http://finance.qq.com/a/20161014/003185.htm

在物流企业与其供应商的信息共享系统建立起来以后，如何对信息进行有效的管理，促进企业间信息共享的顺利开展，才是关键的部分。

首先，物流企业可以通过对供应商实行价格激励来实现信息共享。在信息共享的初期，物流企业为了获得稳定的产品或服务供应源，可以采取价格激励，促使供应商加入信息共享系统中。同时，信息共享使物流企业的材料搜索成本、库存费用、交易费用降低，使物流企业维持甚至超出原有的利润。当供应商与物流企业的信息共享程度达到一定水平时，供需合作中的许多不确定因素就得到了消除，从而实现效益的最大化。

其次，通过风险防范措施来实现信息共享。对于参与信息共享的各企业，可以采用博弈论来防止企业间的不合作行为。对参与信息共享的企业，首先选择“信息共享”，如果对方也

选择了共享，自己就继续合作，如果对方一旦选择不共享，自己就永远选择不共享，除非对方重新开始合作，自己才开始重新合作。这种策略成功的前提是双方要通过多次交易来熟悉和了解对方。

通过信息技术的应用，选择适当的供应商充分合作，共享信息资源，可以使供需双方的整体优势得以发挥，提升物流企业的核心竞争力。

信息共享与物流企业的核心竞争力之间有着密切的关系，我们在明确信息共享对提高物流企业核心竞争力的促进作用的同时，也必须认识到其对提高物流企业核心竞争力的制约作用，努力搞好物流企业内部的管理以及企业外部的协调，从而提高物流企业的核心竞争力。

本章小结

供应商的选择是供应商管理的重要内容。本章主要介绍了物流企业供应商的基本定义和供应商的类型，物流企业供应商选择要本着全面、具体、客观的总原则，建立和使用一个全面的供应商综合评价指标体系，对供应商做出全面、具体、客观的评价。物流企业的供应商管理包括供应商选择、供应商质量管理和供应商关系管理等内容。物流企业供应商调查是供应商选择的重要内容之一，包括资源调查、供应商初步调查、供应商深入调查等几种情形。物流企业供应商有普通商业型、重点商业型、优先型和伙伴型几种类型，物流企业应该与不同类型的供应商建立不同程度的合作关系。特别地，物流企业应加强与伙伴型供应商的合作，双方建立战略联盟。针对物流企业供应商设计好操作指南，通过公开、公平和公正地组织对物流企业供应商进行评价，按供应商的表现进行供源整合，汰弱留强。为物流企业的发展制定好的考核标准，选择最利于物流企业发展的供应商进行深入合作。

练习题

一、简答题

1. 物流企业供应商管理包括哪些内容?
2. 物流企业应该怎样选择供应商?
3. 物流企业建立供应商合作伙伴关系有何意义?
4. 物流企业供应商关系有哪几种类型?
5. 如何进行物流企业供应商分类管理?
6. 在物流企业供应商的选择和评价标准中，你觉得哪一项应当最优先考虑?为什么?
7. 怎样针对物流企业供应商制定考核标准?

二、实践训练

基于本章物流企业供应商管理相关知识的学习，要求学生分组对指定的某物流企业进行实地调研，对其供应商进行理论分类，为调研企业设计供应商选择流程，收集、整理与分析其供应商管理方面的优点与不足之处，形成调研报告。

第七章　物流企业运输管理

【学习目标】

熟悉物流企业运输的特点和含义；掌握运输在物流企业中的作用；了解运输对于物流企业的意义。

案例 7.1

天天物流公司的运输管理系统

天天物流公司的营业范围覆盖物流方案咨询与设计、国内公路运输、仓储管理、智能化配送系统、国际货运代理等物流环节，通过三十年的发展，凭借雄厚的经济实力和出色的全程服务在运输行业中脱颖而出，并逐渐发展成集方案策划、班线运输、仓储配送于一体的网络物流中心。

为了形成标准化作业流程，提高工作效率，增强服务质量、提升管理水平，降低成本，公司管理层决定引进运输管理信息系统。通过历时半年的系统功能考察、客户反馈考察，最终从多家供应商中选择了科箭的 Power TMS 运输管理系统。科箭 Power TMS 运输管理系统可以设置多重组织架构，目前天天物流设置了两层架构：总部与办事处。办事处可以单独承接业务，并且在系统中操作。办事处之间业务相互独立，总部可以查看办事处的所有业务。另外，发往办事处所在区域的货不管来自哪个办事处，该办事处都能看见，从而实现了各个运输网络互通，实现信息共享。

启发思考：

（1）天天物流公司在运输中的优势有哪些？

（2）通过该案例，分析天天物流公司使用运输管理系统的原因。

第一节　物流企业运输概述

一、运输的含义和特点

（一）运输的含义

运输是生产过程在流通领域的继续，交通运输是社会生产过程的一般条件，为了完成货物运输，就要投入人类的劳动，包括活劳动和物化劳动。例如，运输工具、运输需要的能源，以及道路、港口、码头、机场、输送管道的建设等。为了促使物质产品使用价值的最终实现，必须要有运输这种追加劳动。交通运输在整个国民经济中是一个极为重要的部门，是国民经济的大动脉，是社会发展的一个重要条件，起着连接生产、分配、交换、消费各环节以及沟通城乡、各地区和各部门的纽带与桥梁作用。

（二）运输的特点

运输与其他物流过程相比较，除具有一般共同点外，还有自己的特殊性，主要表现在运输活动场所、运输过程和运输产品等方面。

1. 运输的派生性

运输是为了满足生产和生活的需要，而派生出来的一种需求。因此，货主企业提出的运输需求，是为了实现生产的本源性需求。例如，货运中的货物位移是派生需求，本源性需求则是使货物投入生产、加工、销售领域，实现它的价值。由此可见，运输是相对被动的，是随着与其相关的本源性需求产生而产生的。

2. 运输过程与消费过程的同一性

工农业产品的生产和消费，表现为在空间上和时间上相分离的两种行为；产品作为成品离开生产过程之后，作为与生产过程分离的商品转入流通，最后进入消费。而运输的生产和消费却是同时进行的，因为运输的使用价值不能与它的生产过程相分离，不能像其他商品一样在生产过程本身之外流通。运输所生产的价值依附于它所运输的商品的使用价值与运输过程同始同终。因此，运输产品的生产和消费这两种行为是合二为一的，在空间上和时间上是结合在一起的。应该注意的是，由于运输生产与运输消费具有不同的行为主体，完成的运输生产过程与消费过程包括了诸多方面和环节，因此，此处所讲的运输生产过程与消费过程的同一性主要是指基本运输生产过程与基本运输消费过程在空间上和时间上具有重合性的特点。

知识补充：

"一带一路"催热海铁联运 佳能首单降低物流成本超30%

http://www.cb.com.cn/info/2016_0928/1169558.html

3. 运输的开放性

运输过程是一个点多、线长、面广、流动、分散，多环节、多工种的联合作业过程，这些决定了运输活动不可能局限于某一车间或地点，运输过程渗透到社会经济的各个方面。一辆车可以是一个独立的生产单位，一次运输活动也可能就是一个完整的运输生产过程。因此，对运输活动的跟踪控制、对运输沿线客货源的组织，以及提高运输生产效率等方面的工作，形成了企业不同的管理要求。此外，运输生产的开放性还表现在运输生产的外部关联性，即运输生产是与外部环境不断地发生着物质、能量和信息的交换。

4. 运输活动的增值性

虽然说运输活动本身不产生新的物质产品，不增加社会产品数量，不赋予产品新的使用价值，只是改变其客货的空间位置，但是，运输过程却可以创造"场所效应"。场所效应是指同种物品由于空间场所不同，其使用价值的实现程度不同，其效益也不同。由于改变场所而发挥的使用价值，最大限度地提高了投入产出比，由此所产生的效用称为场所效应。通过运输，将"物品"运到场所效应最高的地方，就能发挥"物品"的潜力，实现资源的优化配置。从这个意义上讲，运输活动提高了产品的使用价值，具有增值性。

5. 运输活动的无形性与异质性

货物作为劳动对象进入运输过程并不像一般商品生产那样，劳动对象经过物理或化学的变化取得新的使用价值形态。运输产品，即运输服务本身是无形的，不具有实物形态，无法用触摸或肉眼感知它的存在。消费者在消费这种产品之前，无法用预先的"观察"和其他手段了解它的性能和质量；消费者在消费之后，同样没有留下具有实物形态的东西（除了车船票或纪念品等）。同时这种位移有不同的质量要求，即异质性，如快速、直达、便利、舒适等。

自学案例：

海尔现代物流系统建设案例

http://www.db56.com.cn/show.asp?id=3347

6. 运输活动的同一性

各种运输方式具有不同的技术经济特征，使用不同的运输工具承载运输对象，在不同的运输线路上运行，进行运输活动。不论运输对象是人还是物，也不论货物种类如何众多繁杂，但是各种运输方式生产的是同一的产品，即运输对象的位移，它对社会具有同样的效用；而工农业生产部门则不同，其产品多种多样，千差万别，对社会具有不同的效用。运输活动的同一性决定了在一定条件下各种运输方式的相互替代性。

二、物流企业运输合理化的意义

物流企业运输合理化就是物流企业在保证物资流向合理的前提下，在整个运输过程中，确保运输质量，以适宜的运输工具、最少的运输环节、最佳的运输线路、最低的运输费用使物资运至目的地。其意义体现在以下几个方面。

（1）物流运输合理化，能够充分利用运输能力，提高运输效率，推进各种运输方式的合理分工，以最小的物流企业成本，及时满足顾客的运输需要。

（2）物流运输合理化，能够使货物走最合理的路线，经最少的环节，以最快的时间，取最短的里程到达目的地，从而加速货物流通，既可及时供应市场，又可降低物资部门的流通费用，加速资金周转，减少货损货差，取得优良的社会效益和经济效益。

（3）物流运输合理化，能够消除运输中的种种浪费现象，提高商品运输质量，充分发挥运输工具的效能，节约运力和劳动力。否则，不合理运输将形成大量人力、物力、财力浪费，和相应地转移和追加到产品中去，人为地加大了产品的价值量，提高产品价格，从而加重需求方的负担。

三、影响物流企业运输合理化的因素

物流企业的运输合理化，是由各种经济的、技术的和社会的因素相互作用的结果。影响物流企业运输合理化的因素主要有以下几种。

1. 运输距离

在物流企业进行运输业务时，运输时间、运输货损、运费、车辆周转等运输的若干技术经济指标，都与运输距离有一定比例关系，运输距离长短是运输能否合理的一个最基本因素。因而，物流企业在组织商品运输时，首先要考虑运输距离，尽可能实现运输路径优化。

2. 运输环节

因为物流企业运输业务需要装卸、搬运、包装等工作环节，多一道环节，就会增加起运的运费和总运费。因而，减少运输环节，尤其是同类运输工具的运输环节，对合理运输有推进作用。

3. 运输时间

对于物流企业来说，“时间就是金钱，速度就是效益”。运输不及时，容易失去销售机会，形成商品积压和脱销，尤其是在经济非常激烈的国际贸易市场。

4. 运输工具

物流企业的各种运输工具都有其使用的优势领域，对运输工具进行优化选择，要根据不同的商品特点，分别利用铁路、水运、汽运等不同的运输工具，选择最佳的运输线路合理使用运力，以最大程度地发挥所用运输工具的作用。

5. 运输费用

物流企业运输费用在其全部成本当中占很大比例，是衡量物流企业经济效益的重要指标，也是物流企业合理运输的主要目的之一。

上述因素，既相互联系，又相互影响，有的还相互矛盾。运输时间短了，费用却不一定省，这就要求物流企业进行详细的预测与分析，寻找最佳配置方案。在一般情况下，对于物流企业来说，运输时间快，运输费用省，是考虑合理运输的关键，因为这两项因素集中体现了物流企业运输过程中的经济效益。

四、物流企业合理化运输的措施

物流企业合理化运输能够充分利用各种运输工具的装载能力，优化运输环节，节省运力，减少运输费用。对于物流企业来说，运输合理化一般有以下几种表现形式。

1. 合理选择运输方式

各种运输方式都有各自的使用范畴和不同的技术经济特征，选择时应进行比较和分析，首先，要考虑运输成本的高低和运行速度的快慢，还要考虑商品的性质、数量的大小、运距的远近、货主需要的缓急及风险程度。

2. 合理地选择运输工具

根据不同商品的性质、数量选择不同类型、额定吨位及对温度、湿度等有要求的运输车辆。

3. 正确地选择运输线路

运输线路的选择，一般应尽量安排直达、快速运输，尽可能缩短运输时间，否则可安排沿路和循环运输，以提高车辆的容积利用率和车辆的里程利用率，从而达到节省运输费用、节约运力的目的。

> **知识补充：**
> 现阶段我国仓储服务行业的发展现状
> http://www.peoplerail.com/hqxx/zbgp/20161109/10276259.html

4. 提高货物包装质量和改进配送中的包装方法

货物运输线路的长短、装卸次数的多少都会影响到商品的完好性，所以，应合理地选择包装物料，以提高包装质量，另外，有些商品的运输线路较短，且要采取特殊放置方法（如烫好的衣服应垂挂），则应改变相应的包装，货物包装的改进对减少货物丧失、降低运费支出、降低商品成本有明显的效果。

5. 提高运输工具的实载率

实载率的含义有两个：一是单车实际载重与运距之乘积和标定载重与行驶里程之乘积的

比率，在安排单车、单船运输时它是判断装载合理与否的重要指标；二是车船的统计指标，即在一定时期内实际完成的货物周转量（吨公里）占载重吨位与行驶公里乘积的百分比。提高实载率如进行配载运输等，能够充分利用运输工具的额定能力，减少空驶和不满载行驶的时间，减少浪费，从而求得运输的合理化。

6. 减少劳力投入，增加运输能力

运输的投入主要是能耗和基础设备的建设，在运输设备固定的情况下，尽量减少能源动力投入，从而大大节约运费，降低单位货物的运输成本，达到合理化的目的。如在铁路运输中，在机车能力允许的情况下，多加挂车皮；在内河运输中，将驳船编成队行，由机运船顶推前进；在公路运输中，实行汽车挂车运输，以增加运输能力等。

7. 发展社会化的运输体系

运输社会化的含义是发展运输的大生产优势，实行专业化分工，打破物流企业自成运输体系的情况。单个物流企业车辆自有，自我服务，不断形成规模，且运量需求有限，难以自我调剂，因而经常容易出现空缺、运力选择不当、不能满载等浪费现象，且配套的接发货设备、装卸搬运设备也很难有效地运行，所以浪费颇大。实行运输社会化，能够统一安排运输工具，避免迂回、倒流、空驶，运力选择不当等多种不合理运输形式，不但能够追求组织效益，而且能够追求规模效益，所以发展社会化的运输体系是运输合理化的非常重要的措施。

8. 开展中短距离分流运输

在公路运输经济里程范畴内，应利用公路运输。这种运输合理化的表现主要用两点：一是对于比较紧张的铁路运输，用公路分流后，能够得到一定程度的缓解，从而加大这一区段的运输通过能力；二是充分利用公路从门到门和在中途运输中速度快且灵活机动的优势，实现铁路运输难以达到的水平。

> **知识补充：**
> 公铁联运降低物流成本
> http://news.cctv.com/2016/10/29/VIDEhlTBhWwoQrQrEukULqAV161029.shtml

9. 尽量发展直达运输

直达运输，就是在组织货物运输过程中，越过商业、物资仓库环节或交通中转环节，把货物从产地或起运地直接运到销地或用户，以减少中间环节。直达的优势，尤其是在一次运输批量和用户一次需求量达到了一整车时表现最为突出。此外，在生产材料、生活材料运输中，通过直达，建立稳定的产销关系和运输系统，有利于提高运输的计划水平。

随着直达运输的比重逐步增加，它为减少物流中间环节创造了条件。特别值得一提的是，和其他合理化运输一样，直达运输的合理性也是在一定条件下才会有所表现，如果从用户需求来看，批量大到一定程度，直达是合理的，批量较小时中转是合理的。

10. 配载运输

这是充分利用运输工具载重量和容积，合理安排装载的货物及方法以求合理化的一种运输方式。配载运输往往是轻重商品的合理配载，在以重质货物运输为主的情况下，同时搭载一些轻泡货物，如海运矿石、黄沙等重质货物，在上面捎运木材、毛竹等，在基本不增加运力的情况下，在基本减少重质货物运输的情况下，处理了轻泡货的搭运，因而效果显著。

11. 提高技术装载量

依靠科技进步是运输合理化的重要途径。它一方面是最大限度地利用运输工具的载重吨位，另一方面是充分使用车船装载容量。其主要做法有以下几种：专用散装及罐车，处理了粉状、液体物运输损耗大、安全性差等问题；袋鼠式车皮，大型拖挂车处理了大型设备整体运输问题；集装箱船比一般船能容纳更多的箱体，集装箱高速直达加快了运输速度等。

12. 进行必要的流通加工

有不少产品由于产品本身形态及特性问题，很难实现运输的合理化，如果针对货物本身的特性进行适当的加工，就能够有效处理合理运输的问题。例如将造纸材料在产地先加工成纸浆、压缩体积，然后再进行运输工作。

第二节 物流企业运输方式

案例 7.2

宝供物流的货运调查

作为目前中国发展最迅速的两个经济圈，长三角和珠三角的经济交流与融合日益频繁，随之而来的是两地物流业务的增多，但目前两地运力的不足，使得物流成为了制约两地经济交流的瓶颈。宝供物流在两地开展了货运市场及制造企业关于珠三角和长三角之间运输业务的调查。

1. 消费品为主要货源

珠三角到长三角的货物种类以电器、服装、配件、日用品为主，其中电器的运输比例最大，为 18%，随后分别是服装占 12%，日用品和配件分别为 11%，其他运输种类如饮料、食品、医药等所占比例均未超过 10%。这种货物种类比例与珠三角已经成为全国的电器、服装、日用品等消费品制造基地有关，同时也表明长三角作为国内主要的消费中心，对珠三角的消费品有较大的需求。具体珠三角的各个城市又有不同的特点。广州除了本身的服装、鞋业、布匹、电子等专业批发市场每天都有大量的货物运往长三角外，还因为交通条件便利、汇集了各货运公司总部等原因，成为了珠三角各地运送到长三角的货物的集散地。深圳以加工制造业的过关货物为主，到长三角的货运量较少。东莞运往长三角的则以成品服装、电器、电子配件等货物居多。佛山、顺德的主要是电器、家具、五金、灯饰。中山、珠海就以水产、服装、灯饰为主。

2. 汽车运输价格浮动

大部分的制造企业现有的运输方式以汽车运输和汽车快运为主，其中汽车快运所占比例为 49%，汽车运输的比例为 34%。与之相对应的是，大多数货运点经营的业务也是这两种为主，货运点经营的业务中汽车运输占了 45%，汽车快运占了 25%。分析汽车运输占优势的原因，主要是由于多年超载的影响和激烈的竞争，汽运的价格远远低于其他的运输方式，同时汽运可以避免多次装卸，减少医药、服装等易耗型商品的损耗。另外铁路、空运覆盖面不够，也是原因之一。从货运点的角度出发，汽运价格的相对不透明、市场变化快也为货运点提供了一个相对较大的利润空间，也能通过自身购置一些车辆和对现有车资源的整合，扩大经营，比单纯为航空货运公司、铁路做代理吸引力大很多，所以货运点也会力图让货主接受汽运。但随着治理超载的进一步深入，汽运价格实现理性回归，汽车运输方式的价格优势将逐步弱化，行邮专列、多式联运等快速、安全、可靠的新型运输方式将被市场接受，但这还需要一定的时间。

3. 低价优势

根据调查，从珠三角发至长三角的货物有50%的运输时间在50个小时或以上，其中50小时以上的比例为17%，50小时的比例为33%。除广州外其他城市的货运点由于货运量不大且比较分散，一般是在当地的营业点揽货后运到广州集中，再统一由广州公司向外发货，很少会直接发运整车，造成时间的延误。同时制造企业对运输时间有特别要求的多是价格变化快、保鲜保质期短、附加价值高的商品或者因促销活动需要紧急补货，其他一般是按销售计划送货或在当地有中转仓，对货物的运输时间要求不高。货运点因应货主对运输时间要求不高的需求，多采用汽运也是造成运输时间较长的原因。

启发思考：

（1）通过对珠三角和长三角两地间运输业务的调查，我们发现了哪些趋势？

（2）通过对调查结果的分析，这两地未来运输业务的发展方向是什么？

物流企业运输的主要工具为汽车、火车、轮船、飞机。相对应的主要交通运输方式有公路运输、水路运输、航空运输、铁路运输。改革开放以来，我国的交通运输业发生了天翻地覆的变化，相应的交通运输方式也更加多样化、标准化、国际化。对于我国的物流企业而言，运输业务的开展主要依赖于以下几种运输方式。

一、物流企业的公路运输

公路运输是19世纪末随着现代汽车的诞生而产生的。初期主要承担短途运输业务。第一次世界大战结束后，基于汽车工业的发展和公路里程的增加，公路运输走向发展的阶段，不仅是短途的主力，并进入长途运输的领域。第二次世界大战结束后，公路运输发展迅速。欧洲许多国家和美国、日本等国已建成比较发达的公路网，汽车工业又提供了雄厚的物质基础，促使公路运输在运输业中跃至主导地位。在中国，公路运输是物流企业最主要的运输方式。它是指物流企业利用一定的载运工具沿公路实现货物空间位移的过程。由于汽车已成为现代公路运输的主要载运工具，因此，现代公路运输即是指汽车运输。

1. 公路运输的优点

（1）灵活性强、货物的损耗低、运送速度快、可点对点运输，不需要转运或反复装卸搬运。

（2）建设投入资金低，修建公路的材料和技术相对于其他运输方式易解决，社会渗透程度高。

（3）适应性强，便利快捷，容易获得，更贴近人们的生活。

2. 公路运输的缺点

（1）运输能力相对其他运输方式小，运送的货物相比于其他运输方式较少。

（2）运输货物耗费能源多，导致运输成本增加，不适合远距离运输。

（3）劳动生产率低，单位运输成本相对比较高，不适合大批量运输，由于汽车体积小，无法运送大件物资，也不适宜运输大宗和长距离货物。

（4）公路建设占地多，随着人口的增长会极大地增加二者的矛盾。

（5）容易发生事故，易污染环境。

因此，物流企业的公路运输主要承担短距离、小批量的运输任务，适合在内陆地区运输短途货物，可以与铁路、水路联运，为铁路、港口集疏运物资，可以深入山区及偏僻的农村进行货物运输；在远离铁路的区域从事干线运输，从而降低运输成本。

> **知识补充：**
> 降低物流成本　提高流通效率　怀化市物流标准化助推区域经济发展
> http://www.0745news.cn/2016/1019/980217.shtml

二、物流企业的铁路运输

物流企业的铁路运输是指物流企业自有或者租用的铁路列车沿着预定的铁路路线进行货物运输的一种运输方式。物流企业的铁路运输是现代物流企业中最主要的运输方式之一，并发挥着越来越重要的作用。

按照中国铁路技术条件，我国的铁路货物运输方式有整车、零担、集装箱三种。整车适于运输大宗货物；零担适于运输小批量的零星货物；集装箱适于运输精密、贵重、易损的货物。

1. 物流企业铁路运输的优点

（1）运行速度快、运行能力大，具有巨大的运送能力。

（2）运输成本相对较低，耗费能源较少。

（3）铁路运输过程受自然条件限制比较小，连续性强，能保证全年不中断运行。

（4）运输到发时间准确性高，计划性强，比较安全准时。

（5）通用性能好，可运送各类不同货物商品。

（6）火车运行平稳，安全可靠，并且比较环保。

2. 物流企业铁路运输的缺点

（1）营运缺乏弹性，存在货运延迟等情况，增加储藏成本。

（2）只能在固定线路行驶，灵活性差，须与其他运输方式配合衔接。

（3）服务的完整度低，一般不能直接送货到门。

综上所述，铁路运输由于受气候和自然条件影响较小，且运输能力及单车装载量大，在运输的经常性和低成本性方面占据了优势，再加上有多种类型的车辆，使它几乎能承运任何商品，几乎可以不受重量和容积的限制，而这些都是公路和航空运输方式所不能比拟的。在物流企业中，铁路运输方式主要承担中长距离、大批量的货物运输。

三、物流企业的水路运输

物流企业的水路运输是以船舶为主要运输工具、以港口或港站为运输基地、以水域（包括海洋、河流和湖泊）为运输活动范围的一种运输方式。水路运输为目前各主要运输方式中兴起最早、历史最长的运输方式，仍然是世界许多国家最重要的运输方式之一。

水路交通运输根据航行水运性质，可分为海运和河运两种。它们分别是以海洋和河流作交通线而进行运输货物。海运，是使用船舶等水运工具经海上航道运送货物的一种运输方式。它具有运量大、成本低等优点，但运输速度慢，且受自然条件影响。河运，是用船舶和其他水运工具，在国内的江、河、湖泊、水库等天然或人工水道运送货物的一种运输方式。它具有成本低、耗能少、投资省、少占或不占农田等优点，但其受自然条件限制较大，速度较慢，连续性差。

1. **物流企业水路运输的优点**

（1）在物流企业应用的所有的运输方式中，水运运输能力最大、平均运行距离最长。

（2）在运输条件良好的航道，通过能力基本不受限制。

（3）通用性能较好，尤其是运送大体积和重量的货物。

（4）运输成本低，可以进行长距离、大批量运送货物。

2. **物流企业水陆运输的缺点**

（1）受自然条件影响，如水域、港口、水位、气候等影响较大，易中断运输。

（2）运送速度慢，需要与其他运输方式配合衔接。

（3）水陆交通运输的安全性较低。

总之，物流企业使用的水路运输方式综合优势较为突出，适宜于运距长、运量大、时间性不太强的各种大宗物资运输。

四、物流企业的航空运输

物流企业的航空运输是指物流企业在自有或者租用航空线路和飞机场的条件下，利用飞机作为运输工具进行货物运输的一种运输方式。物流企业的航空运输具有快速、机动的特点。物流企业航空运输的货运量占整个物流行业运输量的比重还比较小,主要承担长途贵重物品、鲜活货物和精密仪器的运输任务，伴随着物流行业的快速发展，物流企业航空运输方式将会扮演越来越重要的角色。

知识补充：

迅蚁开通无人机航线

农村物流成本可降 75%?

http://www.ebrun.com/20161024/198292.shtml

1. **物流企业航空运输的优点**

（1）运输速度快，可极大地节省运输时间。

（2）运输能力较大，并且安全性较高。

（3）机动性能好，可以到达其他运输方式难以到达的地方。

2. **物流企业航空运输的缺点**

（1）运输成本高，价格贵。

（2）运输极易受天气影响，且遇紧急事故不易处理，易造成损失。

（3）飞机和飞机场占地面积大。

物流企业航空运输主要承担价值高或者对时间要求高的货运方式，它运行速度快、便捷，但运输成本高，易受自然条件影响。

对于物流企业来说，应根据企业自身的发展和服务客户的定位，合理地选择运输方式。在选择各种运输方式之前，应仔细思考各种运输方式的优缺点，从而选择对物流企业最有益的运输方式，让这些运输方式发挥最大限度的作用和合理地配置运输货物，从而更好地为物流企业服务。

第三节 物流企业运输业务管理

案例 7.3

中国外运智能化运输管理平台

中国外运物流发展有限公司是国内领先的物流公司，在物流领域内为客户提供全方位的综合性服务。通过提供个性化的供应链解决方案，中国外运物流发展有限公司在高科技、快速消费品、零售、轮胎、汽车零配件、时装物流等行业赢得了客户的普遍赞誉。中国外运物流提供的服务包括仓储、订单处理、干线运输（整车/整车，整车/零担，零担/零担）、同城配送、再包装、贴标，以及其他增值服务。外运发展是外运集团用于整合全国物流服务能力，建立现代物流服务能力标杆的核心子企业，它是国内最早引入高端信息化解决方案的第三方物流企业，早在 1999 年就采购了国际先进的 MK 仓储管理软件，并成功在各个业务板块进行了推广使用。在此后的 10 年中，MK 系统成为外运发展快速发展业务、抢占市场的利器，支撑外运发展为客户提供高效优质的物流服务，得到了客户的认可，为企业带来了巨大的投资回报；外运发展尝到了信息化对于物流企业带来的甜头。

外运的市场营销部门在系统中设计和定义针对客户需求的不同的物流服务产品，将原来孤立的各种物流服务进行打包，针对性的面向市场进行个性化，差异化营销；作业执行部门通过信息平台设定各个服务产品具体的执行策略，包括作业流程、仓库运输配合方式、各个执行动作的时效；并在系统的驱动和支撑下，进行各种物流作业行为；客户服务部门通过系统了解到客户订单的执行情况，以及异常情况，建立起预警机制，强化了客户服务能力；质量控制部门通过系统监控作业执行情况，并获得各类内部、外部的 KPI 考核报表；财务部门通过系统每日及时获得应收、应付账单信息，改变了以往需要月终才能得到报表的局面。

实施系统过程中，为了确保管理层对于组织变革的要求，重新设计了公司组织架构、岗位分工、业务流程以及考核指标。从原来以作业为中心、运输仓储分别面对客户的模式转变为以客户服务为中心，作为单一服务接口向客户进行沟通、协调的现代化组织结构。仓储部分和运输部门负责实际作业，作业的结果通过信息平台第一时间反馈到客户服务部门；由于信息化系统将公司标准的管理流程从字面上的文档固化下来，并且事先对于会碰到的各种问题做了精心规划，原来较为困难的组织变革在系统的推广实施过程中水到渠成。

新系统建立了一整套可配置的作业流程管理体系；业务人员可以根据服务产品、订单到达时间、发运方向等多个维度，选择订单执行所需要的步骤、流经的作业部门，定义订单执行的方案。每个订单执行步骤都可以定义其责任部门、需要完成的时间、可以选择的操作方法，以及和其他系统配合运作的方法。

在大量节省人力的同时，外运获得了对于业务的全面实时监控和预警能力；订单整个执行过程完全可视、可控、可核查；大大提高了客户服务能力和服务质量；外运发展老客户在参观了外运新系统后，都纷纷表示赞赏，并希望外运能够依托该系统为客户提供更好的长期服务。

启发思考：

（1）中国外运智能化运输管理平台有哪些功能？

（2）中国外运智能化运输管理平台给企业带来了哪些便捷？

一、物流企业的运输车辆管理

运输车辆的计划和管理应该包括以下内容。

> **知识补充：**
> 铁老大货运改革通报 公路运输机会在哪？
> http://www.360che.com/news/161104/69406_all.html

1. 车辆管理系统的组织架构及各岗位的岗位职责

此项内容应对车辆管理系统的管理体系、组织架构作出详细的规定，明确各级、各岗位的统属、汇报关系、职权范围、所应负责的各项工作及要求（岗位职责）。

2. 车辆资源的配置

包括车辆资源的配置原则，申请配置车辆的流程，车辆采购、租赁、调拨、转让和报废，更新的流程。需要强调的是，车辆的购置和长期的租赁应集中管理和控制。

3. 车辆的使用

包括车辆的日常管理、租赁车辆的管理、生产车辆的管理、行政办公车辆的管理、车辆停放的规定及有关车辆使用的其他规定。

4. 车辆的安全管理

包括车辆的安全控制（含车辆分类管理、车辆的交通事故和违章的控制指标等内容），车辆各类事故处理流程，车辆保险的投保、理赔流程，车管员、驾驶员的安全管理（含驾驶员的分类管理、交通安全宣教例会等内容）。其中，车辆的保险应做到统一险种、保额，集中投保。这样做的好处是容易做到集中统一管理，避免由于各地自行其是造成的漏保、保额不足或过度投保等弊端，且集中投保的车辆数额较大，容易从保险公司获得较大的保费优惠和较高质量的服务。

5. 车辆维修保养的管理

包括车辆维修保养计划的编制方法和规范、定点维修厂和加油站的选择方法及确认流程、车辆维修和保养流程、车辆的保养规范（日常维护、一级和二级保养的内容及技术要求）、主要车型的保养规范（各级各类保养的里程间隔、内容及技术要求）。

> **知识补充：**
> 汕头港试行“先装船后改配” 降低企业物流成本
> http://difang.gmw.cn/newspaper/2016-11/07/content_117803783.htm

6. 档案管理

包括驾驶员档案、车辆档案、各类事故档案、车辆保险档案、车辆技术档案及车辆台账的管理规范。

7. 绩效考核

包括车管系统各级各类人员的绩效考核流程及规范、各级各类人员绩效考核期间的设置、各级各类人员绩效考核基本项目的设置及规范、评估标准、分值设置、重要基本项目的权重要求、被考核人的申诉流程和处理规范。

二、物流企业运输路线的优化

运输路线选择是物流企业重要的运输决策，它主要是选择起点到终点的最短路，不同运输方式路线选择也不同。最短路的度量单位可能是时间最短、距离最短或费用最小等。通常是将运输模式和路线选择结合在一起，因为路线选择的可能性在很大程度上取决于运输模式。路线选择问题可分为以下几类。

第一，中间点相同，起讫点不同。

第二，中间点不同，但起讫点相同。

第三，多个起点，多个终点，没有中间点。

第四，多个起点，多个终点，有中间点或转运点。

1. 起讫点不同

这种情况常用最短路算法，其步骤如下：

（1）确定网络中已标号及未标号的点。

（2）对每个标号的点，确定和它直接相连的未标号的点。

（3）选择和已标号的点有最近距离的未标号的点进行标号。

（4）若到达终点便停止，否则返回第（2）步，重新进行。

2. 起讫点相同

它主要考虑从库存点出发访问一定数量顾客后又回到原来的出发点的线路确定问题，通常应用在饮料递送、送牛奶、送包裹等问题中，也就是运筹学中常见的旅行商问题。其目标是通过确定回到出发点前服务顾客的次序，使总旅行距离最小。通常的数学模型为

$$\min Z=\sum_{i=1}^{m}\sum_{j=1}^{n}C_{ij}X_{ij} \tag{7.1}$$

$$\text{s.t}\begin{cases}\sum_{i=1}^{m}X_{ij}=1, & j=1,2,\cdots,n\\ \sum_{j=1}^{n}X_{ij}=1, & i=1,2,\cdots,m\\ X_{ij}\in\{0,1\}\end{cases} \tag{7.2}$$

式中，C_{ij} 表示旅行商经过对应路段 (i,j) 所花的费用，如时间、距离、费用等。决策变量 X_{ij} 表示如果路段 (i,j) 在线路上，其值为 1，否则为 0。

简单贪婪算法可以解决这类问题，其步骤如下：

（1）选择距出发点最近的顾客位置。

（2）在没有选择的位置中选距离当前已选择的位置最近的顾客位置。

（3）如果所有位置都选了便停止，否则返回到第（2）步。

3. 多起点、多终点，没有中间点

这个问题主要是将多个供应点的供应分配到多个顾客需求点，常用在产品从工厂到仓库的配送、从仓库向顾客供应等。这类经典的运筹学问题称为运输问题，求解运输问题常用伏格尔法或表上作业法。通常的运输问题可以描述为：设某物资有 m 个产地 $A_1,A_2,A_3,\cdots,A_m$；供应 n 个销地 $B_1,B_2,B_3,\cdots,B_n$，已知 A_i 的产量为 $a_i(i=1,2,3,\cdots,m)$，B_j 的销量为 $b_j(j=1,2,3,\cdots,n)$。由 A_i 到 B_j 的单位运价为 C_{ij}。X_{ij} 表示由产地 A_i 运到销地 B_j 的物资量 $(i=1,2,3,\cdots,m;j=1,2,3,\cdots,n)$。则运输问题的数学模型为

$$\min Z = \sum_{i=1}^{m}\sum_{j=1}^{n} C_{ij} X_{ij} \tag{7.3}$$

$$\text{s.t}\begin{cases}\sum_{i=1}^{m} X_{ij} = b_j, \quad j = 1,2,\cdots,n \\ \sum_{j=1}^{n} X_{ij} = a_i, \quad i = 1,2,\cdots,m \\ X_{ij} \geqslant 0\end{cases} \tag{7.4}$$

4. 多起点、多终点，有中间点

这个问题是指最优分配多个供应点的供应到多个需求点，也可以灵活地在各中间点处分配，有些起点或终点也可能是中间点。这类问题又称为转运问题。解决此问题第一步要将它转化为运输问题，那就可以用任何一种求解运输问题的算法来解决了。这一问题的解决方法可参见运筹学相关资料。

第四节　物流企业运输业务的发展趋势

一、物流企业运输智能化

对于现代物流企业而言，货物运输所需的成本、时间及货物在途的状态控制是整个物流企业管理过程中的重要环节。将智能运输技术与物流企业管理相结合，将会极大地提升物流企业的服务水平。现代物流企业与智能运输的结合点是运输信息的采集与提供。就智能运输技术而言，可应用于现代物流企业的有移动信息技术、车辆定位技术、车辆识别技术等。

（一）智能运输系统

智能运输系统（ITS）通过技术平台可向物流企业提供的服务主要集中在物流运输管理和车货动态控制两方面，如提供当前道路交通信息、线路规划信息，为物流企业的优化运输方案制订提供决策依据；通过对车辆位置状态的实时跟踪，可向物流企业甚至客户提供车辆预计到达时间，为物流中心的配送计划、仓库存货战略的确定提供依据。现代物流企业可在以下五个方面利用智能运输技术：移动信息技术，车辆定位技术，车辆识别技术，车辆控制技术，通信与网络技术。

（二）智能运输技术

1. 移动信息技术

为了将移动的车辆信息纳入物流企业的信息平台中，则需要使用移动信息系统。该系统和物流企业的信息平台构成统一的整体。确定的合同数据、运输路线数据、车辆数据和行驶数据都需要进行收集、存储、交换和处理。将货运车辆纳入信息链所采用的主要手段是在车辆上配置（便携式）计算机或专门开发的信息处理和无线发射与接收装置。目前，跨国物流企业和国内大型的物流企业都在使用移动信息技术。随着技术的更新及信息费用的下降，国内许多中小物流企业也对移动信息技术越来越感兴趣。

2. 车辆定位技术

车辆的实时定位，有助于物流企业在任意时刻查询车辆的地理位置并在电子地图上直观地显现出来。动态掌握车辆所在位置可帮助物流企业优化车辆配载和调度。另外，车辆定位技术也是搜寻被盗车辆的一个辅助手段，这对运输贵重货物具有特别重要的意义。GPS（global position system）技术是车辆定位最常见的解决方案。对于网络 GPS 的用户，还可使用 GPM（group special mobile）的话音功能与司机进行通话或使用安装在运输工具上的汉字液晶显示屏，进行汉字消息收发。

3. 车辆识别技术

借助电子识别系统，使运输过程中的货物可通过一个号码和特别的信息加以区别，方便运输途中时间及地点的跟踪与监控。还可以与其他系统衔接，用于控制物流中的运输、转运、代销和存储过程。射频识别技术（radio frequency identification，RFID）是从 20 世纪 80 年代走向成熟的一项自动识别技术。它利用射频方式进行非接触式双向通道交换数据以达到识别目的。和传统的磁卡、IC 卡相比，射频卡最大的优点就在于非接触，因此完成识别工作时无须人工干预，适合于实现系统的自动化且不易损坏，可识别高速运动物体并可同时识别多个射频卡，操作快捷方便。

4. 车辆控制技术

车辆控制系统是现代物流系统中货运车辆运营管理的重要组成部分。车辆控制技术提供支撑物流系统在运输环节对运输车辆和货物进行全过程管理的功能，它包含了运营货运车队管理、货物运输管理、货运车辆电子通关、运营货运车辆运政管理、动态承重、车载安全监控、车辆车载安全保障、货车车辆维护、危险货物运输管理等多方面的功能。这些功能可以简化如注册情况、车辆技术性能、尺寸等检查的手续，优化提供货物配送、回程载货信息，提高集散作业的可靠性及效率，极大地提高运输生产效率，减少延误。

知识补充：

打造智慧信息平台 降低企业物流成本

http://www.gndaily.com/gzwp/2016-10/28/content_1719604.htm

（三）智能物流运输系统

1. 物流系统信息化

信息化是现代物流企业的基础。没有物流的信息化，就没有货物流动的无隙性，也就没有物流相关资金的流动性。物流信息化表现为物流信息的商品化、物流信息收集的数据库化和代码化、物流信息存储的数字化、物流信息处理的电子化和计算机化、物流信息传递的标准化和实时化等。因此，条形码技术、数据库技术、EDI 等技术与观念已经在我国物流企业发展中得到重视与应用。对于现代物流企业，借助于网络和通信技术，在规范的运输市场交易系统的支持下，以货物运输权利作为“标的”，按“价格优先、时间优先和系统资源有限”的原则，由计算机自动撮合成交。物流企业以运输为主线，运用 GPS 和 EDI 等技术，通过对物流全过程的计划管理、过程监控、车辆调度等，实现物流运输的智能化。在智能运输系统的辅助下，使货物运输全过程始终处于动态控制中，达到物流企业优化目标。

2. 智能物流运输系统的功能

现代物流企业的智能运输系统应具有的基本功能如下：

（1）手机市场业务信息

（2）道路交通信息

（3）可视化管理平台

（4）仓储管理、财务管理和客户服务子系统

二、物流企业运输绿色化

1. 物流企业运输绿色化的定义

物流企业运输绿色化是指物流企业在运输货物的过程中，抑制运输对环境造成危害的同时，实现对运输环境的净化，使运输资源得到充分利用，它要求从环境的角度对物流企业的运输体系进行改善，形成一个环境共生型的运输系统。

物流企业运输绿色化的主要内容包括以下几个方面。

（1）建设合理的网点和配送中心来实现合理运输，避免迂回运输、重复运输，减少车辆空载率，提高运输效率。

（2）采用节能工具和清洁燃料，减少大气污染。

（3）达到合理的存货状态，适当加大运输批量（但不能违规超载），提高运输效率等。

2. 物流企业运输绿色化的优点

（1）减少环境污染，保护社会环境。

物流企业要想发展绿色运输，必然要通过开展多式联运、发展共同配送、提高运输设备技术和管理水平。这些措施可以减少车辆废气等的排放，减少环境污染，对保护自然环境可以起到一定的作用。

（2）提高物流企业的竞争力，加快进入国际市场。

物流企业发展绿色运输，从长期来看可以降低运输成本，提高企业利润，在当前可持续发展理念盛行的情况下，发展绿色运输还能提高物流企业竞争力。

（3）有利于物流企业可持续发展。

物流企业的绿色运输是在当今可持续发展理念盛行的情况下产生的，可持续发展追求环境的保护和资源的可持续利用，发展绿色运输的目的就是为了更好地保护自然环境，为企业、社会带来更多的经济效益。

（4）提高运输效率。

物流企业绿色运输中的多式联运可以使运输环节与运输工具之间进行无缝衔接、密切配合，使得货物的中转时间大大减少，能让货物及时、准确地送至目的地。其采用的集装箱运输既可以减少运输的包装给用，也能方便操作，降低货物的耗损，节省装卸搬运的时间，同时，它还可以降低货物运输保管不当而造成污染的概率。

本章小结

运输是生产过程在流通领域的继续，物流企业为了完成货物运输活动，就要投入人类的劳动，包括活劳动和物化劳动。例如，运输工具、运输需要的能源，以及道路、港口、码头、机场的建设等。为了促使物质产品使用价值的最终实现，必须要有运输这种追加劳动。物流企业的公路运输、铁路运输、航空运输、水路运输等运输方式都有各自的优势和缺点；运输活动在物流企业中有保值、节约、缩短距离、增强物流企业竞争力、提高服务水平、加快商品流通、促进经济发展、创造社会效益和附加价值等重要的作用。智能化和绿色化是物流企业运输业务未来的发展方向。运输车辆的管理和运输路线的优化是物流企业运输功能中的重要活动。

练习题

一、概念识记

运输　运输合理化　水路运输　对流运输　倒流运输　航空运输

二、单选题

1. 运输的功能有（　　）。

   A. 物品移动、储存　　B. 运输

   C. 加工、储存　　D. 搬运、配送

2. 物流企业所使用的运输方式中，成本最低的是（　　）。

   A. 铁路运输　　B. 航空运输　　C. 水路运输　　D. 公路运输

3. 下列哪一项是影响运输方式选择因素中的不可变因素？（　　）

   A. 运输时间　　B. 运输成本　　C. 运输方式　　D. 运输商品数量

4. 下列运输方式中，速度最快的是（　　）。

   A. 铁路运输　　B. 航空运输　　C. 水路运输　　D. 公路运输

5. 下列运输方式中，哪一种运输方式能实现门到门的运输服务？（　　）

   A. 铁路运输　　B. 公路运输　　C. 水路运输　　D. 航空运输

6. 公路运输的适用范围是（　　）。

   A. 远距离、大批量　　B. 近距离、小批量

   C. 远距离、小批量　　D. 近距离、大批量

7. 铁路运输主要承担的货运是（　　）。

   A. 远距离、大批量　　B. 近距离、大批量

   C. 近距离、小批量　　D. 远距离、小批量

8. 航空运输主要承担的货运是（　　）。

   A. 远距离、大批量　　B. 近距离、大批量

C．近距离、小批量　　　　　　　　　　D．远距离、小批量

9．水路运输主要承担的货运是（　　）。

A．远距离、大批量　　　　　　　　　　B．近距离、大批量

C．近距离、小批量　　　　　　　　　　D．远距离、小批量

10．干线运输主要承担的货运是（　　）。

A．远距离、大批量　　　　　　　　　　B．近距离、大批量

C．近距离、小批量　　　　　　　　　　D．远距离、小批量

三、判断题

1．按照运输工具的不同，运输方式可以分为公路、铁路、水路、航空和管道运输。（　　）

2．运输的过程不产生新的产品，但可以创造时间和空间效益。（　　）

3．运输是在不改变劳动对象原有属性或形态的要求下，实现劳动对象的空间位移。（　　）

4．运输生产是为社会提供效用而不产生实物形态的产品，属于服务性生产。（　　）

5．运输的主要职能是以最少的时间将货物从原产地转移到目的地。（　　）

6．按照运营主体的不同，运输可以分为自营运输、经营性运输和公共运输。（　　）

7．干线运输是运输的主体。（　　）

8．运输价格可以在一定程度内有效地调节各种运输方式的运输需求。（　　）

9．变动成本指与每一次运输配送直接相关的费用。（　　）

10．端点站、运输设施、工具集信息系统的构建费用属于运输的固定成本费。（　　）

四、简答题

1．简述物流企业运输的特点。

2．物流企业运输路线的决策方法有哪几种？

3．物流企业公路运输的优势有哪些？

4．运输合理化的有效措施有哪些？

5．目前铁路运输的种类有哪些？

6．水路运输的功能有哪些？

五、实践训练

1．北京广安门车站到石家庄的运价里程是274km，现有零担货物一件，重2300kg，计算运到期限。

2．某托运人欲从甲站托运一批易腐货物到乙站（运价里程为1293km，途中不加冰），托运人在运单“托运人记载事项”栏中注明“允许运输期限4天”。甲站可否承运？为什么？

第八章　物流企业仓储管理

【学习目标】

了解仓储管理的基本概念；熟悉仓储作业的流程；掌握库存管理的方法。

案例 8.1

海尔集团日日顺物流

日日顺物流是海尔电器集团旗下的渠道物流综合服务商，成立之初将原先分散在 28 个产品事业部的采购、原材料配送和成品按业务进行整合，创新提出了三个 JIT（just in time）的管理模式，赢得了基于速度与规模的竞争优势，实现物流成本环比降低 6%。同时，提出“一流三网”同步模式，即：整合全球供应商资源网、全球配送资源网、计算机网络，三网同步流动，为订单信息流提速，建立起贯穿供应链一体化的服务能力。它成为全球极具竞争力的第三方物流企业。

座落在海尔开发区工业园的海尔国际物流中心高 22 米，拥有 1.8 万个标准托位、原材料和产成品两个自动化物流系统。采用世界上最先进的激光导引技术开发的激光导引无人运输车系统、巷道堆垛机、机器人、穿梭机等，全部实现现代物流的自动化和智能化。通过内外部资源及技术的整合，使呆滞物资降低 73.8%，仓库面积减少 50%，库存资金减少 67%。

第一节　仓储管理概述

一、仓库的概念

仓库是保管、存储物品的建筑物和场所的总称。仓库不仅仅是指用来存放货物（包括商品、生产资料、工具）或其他财产，及对其数量和价值进行保管的场所或建筑物等设施，还包括用于防止或减少损伤货物而进行作业的土地或水面。

仓储是物流活动的基本环节之一，它具有储存、保管等传统功能，而且包括拣选、配货、检验等作业，并具有配送功能以及附加标签、重新包装等流通加工功能。

二、仓库的分类

仓库可按不同的标准进行分类，企业可根据自身的条件选择建设或租用不同类型的仓库。

（一）按仓库的适用范围不同分类

1. 自用仓库

自用仓库是指生产企业或流通企业，为了本企业物流业务的需要而修建的附属仓库。这类仓库只储存本企业的原材料、燃料、产品或成品。

2. 营业仓库

营业仓库是指专门为了经营储存业务而修建的仓库，是面向社会服务的，或以一个部门的物流业务为主，兼营其他部门的物流业务，如商业、物资、外贸等系统的储运公司的仓库等。

> **知识补充：**
> 目前国内仓储服务行业的发展趋势
> http://www.mxrb.cn/hqxx/zbgp/20161109/10288946.html

3. 公用仓库

公用仓库是为社会物流服务的公共仓库，它是公共服务的配套设施，如铁路车站的货场仓库、港口的码头仓库、公路货场的货栈仓库等。

4. 保税仓库

保税仓库是经海关批准，在海关监管下，专供存放未办理关税手续而入境或过境货物的场所。换言之，保税仓库是获得海关许可的能长期储存外国货物的本国国土上的仓库。同样，保税货场是获得海关许可的能装卸或搬运外国货物并暂时存放的场所。

5. 出口监管仓库

出口监管仓库是指经海关批准，在海关监管下，存放已按规定领取了出口货物许可证或批件，且已对外买断结汇并向海关办完全部出口海关手续的货物的专用仓库。

> **知识补充**
>
> **自有仓库、公共仓库与营业仓库的关系**
>
> 使用自有仓库由于固定投资大，对库存的控制能力比较强、专用性较好，所以适合商品性能较为独特、对仓储环境要求较高，且库存周转量大、需求较为稳定的情形。相反，如果对仓储环境的要求类同普通货物，而且库存周转量小，或者需求量波动剧烈，则更适合使用公共仓库，增强物流系统的灵活性。营业仓库的很多特性居于公用型仓库和自用型仓库之间，既可体现物流系统的灵活性，又可通过协议实现个性化服务要求，增强对库存或配送管理的控制能力。同时，因为固定资产投资较少，所以对库存周转量的要求也较低。

（二）按仓库保管条件分类

1. 通用仓库

通用仓库一般用来储存没有特殊要求的物品，其设备与库房建筑构造都比较简单，使用范围较广。这类仓库备有一般性的保管场所和设施，按照通常的货物装卸和搬运方法进行作业。在物资流通行业的仓库中，这种通用仓库所占的比重最大。

2. 专用仓库

专用仓库是专门用以储存某一类物品的仓库，这类物品或者是数量较多，或者是物品本身具有特殊的性质，如对温湿度的特殊要求，或易对共同储存的物品产生不良影响，因此，要专库储存。例如，储存金属材料、机电产品、食糖等的仓库。

3. 特种仓库

特种仓库用于储存具有特殊性能、要求特殊保管条件的物品。这类仓库必须配备有防火、防爆、防虫等专用设备，其建筑构造、安全设施都与一般仓库不同。特种仓库主要包括：冷冻仓库，它可以人为地调节库房的温度和湿度，用来加工和保管食品、工业原料、生物制品以及医药品等；石油仓库是接受、保管、配给石油和石油产品的仓库，由于石油产品具有易燃易爆等特性，这类仓库被指定为危险品仓库；化学危险品仓库，负责保管化学工业原料、化学药品、农药以及医药品。

4. 水上仓库

水上仓库是漂浮在水面上的储藏货物的趸船、囤船、浮驳或其他水上建筑，或者在划定水面保管木材的特定水域，沉浸在水下保管物资的水域。

（三）按保管物品种类的多少分类

1. 综合库

综合库指用于存放多种不同属性物品的仓库。

2. 专业库

专业库指用于存放一种或某一大类物品的仓库。

（四）按仓库功能分类

现代物流管理力求进货与发货同期化，使仓库管理从静态管理转变为动态管理，仓库功能也随之改变，这样因仓库功能不同，就有以下几种类型。

1. 集货中心

集货是将零星货物集中起来形成批量性的货物的活动。集货中心可设在生产点数量很多，每个生产点产量有限的地区，只要这一地区某些产品总产量达到一定程度，就可以设置这种有“集货”作用的物流据点。

2. 分货中心

分货是将大批量运到的货物分成批量较小的货物的活动。分货中心是主要从事分货工作的物流据点。企业可以采用大规模包装、集装或散装的方式将货物运到分货中心，然后按企业生产或销售的需要进行分装，利用分货中心可以降低运输费用。

3. 转运中心

转运中心主要用来承担货物在不同运输方式间的转运。

4. 加工中心

加工中心主要用来进行流通加工。

5. 储调中心

储调中心以储备为主要工作内容，从功能上看储调中心和传统仓库基本一致。

6. 配送中心

配送中心是从事货物配备和组织对用户的送货，以高水平实现销售或供应的现代流通设施。

知识点滴

新型物流配送中心

新型物流配送中心是一种全新的流通模式和运作结构，其管理水平要求达到科学化和现代化。通过合理的科学管理制度、现代化的管理方法和手段，物流配送中心可以充分发挥其功能。

从如今的物流配送发展来看，政府、社会、企业积极投身于物流配送中心的建设。专业化、社会化、国际化的物流配送中心显示了巨大优势，有着强大的生命力，代表了现代物流配送的发展方向。

7. 物流中心

物流中心是从事物流活动的场所或组织。

（五）按仓库的建筑类型分类

按仓库的建筑类型可以将仓库分成：平库，它一般是砖木结构的平房式仓库；楼库，指二层或二层以上的楼房式仓库；筒仓库，是以储存散装颗粒和液体物资为主的储罐类的仓库；高层货架仓库，指建筑结构以高层货架为储存物资方式的仓库。高层货架仓库如使用计算机控制的巷道堆垛机完成物资的进出库作业，便是自动化立体仓库。

（六）按仓库的作业程度分类

1. 人力仓库

这种仓库规模较小，采用人工作业方式，无装卸机械设备。

2. 半机械化仓库

半机械化仓库是指入库采用机械作业，但是出库采用人工作业方式。一般适合批量入库、零星出库的情况。

3. 机械化仓库

机械化仓库是指入库和出库均采用机械作业，适合整批入库和出库或笨重货物的储存情况。一般机械化仓库配备有高层货架，有利于提高仓库空间利用率。

4. 半自动化仓库

半自动化仓库配备有高层货架和输送系统，采用人工操作巷道堆垛机的方式，多见于备件仓库。

5. 自动化立体仓库

自动化立体仓库是指以高层货架为主体，配备自动巷道作业设备和输送系统的无人仓库，如青岛海尔集团的自动化仓库。

问与答

问：自动化立体仓库与普通仓库有何区别？

答：

自动化立体仓库	普通仓库
最大限度地利用空间，节约土地资源	占地面积大，仓储空间利用率低
货物随机存取，计算机自动记录	货物分类储存
计算机实现货物先进先出	一般先入后出
现场封闭，防盗防损	现场开放，货物易丢失
堆垛机实现集成电梯功能	利用货运电梯进行楼层间货物输送
自动化智能作业，账实同步	单据传递，流程复杂，容易出错
呆料翻查，自动盘点	人工盘点

三、仓储管理的含义

仓储管理是对仓库及仓库内的物资所进行的管理，是仓储机构为了充分利用所具有的仓储资源，提供高效的仓储服务所进行的计划、组织、控制和协调过程。具体来说，仓储管理包括仓储资源的获得、仓库管理、经营决策、商务管理、作业管理、仓储保管、安全管理、劳动人事管理、财务管理等一系列管理工作。从广义上看，仓储管理是对物流过程中货物的储存以及由此带来的商品包装、分拣、整理等活动进行的管理。

四、仓储管理的基本原则

仓储管理具有复杂性，因此要遵循以下几项基本原则。

1. 效率原则

效率是指在一定劳动要素投入量时的产品产出量。高效率意味着较小的劳动要素投入和较高的产品产出，是现代生产的基本要求。仓储的高效率表现为仓容利用率高、货物周转率高、进出库时间短、装卸车时间短等。

2. 经济效益的原则

注重经济效益是仓储管理的重要原则。作为参与市场经济活动主体的仓储业，也应围绕着获得最大经济效益的目的进行组织和经营，但也需要承担部分的社会责任，履行环境保护、维护社会安定、满足社会不断增长的需要等社会义务，实现生产经营的社会效应。

3. 服务的原则

从仓储的定位、仓储具体操作、对储存货物的控制都围绕着服务进行，因此服务是贯穿在仓储中的一条主线，仓储活动本身就是向社会提供服务产品。

仓储的服务水平与仓储经营成本有着密切的相关性，两者相互对立。服务好，成本高，收费则高。仓储服务管理就是在降低成本和提高（保持）服务水平之间保持平衡。

4. 维护品质的原则

仓储的设计应当考虑温度、光线、湿度等自然因素对产品的影响，有效储存期间的质量保证，物料搬运的便利性与安全性等诸多方面的影响，目的是为了实现维护商品品质的原则。

5. 降低成本的原则

物料存量过少，生产线易于停顿而造成损失；物料存量过多，则造成过高的物料储存成本。因此，仓储作业应把握成本控管的原则。

五、仓储管理的功能

仓储管理系统是物流系统中不可缺少的子系统，仓储管理可以在合适的时间和地点为客户提供适当的产品，可以提高产品的时间效用和空间效用。

仓储管理的重要作用主要表现在以下几个方面。

1. 降低运输成本、提高运输效率

在销售物流方面，企业将各工厂的产品大批量运到市场仓库，然后根据客户的要求，小批量运到市场或客户；在供应物流方面，企业分别从多个供应商小批量购买原材料并运至仓库，然后将其拼箱并整车运输至工厂，可以大大降低运输成本，提高运输效率。

2. 进行产品整合

企业的一个产品线包括了数千种不同的产品，可以根据客户要求，先将产品在仓库中进行配套、组合，然后运往各地客户，而直接从不同工厂订货将导致不同的交货期。

3. 使物品在效用最高的时候发挥作用

生产和消费之间存在时间或空间上的差异，仓储可以提高产品的时间效用，调整均衡生产和集中消费或均衡消费和集中生产在时间上的矛盾。

4. 支持企业的销售服务

仓库合理地靠近客户，使产品适时地送达客户手中，将会提高客户的满意度并扩大销售量。

5. 监督供应商和实际承运人

储存活动出现在再生产过程的各个领域和各个环节，它始终具有承上启下的作用。仓库通过对到库物品进行验收，对供应者的产品质量和实际承运者的服务质量进行监督，拒绝不合格产品进入；同时还可以通过出库业务管理对生产企业消耗定额等执行情况进行监督。

另外，仓储管理可以对物料、半成品和成品的进仓、出仓进行管制；对成品进行分类、整理和保管；还可以确保库存记录的正确性、仓储工作现场的安全性，并且控制仓储成本。

第二节 仓储作业管理

仓储作业管理基本流程包括：入库管理、在库管理和出库管理。

一、入库管理

商品入库业务也叫收货业务，它是仓储工作的第一步，标志着仓储工作的正式开始。物品一旦收入仓库，将对物品的完好承担全部责任。因此，入库作业管理至关重要。入库作业是指接到入库通知单后，经过接运提货、装卸搬运、检查验收和办理入库手续等一系列作业环节所形成的整个工作过程。

（一）入库前的准备工作

仓库应根据仓储合同或者入库单、入库计划，及时地进行库场准备，以便货物能按时入库，保证入库过程顺利进行。仓库的入库准备需要由仓库的业务部门、仓库管理部门、设备作业部门分工合作，共同做好以下工作。

1. 加强日常业务联系

仓储经营者应按计划定期向货主、生产厂家以及运输部门进行联系，了解将要入库货物的品种、类别、数量和到库时间，以便做好入库前的准备工作。

2. 合理调配人员

根据货物入库的数量和时间，安排好相关作业人员（质检人员、验收人员和装卸搬运人员等），保证物品到达后，人员能够及时调配到位。

3. 准备相关机械设备和检验器具

准备好装货所需的空托板或托盘，合理配置好物品检验和计量及装卸搬运设备、堆码设备以及必要的防护用品。

4. 合理安排货位

仓库部门根据入库货物的性能、数量、储存时间，结合仓库分区分类保管的要求，核算所需的货位面积大小，确定货物存放的位置和堆码方法、苫垫方法以及进行必要的腾仓、打扫、消毒和准备验收场地等相关工作。

5. 核对凭证

物品到达仓库后，仓库收货人员首先要检查物品入库凭证，入库物品必须具备下列凭证。

（1）入库通知单和订货合同副本，这是仓库接收物品的凭证。

（2）运输部门提供的运单和货运记录，以便作为向责任方交涉的依据。

（3）供货单位提供的材质证明书、装箱单、磅码单和发货明细表等。

由于仓库不同、货物性质不同，所以入库准备工作会有所差别，不同的仓库应根据自己的实际情况做好入库准备工作。

（二）货物的接运

由于货物到达仓库的形式不同，除了一小部分由供货单位直接运到仓库交货外，大部分要经过铁路、公路、航运、空运和短途运输等转运。凡经过交通运输部门转运的商品，都必须经过仓库接运后，才能进行入库验收。因此，货物的接运是入库业务流程的第一道作业环节，也是仓库直接与外部发生的经济联系。商品接运是商品入库和保管的前提，接运工作完成的质量直接影响商品的验收和入库后的保管保养。因此，在接运由交通运输部门（包括铁路）转运的商品时，必须认真检查，分清责任，取得必要的证件，避免将一些在运输过程中或运输前就已经损坏的商品带入仓库，造成验收中责任难分和在保管工作中的困难或损失。

商品接运的主要方式有以下几种。

1. 到车站、码头提货

这是由外地托运单位委托铁路、水运、航空等运输部门或邮局代运货物到达仓库最近的车站、码头、航空站、邮局后，仓库依据货物通知单派车提运货物的作业活动。此外，在接受货主的委托，代理完成提货、末端送货活动的情况下也会发生到车站、码头提货的作业活动。

2. 到货主单位提取货物

仓库接受货主委托直接到供货单位提货时，应将这种接货与出库验收工作结合起来同时进行。

仓库应根据提货通知，了解所提货物的性能、规格、数量，准备好提货所需的机械、工具、人员，配备保管员在供方当场检验质量、清点数量，并做好验收记录，接货与验收合并一次完成。

3. 供货单位送货到库接货

供货单位将货物直接送到仓库，由仓库保管员或验收人员与送货人员办理交接手续，当面验收并做好记录。如有差错，送货人员应在验收记录上签字，据此向有关部门提出索赔。

4. 铁路专用线到货接运

这是指仓库备有铁路专用线，大批整车或零担到货接运的形式。一般铁路专线都与公路干线联合。在这种联合运输形式下，铁路承担主干线长距离的货物运输，汽车承担支线部分的直接面向收货方的短距离运输。

（三）入库验收

入库验收是指仓库在物品正式入库之前，按照一定的程序和手续，对到库物品进行数量和外观质量的检查，以验证商品是否符合订货合同规定的一项工作。

1. 入库验收的标准

为了准确及时地验收货物，首先必须明确验收标准。在实际入库作业过程中，通常依据以下标准验收货物。

（1）采购合同或订单所规定的具体要求和条件。

（2）采购合同中的规格或图解。

（3）议价时的合格样品。

（4）各类产品的行业或国家品质标准。

通常，货物验收的标准，如果合同中有规定的，按合同中的规定执行；如果合同中没有规定，则按行业或国家标准执行。

2. 入库验收的作用

通过验收不仅可以防止企业遭受经济损失，而且可以起到监督供货单位和承运商的作用，同时还可以指导商品的保管和使用。具体表现为以下几点。

（1）入库验收为物品保管和使用提供可靠依据。

（2）验收记录是货主退货、换货和索赔的依据。

（3）验收是规避仓储经营风险的重要手段。

（4）验收有利于维护国家利益。

3. 验收作业程序

验收工作是一项技术要求高、组织严密的工作，关系到整个仓储业务能否顺利进行，所以必须做到准确、及时、严格、经济。

（1）验收准备。仓库接到到货通知后，应根据物品的性质和批量提前做好验收准备工作，具体包括以下内容。

①人员准备。安排好负责质量验收的专业技术人员或用料单位的验货人员，以及配合验收工作的装卸搬运人员。

②资料准备。收集并熟悉待验物品的有关文件，例如技术标准、订货合同等。

③器具准备。准备好验收用的检验工具，如衡器、量具等。

④货位准备。针对到库物品的性质、特点和数量，确定物品的存放地点和保管方法，其中要为可能出现的不合格物品预留存放地点。

⑤设备准备。大批量物品的数量验收，必须要有装卸搬运机械的配合，应做好设备的申请调用。

此外，对于毒害品、腐蚀品、放射品等特殊物品的验收，还要准备相应的防护用品，进口物品或存货单位指定需要质量检验的，还应通知有关部门会同检验。

（2）核对凭证。入库物品必须具备以下凭证。

①货主提供的入库通知单和订货合同副本，是仓库接收物品的凭证。

②供货单位提供的材质证明书、装箱单、磅码单、发货明细表等。

③物品承运单位提供的运单，若物品在入库前发现残损情况，还要有承运部门提供的货运记录或普通记录，作为向责任方交涉的依据。

知识补充：

音飞储存：延伸智能仓储系统集成业务 增持评级

http://www.cs.com.cn/gppd/tzpj/201611/t20161105_5088028.html

（3）实物验收。实物验收就是根据入库单和有关技术资料对实物进行外包装、数量和质量检验。一般情况下，或者合同没有约定检验事项时，仓库仅对物品的品种、规格、数量、外包装状况，以及无须开箱、拆捆就可以直观判断的外观质量情况进行检验。但是在进行分拣配装作业的仓库里以及合同约定等情况下，就需要检验物品的品质及状态。

①包装验收。包装检验是对货物的外包装（也称为运输包装、工业包装）的检验。实物验收的第一步一般是检查外包装。外包装是否受到破坏可以用来初步判断货物是否可能损坏。因此，包装验收是实物验收的重要内容。包装验收的标准与依据，一是国家颁布的包装标准；二是合同或订单的要求与规定。具体包括以下内容。

a. 包装是否安全牢固。包装验收要从包装材料、包装造型、包装方法等方面进行检验。如检验箱板的厚度，卡具、索具的牢固程度，包装箱的钉距，内封垫和外封口的严密性等。此外，还需检验商品包装有无变形、水湿、油污、生霉、商品外露等现象。

b. 包装标志、标记是否符合要求。商品标志、标记主要用于识别商品、方便转运及指示堆垛。包装标志、标记要符合规定的制作要求，起到识别和指示商品的作用。

c. 包装材料的质量状况。包装材料的质量和性能状况直接关系到包装对产品的保护作用，因此必须符合规定的标准。

②数量验收。入库货物的数量溢缺在日常收货业务中是经常发生的。按物品性质和包装情况，数量检验主要有计件、检斤、检尺等形式。在进行数量验收时，必须与供货方采用相同的计量方法。采取何种方式计数要在验收记录中做出记载，出库时也按同样的计量方法，避免出现误差。

一般情况下，数量检验应全验，即按件数全部进行点数，按重量供货的全部检斤，按理论重量供货的全部检尺后换算为重量，以实际检验结果的数量为实收数。但对于大批量、同规格、同包装、较难损坏、可信赖的物品可以采用抽验的方式检验。

③质量检验。仓储部门对入库的货物一般不进行内在质量的检验，通常所指的质量检验，主要是检验货物的外观质量，有否玷污、霉变、虫蛀、锈蚀、老化、挥发、渗漏、变色、变形、脱漆等。目的是为了配合货主单位，发现问题后采取相应的养护措施，或从速处理，同时也可以分清送货方与仓库的责任界线。

由于入库货物的品种繁多，批量大小不一，若要件件开箱拆包检验，既有困难也无必要。同时，仓库的检验设备和人力也有限，有些货物开包后反而影响保管。因此，仓库对入库货物的质量验收一般都是按一定的比例抽验。确定抽验率或免验，通常依据以下标准。

a. 货物性能。凡容易霉、熔、溶、锈、虫蛀、串味、破碎等性能不稳定的货物，抽验比例较大；反之抽验比例较小。

b. 货物价值。越贵重的物品抽验比例越大；反之抽验比例越小。

c. 包装情况。包装不完整或包装强度较小的抽验比例越大；反之抽验比例越小。

d. 生产条件。生产设备条件和产品质量差的抽验比例越大；反之抽验比例越小。

e. 气候条件。不利于商品保管的气候条件下抽验比例越大；反之抽验比例越小。

f. 运输条件。经过长途运输或装卸环节多、道路条件差等情况下抽验比例越大；反之抽验比例越小。

g. 货源渠道。渠道不够稳定、可靠的情况下抽验比例较大；反之抽验比例较小。

如果必须对货物的内容进行检验，包括物理结构、化学成分、使用功能等进行鉴定，一般要由专业技术检验单位进行，检验后出具检验报告说明货物质量。

4. 入库验收过程中常见问题的处理

货物入库验收牵涉面较广，因此仓库验收人员必须认真负责，并做好各项验收记录，以便与客户发生纠纷时可以分清责任。仓库对商品验收中发现的具体问题，可用书面形式通知业务部门和发货方要求查明情况进行处理。对于验收过程中的问题，一般可以采取以下处理办法。

（1）数量不符。如果点收时发现商品的实际数量与凭证上所列的数量不一致，经复验认定后，应由收货人在凭证上做好详细记录，按实际数量签收，并及时通知送货人和发货方。

（2）质量问题。在铁路、交通运输部门初步验收时发现质量问题，应会同承运方清查点验，并由承运方编制商品记录或出具证明书，作为索赔的依据。如确认责任不在承运方，也应做好记录，由承运者签字，以便作为向供货方联系处理的依据。在拆包做进一步验收时发现的质量问题，应将有问题的商品单独堆放，并在入库单上分别签收，同时通知供货方，以划清责任。

（3）包装问题。在清点大件时发现包装有水渍、玷污、损坏、变形等情况时，应进一步检查内部数量和质量，并由送货人员开具包装异状记录，或在送货单上注明，同时，通知保管员单独堆放，以便处理。

（4）检验凭证问题的处理

①商品串库。指应该送往甲库的商品误送到乙库，当初步检查发现串库现象，应立即拒收；对于在验收细数中发现的串库商品，应及时通知送货人员办理退货手续，同时更正单据。

知识补充：

基于传感物联网-医药冷链运输与仓储温湿度无线实时监测 http://solution.rfidworld.com.cn/2016_11/aeaef519c4e3ec29.html

②有货无单。货物送达仓库时，仓库管理人员尚未收到有关单证，此时，可将货物作暂存处理，并即刻通知有关方补送单证，并等单证到齐后再验收入库。

③有单无货。为便于仓储方的事先准备，货物的单证往往先期送达仓库，然而，有时却遇货物迟迟未抵的情况。此时，应立即与货物托运保管人联系，当查实无货来库时，按合同办理相关手续或将单证退回并注销。

④货未到齐。由于运输方式的原因，同一批商品不能同时到达，对此，应分单签收。

（四）货物的入库交接与登记

入库货物经过点数、查验之后，可以安排卸货、入库堆码，表示仓库接收货物。卸货、搬运、堆垛作业完毕，与送货人办理交接手续，并建立仓库台账。

1．交接手续

交接手续是指仓库对收到的货物向送货人进行的确认，表示货物已经接收。办理完交接手续，意味着划清了承运、送货部门和仓库的责任。完整的交接手续包括以下步骤。

（1）接收货物

仓库以送货单为依据，通过理货、查验货物，将不良货物剔除、退回或者编制残损单证等明确责任，确定收到物品的确切数量、外观质量完好。

（2）接收文件

送货人将货物资料、送货单、采购清单等相应的文件送交仓库的库管员。

（3）签署单证

库管员在和送货人员交接货物，进行验收后，共同在送货人送来的送货单、交接清单上签署和批准，并留存相应单证。提供相应的入库、验收、残损单证及事故报告，由送货人签署。

2．办理入库手续

货物交接完毕，由仓库的业务管理员填写入库单。完整的入库单必须具备三联：送货人联、财务联、仓库存查联。同时附上检验记录单、磅码单、产品合格证、装箱单等有关资料凭证，一并向保管部门移交，以证实该批货物已验收合格可以正式入库保管。保管员应根据入库单及时办理入库手续，包括登账、立卡和建档等工作。

（1）登账

物品入库，仓库应建立详细反映物品仓储的明细账，登记物品入库、出库、结存的详细情况，用以记录库存物品动态和入出库过程。

登账的主要内容有物品名称、规格、数量、件数、累计数或结存数、存货人或提货人、批次、金额，注明货位号或运输工具、接（发）货经办人。

（2）立卡

物品入库或上架后，将物品名称、规格、数量或出入状态等内容填在料卡上，称为立卡。料卡又称为货卡、货牌，插放在货架上物品下方的货架支架上或摆放在货垛正面明显位置。

（3）建档

仓库对接收的货物或委托人建立存货档案或客户档案并装订成册，将客户单据也进行装订，以便于货物管理和保持客户联系，为将来可能发生的争议保留凭证。

二、在库管理

货物经过验收入库后，便进入储存保管阶段，它是仓储业务的重要环节。其主要内容包括根据库区、库容的合理规划，进行分区分类保管和货位合理布局、货物保管、货位编号；对货物正确堆码和苫盖；货物的保管维护；商品的盘点、检查和保管损耗控制等。通过商品在库的科学管理，可以保持商品原有使用价值和价值。

（一）储存区域的合理布局

储存区域的合理布局是指将各种商品合理地布置到库房、货棚、货场的平面和空间，以利于提高仓库的利用率。

（二）商品存放的分区分类和货位布置

1. 商品存放的分区分类

分区分类就是对储存商品在性能一致、养护措施一致、消防方法一致的前提下，把库房货棚、货场划分为若干保管区域，根据货物大类和性能等划分为若干类别，以便分类集中保管。不同类型的仓库分区分类方法不相同，大致有以下四种分法。

（1）按商品种类和性质进行分区分类。

（2）按不同货主的商品经营分工进行分区分类。

（3）按商品流转方向或发往地区进行分区分类。

（4）按商品的危险性质进行分区分类。

知识补充

货物入库分类分区存放的检查标准

货物入库后，需按不同类别、性能、特点和用途分类分区码放，做到“二齐、三清、四号定位”。

（1）二齐：货物摆放整齐、库容干净整齐。

（2）三清：材料清、数量清、规格标识清。

（3）四号定位：按区、按排、按架、按位定位。

2. 货位规划

根据上述商品分区分类保管方案，对各库房、货场进行合理布局，规划和确定库房和货场的货位摆放形式。库房的货位布局主要有横列式、纵列式和混合式三种形式。露天货场货位的布置形式一般多采取与货场的主作业通道成垂直方向排列，以便于装卸和搬运。货位布置既要考虑操作的需要，又要考虑商品的安全。因此既要留出一定的作业通道、垛距、墙距等，又要合理、充分利用库房面积，尽量提高仓库、货场的利用率。

（三）货位编号

1. 库房的编号

把整个仓库所有储存场所，依其地面位置按一定顺序编号。对库房、货棚的号码可统一写在库房外墙上或库门上，编号要清晰醒目，易于查找。

2. 库房内各货位编号

根据库内业务情况，按照库内干、支道的分布，划分为若干货位，按顺序编好号码，并视具体条件做出明显标志。为了分清各种商品的准确存放位置，通常还要在货位上等距离划分段落，再编上段号。

3. 货架中各货位编号

在收发零星货物及进行拼装作业的仓库，往往在一个库房内有许多货架，每个货架有许多格，作为存货的货位。可先按一个仓库内的货架进行编号，然后再对每个货架的货位按层、位进行编号。顺序应从上到下，从左到右，从里到外。

4. 货场上各货位编号

货场货位编号常见的有两种方法：一种是在整个货场内先按排编上排号，然后再按各排货位顺序编上货位号；另一种是不分排号，直接按货位顺序编号。

（四）货物堆码

1. 货物堆码的基本要求

（1）合理。对不同品类、规格、型号、形状、牌号、等级和批次的货物，必须分开堆码，不能混合、间杂堆码。对于不同货物应根据其性能、包装和结构特点，选用适合货物特点的垛形。占用面积、垛间、墙距、走道宽度要合理。另外，码垛时位置的安排要分清入库的先后次序，以便贯彻“先进先出”的原则。

（2）安全。堆码的货垛必须具备尽可能大的稳定性，尤其是重心较高时更要特别注意。要适当选择垛底面积、堆垛高度和垫衬材料，保证堆码的牢固与安全。

（3）定量。在货物堆码时，每垛、每行、每层、每包（件）等数量力求整数，每垛应有固定数量。对某些过磅称重货物不能成整数时，必须明确地标出重量，分层堆码，或成捆堆码，定量存放。

（4）整齐。堆垛排列整齐有序，垛形统一，有利于充分地利用仓库的有效面积和方便作业。因此，堆码货物的垛形要规范，纵横成行成列，货物包装的标志一律朝外排齐，便于查看和发货。

（5）低耗。坚持一次堆码，减少重复搬运；爱护苫盖物品，节约备品用料，降低消耗；堆码紧凑，节省仓位，提高仓容利用率。

（6）方便。便于装卸搬运，便于收发保管，便于日常维护保养，便于检查点数，便于灭火消防，以利货物保管和安全。

2. 有特殊要求的货物堆码

在实际库存管理中还要有特殊要求的货物堆码，主要有要求通风的货物堆码，怕压货物的堆码，容易渗漏的货物堆码，有毒物品的堆码，酸、碱等腐蚀品的堆码，易燃、易爆危险货物的堆码等。

> **知识补充：**
> “双 11”大战在即
> 成都仓储体量创新高
> http://news.163.com/16/1110/05/C5G3MA6F000187VE.html

3. 货物的垛高

货物的垛高直接影响库容量，它除了由库房地坪安全负荷决定外，还受货物性质和包装的影响，通常是以不超重货物可堆高层数来决定最高允许堆高，但对轻泡货还要受仓库空间高度的影响。

货物的堆码要保持通常所说的货垛“五距”，即墙距、柱距、顶距、灯距和垛距。另外，根据货物体积的大小和作业机械的要求，主要通道一般在 1.5 ~ 2.5 米之间选取。如库内设有排水沟者，则排水沟上面一般不应堆码货物。对于仓库的主要建筑物库房来说，堆码货物时要根据仓容定额进行堆码。如没有此定额，堆码时地坪单位面积荷重选择不应大于设计荷重的 90%。

4. 货物堆码的方式

货物堆码的方式主要由货物的性能、形状、包装、仓储设备、存放场所和季节、气候等条件决定。从实践来看，为便于货物保管、数量清点以及仓库容量的有效利用，常用的堆码方式主要有：散堆方式、货架方式、成组堆码方式、垛堆方式。

（1）散堆方式。散堆是指将无包装的散货在仓库或露天货场上堆成货堆的存放方式。这种堆码方式简单，便于采用机械设备装卸、堆码，节省包装费用和运费。这种方式特别适用于大宗散货。

（2）货架方式。这是使用通用和专用的货架进行物品堆码的方式。这种堆码方式能够提高仓容利用率，减少差错，加快存放，适用于存放小件货物、怕压或不宜堆高的物品。

（3）成组堆码方式。这是采用成组工具（托盘、集装箱等）先将货物组成一组，使其堆存单元扩大，从而可以用装卸机械成组搬运、装卸、堆码。这种堆码方法适用于小件不宜单独采用机械装卸的货物。

（4）垛堆方式。是指直接利用物品或其包装外形进行堆码，这种堆码方式能够增加货垛高度，提高仓库利用率，能够根据物品的形状和特性的需要和货位的实际情况，把货垛堆码成各种样式，以利于保护物品质量。垛堆方式是应用最广泛的，样式也最为繁多。其常用的方式主要有重叠式堆码、纵横交错式堆码、仰伏相间式堆码、压缝式堆码、衬垫式堆码、载桩式堆码、直立式堆码、“五五化”堆码等几种。

（五）货物苫垫

苫盖是指专用苫盖材料对货垛进行遮盖，以减少自然环境中阳光、雨、雪、风、露、霜、尘、潮气等对物品的侵蚀、损害，并使物品由于自身理化性质所造成的自然损耗尽可能减少，保护物品在储存期间的质量。特别是露天存放的物品在码垛以后，一般都应进行妥善的苫盖，以避免物品受损。需要苫盖的物品，在堆垛时应该根据物品的性质、堆存期的长短、存放货场的条件，注意选择苫盖材料和堆码的垛型。

垫垛是指在物品码垛前，在预定的货位地面位置，根据物品保管的要求和堆放场所的条件，使用适合衬垫材料进行铺垫。垫垛的目的是使物品与地面隔离，避免地面潮气自垛底侵入，并使垛底通风；通过强度较大的衬垫物使重物的压力分散，减少物品对地坪的压力；避免地面污染物污染货垛物品。

（六）货物检查、盘点与保管损失

1. 保管期间货物的检查

为了保证在仓库储存保管的货物质量完好、数量准确，必须经常和定期地对所保管的货物进行数量、质量、保管条件、安全等的动态检查，这是仓库保管业务的一项综合性措施。其中，检查的内容主要有数量检查、质量检查、保管条件检查、安全检查四个方面。

检查的方式有日常检查、定期检查和临时性检查。在检查中发现问题要及时进行处理。当货物有变质迹象或发生变质时，应按维护保养要求查明原因，提出措施进行维护保养；对超过保管期或虽未超过保管期，但质量不能保证的，应通知存货人或仓单持有人及时采取措施或处理；数量有出入的，应弄清情况，查明原因，分清责任；对已破损的，应查明原因，与存货人或仓单持有人协商处理。

2. 货物的盘点

盘点是指定期或临时对库存商品的实际数量进行清查清点的作业。也即为了掌握货物的流动情况（入库、在库、出库的流动状况），对仓库现有物品的实际数量与保管账上记录的数量相核对，以便准确地掌握库存数量。货物盘点是保证储存商品达到账、货、卡相符的重要措施之一。

盘点方式通常有两种：一是定期盘点，即仓库的全面盘点，是指在一定时间内（一般是每季度、每半年）或年终财务结算前进行一次全面的盘点；二是临时盘点，即当仓库发生货物损失事故，或保管员更换，或仓库与货主认为有必要盘点对账时，组织一次局部性或全面的盘点。

> **知识补充：**
> 货运版“滴滴打车”试运行　企业物流成本降四成
> http://news.163.com/16/1022/10/C3VO4N7I00014AEE.html

盘点的内容主要包括：数量盘点、重量盘点、货与账核对、账与账核对。在盘点对账中如发现问题，要做好记录，并应逐一进行分析，及时与存货人联系，找出原因，协商对策，并纠正账目中的错误；对霉烂、变质、残损货物，应采取积极挽救措施，尽量减少损失。

3. 货物的保管损耗

货物在保管过程中，因其本身的性质、自然条件的影响、计量工具的合理误差，或人为的原因，经常会发生各种损耗。货物的保管损耗是指在一定的期间内，保管这种货物所允许发生的自然损耗，一般以货物保管损耗率来表示。

造成货物保管损耗的原因有以下几种。

（1）货物的自然损耗。是指货物在运输与库存的流转过程中，因货物性能、自然条件、包装情况、运输工具、装卸设备、技术操作等所造成的不可避免的损耗与自然减量。

（2）人为因素或自然灾害造成的损耗。是指因操作或业务人员的失职和保管不善，致使货物发生霉烂、变质或丢失而造成的损失，或由于水灾、地震等自然灾害而造成的损失，以及由于包装破损而造成的大量撒漏损失等而造成的损耗。

（3）运输损耗与磅差。货物从发货点交接时起，经搬运、装卸、运输、中转，到仓库验收、过磅、入库上垛时止，整个过程都可能发生损耗，这种损耗均称为运输损耗。货物在进出库时，由于计量工具之间精度上的差别而造成的货物数量差异称为磅差。

扩展阅读

自然损耗率

某种货物在一定的保管条件和保管期内，其自然损耗量与该种货物库存量之比值，称为“商品自然损耗率”，简称保管损耗率，通常以百分数或千分数表示。为了判定商品的保管损耗是否合理，一般对不同情况、不同商品规定相应的合理损耗标准，也称标准损耗率，低于该标准损耗率的为合理损耗，高于该标准损耗率的为不合理损耗。商品保管损耗率不仅是判断是否做好商品保管工作的标准，也是划分仓库与存货单位责任的界限，因此在仓储保管合同中，一般都以单独条款加以约定。

三、出库管理

（一）出库作业流程

商品出库业务是商品储存业务的最后一个环节，是仓库根据使用单位或业务部门开出的商品出库凭证（提货单、领料单、调拨单），按其所列的商品名称、规格、数量、时间和地点等项目，组织商品出库、登账、配货、复核、点交清理和送货等一系列工作的总称。

1. 商品出库的依据

商品出库必须依据货主开出的商品出库凭证方可进行。在任何情况下，仓库都不得擅自动用、变相动用或者外借货主的库存商品。

货主的出库通知或出库请求的格式不尽相同，不论采用何种形式，都必须是符合财务制度要求的有法律效力的凭证，要坚决杜绝凭信誉或无正式手续的发货。仓库业务部门根据提货人的提货凭证办理提货手续，并签发出库单，指示仓库保管部门交货。

2. 商品出库方式

出库方式是指仓库用什么样的方式将货物交付用户。选用哪种方式出库，要根据具体条件，由供需双方事先商定。

（1）客户自提

这种发货形式是由收货人或其代理持取货凭证直接到库取货，仓库凭单发货。仓库发货人与提货人可以在仓库现场划清交接责任，当面交接并办理签收手续。

（2）仓库送货

这是仓库根据货主单位的出库通知或出库请求，通过发货作业把应发物品交由运输部门送达收货单位或使用仓库自有车辆把物品运送到收货地点的发货形式，就是通常所称的送货制。

仓库实行送货具有多方面的好处：仓库可预先安排作业，缩短发货时间；收货单位可避免因人力、车辆等不便而发生的取货困难；在运输上，可合理使用运输工具，减少运费。

（3）过户

过户是一种就地划拨的形式，物品实物并未出库，但是所有权已从原货主转移到新货主的账户中。仓库必须根据原货主开出的正式过户凭证办理过户手续。

（4）取样

这是指货主由于商检或样品陈列等需要，到仓库提取货样（通常要开箱拆包、分割抽取样本）。仓库必须根据正式取样凭证发出样品，并做好账务记载。

（5）转仓

转仓是指货主为了业务方便或改变储存条件，将某批库存自甲库转移到乙库。仓库也必须根据货主单位开出的正式转仓单，办理转仓手续。

3. 出库业务程序

（1）出库前的准备工作

可分为两个方面：一方面是计划工作，即根据货主提出的出库计划或出库请求，预先做好物品出库的各项安排，包括货位、机械设备、工具和工作人员，提高人、财、物的利用率；另一方面是要做好出库物品的包装和标志标记。发往异地的货物，需经过长途运输，包装必须符合运输部门的规定，如捆扎包装、容器包装等，成套机械、器材发往异地，事先必须做好货物的清理、装箱和编号工作。在包装上挂签（贴签）、书写编号和发运标记（去向），以免错发和混发。

（2）出库程序

出库程序包括核单备货—复核—包装—点交—登账—清理等过程。出库必须遵循“先进先出，推陈储新”的原则，使仓储活动的管理实现良性循环。

不论哪一种出库方式，都应按以下程序做好管理工作。

① 核单备货

出库物品应附有质量证明书或副本、磅码单、装箱单等，机电设备、电子产品等物品，其说明书及合格证应随货同付。备料时应本着“先进先出、推陈储新”的原则，易霉易坏的先出，接近失效期的先出。

备货过程中，凡计重货物，一般以入库验收时标明的重量为准，不再重新计重。需分割或拆捆的应根据情况进行。

在接到出库单据后，要根据出库单据生成“拣货单”或“分货单”，然后进行拣货作业。拣货作业主要通过大量的人工作业来完成，高效、准确地完成拣货工作对仓储从业人员是一项重要的职业技能要求。

② 复核

为了保证出库物品不出差错，备货后应进行复核。出库的复核形式主要有专职复核、交叉复核和环环复核三种。除此之外，在发货作业的各道环节上，都贯穿着复核工作。

复核的内容包括：品名、型号、规格、数量是否同出库单一致；配套是否齐全；技术证件是否齐全；外观质量和包装是否完好。只有加强出库的复核工作，才能防止错发、漏发和重发等事故的发生。

③ 包装

出库物品的包装必须完整、牢固，标记必须正确、清楚，如有破损、潮湿、捆扎松散等不能保障运输中安全的，应加固整理，破包破箱不得出库。各类包装容器上若有水渍、油迹、污损，也均不能出库。

出库物品如需托运，包装必须符合运输部门的要求，选用适宜包装材料，确保其重量和尺寸便于装卸和搬运，以保证货物在途的安全。

包装是仓库生产过程的一个组成部分。包装时，严禁互相影响或性能互相抵触的物品混合包装。包装后，要写明收货单位、到站、发货号、本批总件数、发货单位等。

④ 点交

商品经复核后，如果是本单位内部领料，则将商品和单据当面点交给提货人，办清交接手续；如系送料或将商品调出本单位办理托运的，则与送料人员或运输部门办理交接手续，当面将商品点交清楚。交清后，提货人员应在出库凭证上签章。

⑤ 登账

点交后，保管员应在出库单上填写实发数、发货日期等内容，并签名。然后将出库单连同有关证件资料及时交给货主，以便货主办理货款结算。保管员把留存的一联出库凭证交实物明细账登记人员登账。

⑥ 现场和档案的清理

现场清理包括清理库存商品、库房、场地、设备和工具等。档案清理是指对收发、保养、盈亏数量和垛位安排等情况进行分析。

（二）出库中发生问题的处理

出库过程中出现的问题是多方面的，应分别对待处理。

1. 出库凭证（提货单）上的问题

（1）凡出库凭证超过提货期限，用户前来提货，必须先办理手续，按规定缴足逾期仓储保管费，然后方可发货。任何非正式凭证都不能作为发货凭证。提货时，用户发现规格开错，保管员不得自行调换规格发货。

（2）凡发现出库凭证有疑点，如发现出库凭证有假冒、复制、涂改等情况时，应及时与仓库保卫部门以及出具出库单的单位或部门联系，妥善处理。

（3）商品进库未验收，或者期货未进库的出库凭证，一般暂缓发货，并通知货主，待货到并验收后再发货，提货期顺延。

（4）如客户因各种原因将出库凭证遗失，客户应及时与仓库发货员和账务人员联系挂失；如果挂失时货已被提走，保管人员不承担责任，但要协助货主单位找回商品；如果货还没有提走，经保管人员和账务人员查实后，做好挂失登记，将原凭证作废，缓期发货。

2. 提货数与实存数不符

造成提货数量与商品实存数不符（一般是实存数小于提货数）的原因主要有以下几个方面：

（1）商品入库时，由于验收问题，增大了实收商品的签收数量，从而造成账面数大于实存数。

（2）仓库保管人员和发货人员在以前的发货过程中因错发、串发等差错，而形成实际商品库存量小于账面数。

（3）货主单位没有及时核减开出的提货数，造成库存账面数大于实际储存数，从而开出的提货单提货数量过大。

（4）仓储过程中造成了货物的毁损。

当遇到提货数量大于实际商品库存数量时，无论是何种原因造成的，都需要和仓库主管部门以及货主单位及时取得联系后再处理。

3. 串发货和错发货

串发货和错发货，主要是指发货人员由于对物品种类规格不很熟悉，或者由于工作中的疏漏把错误规格、数量的物品发出库的情况。

如果物品尚未离库，应立即组织人力，重新发货。如果物品已经离开仓库，保管人员应及时向主管部门和货主通报串发货和错发货的品名、规格、数量、提货单位等情况，会同货主单位和运输单位共同协商解决。一般在无直接经济损失的情况下由货主单位重新按实际发货数冲单（票）解决。如果形成直接经济损失，应按赔偿损失单据冲转调整保管账。

4. 包装破漏

包装破漏是指在发货过程中，因物品外包装破损引起的渗漏等问题。这类问题主要是在储存过程中因堆垛挤压、发货装卸操作不慎等情况引起的，发货时都应经过整理或更换包装，方可出库，否则造成的损失应由仓储部门承担。

5. 漏记账和错记账

漏记账是指在出库作业中，由于没有及时核销明细账而造成账面数量大于或小于实存数的现象。错记账是指在商品出库后核销明细账时没有按实际发货出库的商品名称、数量等登记，从而造成账实不相符的情况。

无论是漏记账还是错记账，一经发现，除及时向有关领导如实汇报情况外，同时还应根据原出库凭证查明原因调整保管账，使之与实际库存保持一致。如果由于漏记账和错记账给货主单位、运输单位和仓储部门造成了损失，应予赔偿，同时应追究相关人员的责任。

6. 退货管理

退货是指仓库已经发货出库并已办理出库手续的商品，因某种原因而要退回仓库。通常这是厂商售后服务的一项工作。商品退货到仓库有多种原因，有的是仓库按出库凭证发错了货，有的是运输途中商品受到损坏经客户单位同意退回，有的是收货人订货的错误，还有的是由于商品存在质量问题等。

退货处理的一般流程如下：

（1）要求退货人填写“退货申请表”，并且该申请表必须经客户单位确认同意。

（2）仓库方面认真清点退货，详细做好记录。

（3）仓库方面核对退回的商品与“退货申请表”所列的内容是否相符，若有异议必须以书面形式提出。

（4）仓库方面将退回的商品根据其退货原因分别存放和标识，登记入账，并及时向业务部门或客户单位反馈有关资料。

第三节 库存管理

一、库存与库存管理

1. 库存的概念

库存是指在仓库中处于暂时停滞状态，用于未来的、有经济价值的物资。广义的库存还包括处于制造加工状态和运输状态的物品。这里要明确两点；其一，物资所停滞的位置不是在生产线上，不是在车间里，也不是在非仓库中的任何位置；其二，物资的停滞状态可能由任何原因引起，而不一定是某种特殊的停滞。这些原因大体有：①能动的各种形态的储备；②被动的各种形态的储存；③完全的积压等。

库存从属性上看具有二重性：一方面，库存是生产和生活的前提条件；另一方面，库存又是生产和生活的负担，是一种资金的占用，要支付多种费用，不仅要负担常规的货物保管费用，还要承担库存损失和库存风险。因此，库存不能没有，但也不能过多，应当在满足社会需要的前提下，库存越少越好。

库存的优点体现在以下几个方面：①获得大量购买的价格折扣；②防止涨价、政策的改变以及延迟交货等情况的发生；③大量运输降低运输成本；④避免由于紧急情况而发生停产；⑤提高客户服务水平。

库存的不足之处则表现为：①占用企业大量资金，通常情况下会达到企业总资产的20%～40%；②增加了企业的产品成本与管理成本；③掩盖了企业众多管理问题，如计划不周、采购不力、生产不均衡、产品质量不稳定及市场销售不力等。

2. 库存管理的概念

库存管理是指在物流过程中库存商品数量的管理，甚至往往认为其主要内容就是保持一定的库存数量。但是，就库存所包括的内容来说，数量管理仅仅是其中的重要一项，并不是库存管理的全部内容。库存物资应是良品，假如是过时的、陈旧的物品，这一情报便会迅速传到有关单位，势必会降低企业的信誉。因此，必须实行有效的库存管理。另外，即使库存物资是良品，但如果存放数量过多，势必积压资金，影响资金周转，还要花费更多的人力、财力去保管。反之，若库存物资数量过少，又会被怀疑企业实力不雄厚，会影响企业的发展。

因此，在准备实行库存管理时，预先要明确规定出经营方针。例如，库存物品在何时入库为宜；库存数量应为多少适宜；存放的迄止日期应在何时为宜。应先针对上述具体问题确定经营方针，然后，再开始进行库存管理工作。

二、库存管理的目标

由于物流企业服务类型和特点不同，库存管理的目标也不一样。然而，下述两个目标对于所有企业基本是适宜的。

第一，应保证库存管理人员的安全。考虑人身安全，也就是体现重视“以人为本”的问题。

第二，促使物流企业获得更多的利润。企业经营的最终目的是要获得利润，如果不实现利润，企业的经营活动就算失败。

三、库存管理的基本方法

现代库存控制的任务是通过适量的库存达到合理的供应，实现总成本最低，即允许缺货。库存管理要遵循“经济性原则”，管理成本不能超过由此带来的库存成本节约。常用的库存管理方法主要有以下几种。

（一）ABC 分类法

ABC 库存分类管理法又称为重点管理法或 ABC 分析法，该方法是根据巴雷特曲线所揭示的关键的少数和次要的多数，以库存物资单个品种的库存资金占整个库存资金的累积百分数为基础将存货分类为 A 类、B 类和 C 类，针对不同类型级别的货物进行分别管理和控制，如表 8-1 所示。

建立在 ABC 分类基础上的库存管理策略有：①花费在购买 A 类库存的资金应大大多于花在 C 类库存上的；②对 A 类库存的现场管理应更严格，它们应存放在更安全的地方，而且为了保证它们的记录准确性，更应对它们频繁地进行检验；③预测 A 类库存应比预测其他类库存更为仔细精心。

表 8-1 不同类型库存的管理策略

库存类型	特点（按货币量占用）	管理方法
A 类	品种数占库存总数的 5%～15%，成本占 60%～80%	进行重点管理。现场管理更加严格，应放在更安全的地方；为了保存库存记录的准确性要进行经常检查和盘点；预测要更加仔细
B 类	品种数占库存总数的 20%～30%，成本占 20%～30%	进行次重点管理。现场管理不必投入比 A 类更多的精力；库存检查和盘点的周期可以比 A 类要长一些
C 类	品种数占库存总数的 60%～80%，但成本仅占 5%～15%	只进行一般的管理。现场管理可以更粗放一些；但是由于品种多，差错出现的可能性也比较大，因此也必须定期进行库存检查和盘点，周期可以比 B 类长一些

ABC 分类法是储存管理中常用的分析方法，其应用的一般步骤如下：

（1）收集数据。按分析对象和分析内容，收集有关数据。

（2）处理数据。对收集来的数据资料进行整理，按要求计算和汇总。以平均库存乘以单价，计算各种物品的平均资金占用额。

（3）编制 ABC 分析表。

（4）根据 ABC 分析表确定分类。按 ABC 分析表，观察累计品目百分数和平均资金占用额累计百分数，将累计品目百分数为 5%～15%，而平均资金占用额累计百分数为 60%～80%的物品，确定为 A 类；将累计品目百分数为 20%～30%，而平均资金占用额累计百分数也为 20%～30%的物品，确定为 B 类；其余为 C 类。

（5）绘 ABC 分析图。以累计品目百分数为横坐标，以累计资金占用额百分数为纵坐标，绘制 ABC 曲线。

（二）CVA 分类管理法

CVA（critical value analysis）管理法（关键因素分析法）比 ABC 分类法有更强的目的性，它是将存货按照关键性分为最高优先级、较高优先级、中等优先级、较低优先级四个等级，对不同等级的货物，允许缺货的程度是不同的。其管理策略见表 8-2。

表 8-2　CVA 法库存种类及其管理策略

库存类型	特点	管理措施
最高优先级	经营管理中的关键物品或 A 类重点客户的存货	不许缺货
较高优先级	生产经营中的基础性物品或 B 类客户的存货	允许偶尔缺货
中等优先级	生产经营中比较重要的物品或 C 类客户的存货	允许合理范围内的缺货
较低优先级	生产经营中需要，但可替代的物品	允许缺货

（三）供应商管理库存（VMI）

这种库存管理系统能够突破传统的条块分割的库存管理模式，以系统的、集成的管理思想进行库存管理，使供应链系统能够获得同步化的运作。

1. 供应商管理库存的定义

供应商管理库存是一种供应链集成化运作的决策代理模式，它把用户的库存决策权代理给供应商，由供应商代理分销商或批发商行使库存决策的权力。供应商管理库存是指供应商将物料送到制造商指定的在距离制造组装地 1 ~ 2 小时车程的地点，由第三方物流公司代为管理，但所有权仍属于供应商，制造商与供应商协商决定库存水准和持续补货策略，制造商使用后开始付款。VMI 的主要思想是供应商在客户的允许下设立库存，确定库存水平和补给策略，拥有库存控制权。

知识点滴

VMI 的支持技术

主要包括 EDI、Internet、ID 代码、条码、条码应用标识符、连续补给程序等。

2. VMI 的实施方法

实施 VMI 策略，首先要改变订单的处理方式，建立基于标准的托付订单处理模式。而实施供应商管理用户库存的关键是库存状态的透明度。供应商能够随时跟踪和检查到销售商的库存状态，从而快速地响应市场的需求变化，对企业的生产、供应状态作出相应的调整。为此需要建立一种能够使供应商和客户的库存信息系统透明连接的方法。

供应商管理库存的策略可以分为如下几个步骤实施。

第一步：建立顾客情报信息系统。

第二步：建立销售网络管理系统。

第三步：建立供应商与分销商或批发商的合作框架协议。

第四步：组织机构的变革。

3. 实施 VMI 的好处

实施供应商管理库存，一方面可以缓和需求的不确定性，解决存货水平与顾客服务水平的冲突，提高补货频率，从而缩减成本；另一方面可以缩短配送时间，使产品更新更加方便，进一步改善服务。

4. 供应商管理存货的方式

（1）供应商提供包括所有产品的软件进行存货决策，用户拥有存货所有权，管理存货。

（2）供应商在用户所在地，代表用户执行存货决策，管理存货，拥有存货所有权。

（3）供应商在用户所在地，代表用户执行存货决策，用户使用软件执行存货决策，管理存货，但是存货的所有权归用户。

（4）供应商不在用户所在地，但定期派人代表用户执行存货决策，管理存货，拥有存货所有权。

（四）联合库存管理（JMI）

1. JMI 的基本思想

JMI 是 Joint Managed Inventory 的缩写，即联合库存管理。它由供应商和用户联合管理库存。传统的库存管理，把库存分为独立需求和相关需求两种库存模式来进行管理，而 JMI 则是一种风险分担的库存管理模式。联合库存管理是解决供应链系统中由于各节点企业的相互独立库存运作模式导致的需求放大现象，提高供应链的同步化程度的一种有效方法。

2. JMI 的特点

基于协调中心的库存管理和传统的库存管理模式相比，JMI 的特点表现为：为实现供应链的同步化运作提供了条件和保证；减少了供应链中的需求扭曲现象，降低了库存的不确定性，提高了供应链的稳定性；库存作为供需双方的信息交流和协调的纽带，可以暴露供应链管理中的缺陷，为改进供应链管理水平提供依据；为实现零库存管理、准时采购以及精细供应链管理创造了条件；进一步体现了供应链管理的资源共享和风险分担的原则。

知识点滴

联合库存管理和供应商管理库存的不同之处

它强调双方同时参与，共同制订库存计划，使供应链过程中的每个库存管理者（供应商、制造商、分销商）都从相互之间的协调性考虑，使供应链相邻的两个节点之间的库存管理者对需求的预期保持一致，从而消除了需求变异放大现象。任何相邻节点需求的确定都是供需双方协调的结果，库存管理不再是各自为政的独立运作过程，而是供需连接的纽带和协调中心。

3. JMI 的实施策略

（1）充分发挥两种资源计划系统的作用。为了发挥联合库存管理的作用，在库存管理中应充分利用 MRPII 和 DRP 两种资源管理系统。原材料库存协调管理中心应采用制造资源计划系统（MRPII），而在产品联合库存协调管理中心则应采用物资资源配送计划（DRP）。这样在供应链系统中把两种资源计划系统很好地结合起来。

（2）建立供需协调管理机制。供需双方应从合作的精神出发，建立供需协调管理机制，明确各自的目标和责任，建立合作沟通的渠道，为供应链联合库存管理提供有效的支持。

（3）建立快速响应系统。减少供应链中从原材料到用户过程的时间和库存，最大限度地提高供应链的运作效率。

（4）发挥第三方物流系统的作用。把库存管理的部分功能代理给第三方物流系统管理，可以使企业更加集中精力于自己的核心业务。面向协调中心的第三方物流系统使供应与需求双方都取消了各自独立的库存，增加了供应链的敏捷性和协调性，并且能够大大改善供应链的用户服务水平和运作效率。

（五）准时制库存控制方法

准时制库存控制是指在精确测定生产各工艺环节作业效率的前提下按订单准确地计划，

消除一切无效作业与浪费为目标的一种管理模式。

四、库存控制的基本方法

（一）定量订货法

1. 原理

定量订货法，就是预先确定一个订货点和订货批量，随时检查库存，当库存下降到订货点时就发出订货，订货批量取经济订货批量。

如图 8-1 所示，当库存量下降到订货点 Q_K（也称为再订货点）时，马上按预先确定的订货量 Q 发出货物订单，经过交货周期 L_T，收到订货，库存数量上升。采用定量订货管理法需要确定两个参数：一个是订货点，即订货点库存量；另一个是订货数量，即经济批量 EOQ。

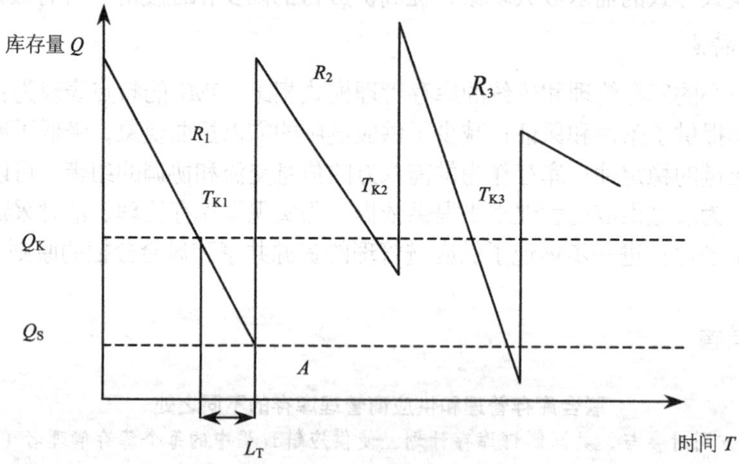

图 8-1 定量订货法

图 8-1 中，每一阶段库存消耗速率不一。在第一阶段，库存以 R_1 的速率下降，当库存下降到 Q_K 时，就发出一个订货批量 Q^*，"名义库存"升高了 Q^*，达到 $Q_{max}= Q_K+Q^*$。进入第一个订货提前期 T_{K1}，库存继续以 R_1 速度降到图中 A 点（正好等于 Q_S，在 Q_S 线上），新订货物到达，T_{K1} 结束，实际库存由 Q_S 上升到 Q_S+Q^*，增加了 Q^*，进入第二销售阶段。第二阶段和第三阶段依此类推，库存量就是这样周期变化不止。

从图 8-1 中可以看出以下三点。

（1）订货点 Q_K 的大小包括了两部分：第一部分为 Q_S；第二部分为 $D_L=Q_K-Q_S$，即提前期的需求量。图中 T_{K1} 期间的需求量正好等于 D_L，T_{K2} 期间的需求量正好小于 D_L，T_{K3} 期间的需求量正好大于 D_L。

（2）在整个库存中的所有的需求量都得到了满足，没有出现缺货，都是由订货点库存量满足的。其中 T_{K1} 和 T_{K2} 期间还没有动用安全库存 Q_S，而 T_{K3} 期间动用了安全库存 Q_S，库存满足率达到了 100%。但是如果安全库存量设得太小的话，则 T_{K3} 期间的库存曲线就会下降到横坐标线以下，也就是会出现缺货。而且 Q_S 越小，缺货量就越大。因此，设定安全库存量的作用就是降低了缺货率，提高了库存满足率。

（3）由于控制了订货点 Q_K 和订货批量 Q^*，使得整个系统的库存水平得到了控制。最高库存量 Q_{max} 不超过 Q_K+Q^*。

2. 控制参数

（1）订货点的确定

影响订货点的因素有三个：订货提前期（L_T）、平均需求量和安全库存 Q_S。根据这三个因素就可以简单地确定订货点。在需求和订货提前期确定的情况下，不需设置安全库存，订货点由下式确定：

$$订货点=\frac{订货提前期（天）\times 全年需求量}{360}$$

在需求和订货提前期都不确定的情况下需要设置安全库存，可采用下式确定：

$$订货点=平均需求量\times 最大订货提前期+安全库存$$

$$安全库存=安全系数\times\sqrt{最大订货提前期}\times 需求变动值$$

公式中，安全系数可根据缺货概率查表 8-3 得到；最大订货提前期是指超过正常的订货提前时间；需求变动值可以用下列两种方法计算得到。

表 8-3　安全系数

缺货概率/%	30.6	27.4	24.2	21.2	18.4	15.9	13.6	11.5	9.7	8.1
安全系数	0.5	0.6	0.7	0.8	0.9	1.0	1.1	1.2	1.3	1.4
缺货概率/%	6.7	5.5	5.0	4.5	3.6	2.9	2.3	1.8	1.4	0.8
安全系数	1.5	1.6	1.65	1.7	1.8	1.9	2.0	2.1	2.2	2.3

第一种方法，在统计资料期数较少时，计算公式如下：

$$需求变动值=\sqrt{\frac{\sum(Y_i-\bar{Y})^2}{n}}$$

式中，Y_i——各期需求量的实际值；

$\bar{Y}$——各期需求量实际均值。

第二种方法，在统计资料期数较多的情况下，计算公式如下：

$$需求变动值=\frac{R}{d_2}$$

式中，R——全距，即资料中最大需求量与最小需求量的差；

d_2——随样本多少而变动的常数，可以查表 8-4 得到相应的值。

表 8-4　随资料期数而变动的 d_2 的值

n	2	3	4	5	6	7	8	9
d_2	1.128	1.693	2.059	2.326	2.534	2.704	2.847	2.970
$1/d_2$	0.8865	0.5907	0.4857	0.4299	0.3946	0.3098	0.3512	0.3367
n	10	11	12	13	14	15	16	17
d_2	3.078	3.173	3.258	3.336	3.407	3.472	3.532	3.588
$1/d_2$	0.3249	0.3152	0.3069	0.2998	0.2935	0.2880	0.2831	0.2787

续表

n	18	19	20	21	22	23	24	
d_2	3.640	3.689	3.735	3.778	3.820	3.858	3.896	
$1/d_2$	0.2747	0.2711	0.2677	0.2647	0.2618	0.2592	0.2567	

（2）订货批量的确定

在定量订货中，对每一个具体的商品而言，每次订货批量都是相同的，所以对每种商品都要制订一个订货批量，通常是以经济批量来确定订货批量。所谓经济批量就是使库存总成本达到最低的订货数量，它可通过平衡订货成本和持有成本两方面得到。

总费用公式为

$$\mathrm{TC}=\frac{Q}{2}C_{\mathrm{H}}+\frac{D}{Q}C_{\mathrm{S}}$$

求导，推出

$$Q^{*}=\sqrt{\frac{2DC_{\mathrm{S}}}{C_{\mathrm{H}}}}$$

式中，Q——每次订货量；

D——年需求量；

C_{H}——单位存货成本；

C_{S}——订货成本；

Q^{*}——经济订货批量（EOQ）。

（3）定量订货法的优缺点

①优点

a. 手续简单，管理方便。控制参数一经确定，则实际操作就变得非常简单了。实际中经常采用“双堆法”来处理。所谓双堆法，就是将某商品库存分为两堆，一堆为经济库存，另一堆为订货点库存，当消耗完订货点库存就开始订货，并使用经济库存，不断重复操作。这样可减少经济库存盘点的次数，方便可靠。

b. 当订货量确定后，商品的验收、入库、保管和出库业务可以利用现有规格化器具和计算方式，有效地节约搬运、包装等方面的作业量。

c. 充分发挥了经济批量的作用，可降低库存成本，节约费用，提高经济效益。

②缺点

a. 物资储备量控制不够严格。

b. 要随时掌握库存动态，严格控制安全库存和订货点库存，占用了一定的人力和物力。

c. 订货模式灵活性小。

d. 订货时间难以预先确定，对于人员、奖金、工作业务的计划安排不利。

e. 受单一订货的限制，不适应实行多品种联合订货的方式。

3. 实例分析

【例 8.1】甲仓库 A 商品年需求量为 30000 个，单位商品的购买价格为 20 元，每次订货成本为 240 元，单位商品的年保管费为 10 元，求：该商品的经济订购批量、最低年总库存成本、每年的订货次数及平均订货间隔周期。

解：D=30000 个，订货成本 C_S=240 元/次，C_H=10 元/年。

经济批量

$$Q^* = \sqrt{\frac{2DC_S}{C_H}} = \sqrt{\frac{2\times 240\times 30000}{10}} = 1200(\text{个})$$

每年总库存成本

$$\text{TC} = \frac{Q}{2}C_H + \frac{D}{Q}C_S = 30000\times 20 + 10\times 1200 = 612000(\text{元})$$

每年的订货次数

$$n = \frac{30000}{1200} = 25(\text{次})$$

平均订货间隔周期

$$T = \frac{365}{25} = 14.6(\text{天})$$

（二）定期订货法

1. 原理

定期订货法是按预先确定的订货时间间隔进行订货补充库存的一种管理方法。企业根据过去的经验或经营目标预先确定一个订货间隔期间，如每间隔三天订货一次，或每间隔一个月订货一次，而每次订货数量根据实际需要都有所不同。因此，定期订货法是一种基于时间的订货控制方法，它通过设定订货周期和最高库存量，来达到库存量控制的目的。只要订货间隔期和最高库存量控制合理，就能实现既保障需求、合理存货，又可以节省库存费用的目标。

定期订货法的原理：预先确定一个订货周期和最高库存量，周期性地检查库存，根据最高库存量、实际库存、在途订货量和待出库商品数量计算出每次订货量，发出订货指令，组织订货。其库存的变化如图 8-2 所示。

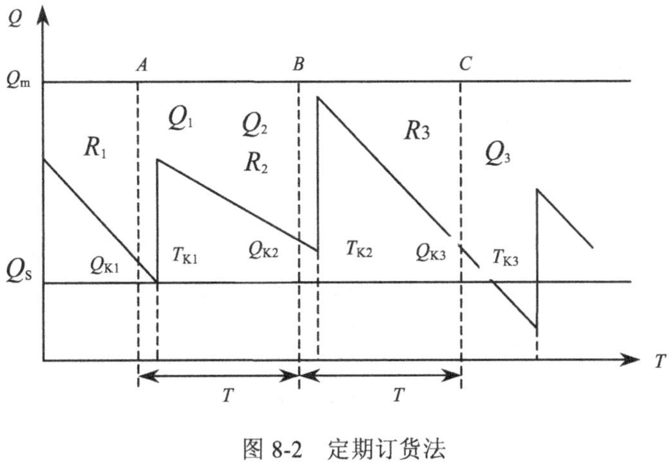

图 8-2　定期订货法

图 8-2 中表示的是定期订货法一般情况下的库存量变化；$R_1 \neq R_2 \neq R_3$，$T_{K1} \neq T_{K2} \neq T_{K3}$。在第一个周期，库存以 R_1 的速率下降，因预先确定了订货周期 T_{K1}，也就是规定了订货的时间，到了订货时间，不论库存还有多少，都要发出订货，所以当到了第一次订货的时间即库存下降到 A 点时，检查库存，求出实际库存量 Q_{K1}，结合在途货物和待出货物，发出一个订货批量 Q_1，使名义库存上升到 Q_{max}。然后进入第二周期，经过 T 时间再次检查库存得到此时的库存量 Q_{K2}，并发出一个订货批量 Q_2，使名义库存又回到 Q_m。

采用定期订货法来保证库存需求与定量订货法不同。定量订货法是以订货期提前来满足需求的，其控制参数 Q（订货量）是用于满足订货提前期内库存的需求。而定期订货法是以整个订货提前周期内的库存需求，即从本次发出订货指令到下次订货到达即 $T+T_K$ 这一期间的库存需求为目的。由于在 $T+T_K$ 这一期间的库存需求量是随机变化的，因此根据 $T+T_K$ 期间的库存需求量确定 Q_m（最高库存量）也是随机变量，它包括 $T+T_K$ 期间的库存平均需求量和防止需求波动或不确定因素而设置的 Q_S（安全库存）。因此，定期订货法的实施需要解决订货周期、最高库存量和每次订货批量三个参数。

2. 控制参数

（1）订货周期 T 的确定

定期订货法的订货周期 T 有多种确定方法。

①在实际操作中，经常结合供应商的生产周期或供应周期来调整经济订货周期，从而确定了一个合理的可行的订货周期。

②结合人们比较习惯的时间单位，如周、旬、月、季、年等来确定经济订货周期，从而与企业的生产计划、工作计划相吻合。

③订货周期取经济订货周期。跟经济订货批量一样，订货周期实际上就是定期订货的订货点，其间隔时间总是相等的。订货间隔期的长短直接决定最高库存量的大小，即库存水平的高低，从而也决定了库存成本的多少。所以，订货周期不能太长，否则会使库存成本上升；也不能太短，太短会增加订货次数，使得订货费用增加，进而增加库存总成本。从费用角度出发，如果要使总费用达到最小，可以采用经济订货周期的方法来确定订货周期，其公式是

$$T = \sqrt{\frac{2C_S}{C_H R}}$$

式中，T——经济订货周期；

C_S——单次订货成本；

C_H——单位商品年储存成本；

R——单位时间内库存商品需求量（销售量）。

（2）最高库存量 Q 的确定

定期订货法的最高库存量是用以满足 $T+T_K$ 期间内的库存需求的，所以可以用 $T+T_K$ 期间的库存需求量为基础。考虑到随机发生的不确定的库存需求，再设置一定的安全库存，这样就可以简化地求出最高库存量了。公式一般为

$$Q_m = \overline{Q}(T + T_K) + Q_S$$

式中，Q_m——最高库存量；

$\overline{Q}$——$T+T_K$期间的库存需求量平均值；

T——订货周期；

T_K——平均订货提前期；

Q_S——安全库存量。

（3）订货量的确定

定期订货法每次的订货数量是不固定的，订货批量的多少都是由当时的实际库存量的大小决定的，考虑到在订货点时的在途到货量和已发出出货指令但尚未出货的待出货数量，每次订货的订货量的计算公式为

$$Q_i = Q_m - Q_{N_i} - Q_{K_i} + Q_{M_i}$$

式中，Q_i——第 i 次订货的订货量；

Q_m——最高库存量；

Q_{N_i}——第 i 次订货点的在途到货量；

Q_{K_i}——第 i 次订货点的实际库存量；

Q_{M_i}——第 i 次订货点的待出库货量。

（4）定期订货法的优缺点

①优点

a. 可以降低订货成本，因为许多货物都可以在一次订货中办理。

b. 周期盘点比较彻底、精确，避免了定量订货法每天盘存的做法，减少了工作量，提高了工作效率。

c. 库存管理的计划性强，有利于工作计划的准确实施。

②缺点

a. 安全库存量设置得较大。因为它的保险周期 $T+T_K$ 较长，因此 $T+T_K$ 期间的需求量也较大，需求标准偏差也较大，故需要较大的安全库存来保证库存需求。

b. 每次订货的批量不固定，无法制订出经济订货批量，因而运营成本较高，经济性较差。只适合于 ABC 物资分类中 C 类，即数量大、价值低的物资的库存控制。

3. 实例分析

定期订货法主要用于 C 类物资，即那些数量少却价值高、利润高，因而需要特别精细管理的物资。对于这些少数的品种实行精细管理，可以最大地保障供应、保证受益、降低成本。

【例 8.2】某种物资月需求量服从均值为 15、标准差为 $\sqrt{\frac{10}{3}}$ 的正态分布，$C_S = 30$元，$C_H = 1$元/(件•月)，T_K=1 月。实行定期订货，首次盘点得到 Q_i=21. 32，$Q_{N_i} = 5$，$Q_{M_i} = 5$。如果要求库存满足率达到 97.7%，求订货周期 T 和最高库存量 Q_m。

解：库存满足率要达到 97.7%，则安全系数 a=2。

订货周期

$$T = \sqrt{2C_S/C_H R} = 2（月）$$

最高库存量

$$Q_{m}=\overline{Q}(T+T_{K})+Q_{S}=51.32(件)$$

首次订货的订货量

$$Q_{i}=Q_{m}+Q_{N_i}-Q_{K_i}-Q_{M_i}=30(件)$$

所以此种物资的订货策略为：每两个月检查一次库存，发出订货，订货量等于当时的实际库存量与最高库存量的差值。例如第一次的订货量应为30件。

本章小结

本章主要介绍了仓储管理的基本知识。仓库是保管、存储物品的建筑物和场所的总称。第二节主要介绍了储存作业管理的各个环节。第三节对库存和库存管理的相关概念、目标和方法进行了简单的介绍，库存量的大小直接影响到企业的运行成本，因此着重介绍了库存控制的两种基本方法：定量订货法和定期订货法。

练习题

一、概念识记

仓库　仓库管理　库存　库存管理　VMI　JMI　JIT

二、单选题

1．政府为了防止自然灾害、战争及国民经济严重比例失调而设立的仓库是（　　）。

A．生产性仓库　B．中转性仓库　C．储备性仓库　D．加工性仓库

2．在仓储过程中对产品进行保护、管理，防止损坏而丧失价值，体现了仓储的（　　）功能。

A．保管　B．整合　C．加工　D．储存

3．出库作业管理的基本原则是（　　）。

A．先进先出　B．后进先出　C．先进后出　D．边进边出

4．JMI 的中文含义是指（　　）。

A．供应商库存管理　B．联合库存管理

C．准时化采购　D．数据交换系统

5．为了防止不确定性因素而准备的缓冲库存称为（　　）。

A．季节性库存　B．促销库存　C．安全库存　D．投机库存

三、多选题

1．仓储管理的原则包括（　　）。

A．效率原则　　B．服务的原则　　C．维护品质的原则　　D．降低成本的原则

2．按照仓库的保管条件可将仓库分为（　　）。

A．通用仓库　　B．出口监管仓库

C．专用仓库　　D．特种仓库

3．一个企业具体采用何种仓储管理模式，主要由（　　）三大因素决定。

A．经济成本　　B．货物周转总量

C．需求的稳定性　　D．市场密度

四、判断题

1．在 ABC 分类法中，应该重点管理的是 C 类物资。（　　）

2．实行仓储管理可以降低运输成本和运输效率。（　　）

3．仓储既有积极的一面也有消极的一面，只有考虑到仓储作用的两面性，尽量使仓储合理化，才能有利于物流业务活动的顺利开展。（　　）

五、简答题

1．简述仓储管理的功能。

2．简述供应商管理库存（VMI）的策略实施步骤。

六、计算题

某企业甲种物资的订货批量为 900 吨，订货时间为 10 天，平均每日正常的需要量为 30 吨，预计订货期间日最大需求量为 50 吨，利用定量订货法实施订货，求其应采取的订货策略。

第九章　物流企业配送管理

【学习目标】

了解仓储管理的基本概念；熟悉仓储作业的流程；掌握库存管理的方法。

案例 9.1

沃尔玛配送中心

沃尔玛公司是全美零售业务年销售收入居第一的著名企业。沃尔玛已经在美国本土建立了 70 多个由高科技支持的物流配送中心，并拥有自己的送货车队和仓库，可同时供应 700 多家商店，向每家分店送货频率通常是每天一次。配送中心每周作业量达 120 万箱，每个月自理的货物金额在 5000 万美元左右。

在配送运作时，大宗商品通常经由铁路送达自己的配送中心，再由公司卡车送达商店。每店一周收到 1～3 卡车货物。60%的卡车在返回自己的配送中心途中又捎回从沿途供应商处购买的商品。

沃尔玛配送中心全部配送作业实现自动化，是当今公认最先进的配送中心，实现了高效率、低成本的目的。

第一节　配送概述

一、配送的概念及特点

配送是指对局域范围内的客户进行的多客户、多品种、按时联合送货活动。配送活动是指根据一定区域范围内各个客户所需要的各个品种要求，对配送中心的库存物品进行拣选、加工、包装、分割、组配、分装上车，并按一定路线循环依次送达各个用户的物流活动。对配送的深入认识，应当掌握以下几点。

（1）配送是“配”和“送”有机结合的形式。“配”，是指配用户、配时间、配货品、配车辆、配路线；“送”，是指送货运输。

（2）配送的实质是现代送货。配送和传统送货的区别如下：

① 一般送货可以是一种偶然的行为，而配送却是一种体制行为，是一种现代物流形式。

② 一般送货是完全被动的服务行为，而配送则是一种有组织、有计划、高效率、优质服务的行为。

③ 传统送货依靠自发意识，而配送依靠现代生产力和现代物流科技。

（3）配送是以低成本、优质服务为宗旨。一辆车的多用户、多品种、按时的联合配送，比多个用户各派一辆车分别直送要大大节约车辆、节约人力、节约费用，可以最大限度地降低成本。按时按量、品种配套齐全送达用户并提供各种服务，可以适时、适量满足用户需要，提高了服务水平。

（4）配送是一种先进的现代物流形式。它不但给供应者和需求者带来降低物流成本、享受优质服务的直接效益，而且还能为社会节省运输车次、缓解交通压力、减少运输污染、保护生态环境等。配送不但能够保障供应、保障人们的生产和生活正常进行，而且还会使企业生产和人们生活产生革命性的变化，促进生产的发展和人们生活水平的提高。

二、配送的功能

配送的功能主要体现在以下 5 个方面。

1. 完善和优化物流系统

大吨位、高效率运输力量的出现，使干线运输无论在铁路、海运抑或公路方面都达到了较高水平。长距离、大批量的运输实现了低成本化。但是，在所有的干线运输之后，往往都要辅以支线运输和小搬运，这种支线运输及小搬运成了物流过程的一个瓶颈。这个环节有许多和干线运输不同的要求，如灵活性、适应性、服务性等。这些要求往往致使运力利用不合理、成本过高等问题难以解决。采用配送方式，从范围来讲将支线运输及小搬运统一起来，加上上述的各种特点使输送过程得以优化和完善。

知识补充：

亚洲最大的物流配送中心行业运作流程分享

http://www.mxrb.cn/hqxx/icwz/20161107/10152587.html

2. 提高末端物流的经济效益

采用配送方式，可以通过增大经济批量实现经济进货，又可以通过将需求运输服务的多个客户集中在一起进行一次发货，以实现经济发货，使末端物流经济效益提高。

3. 通过集中库存使企业实现低库存或零库存

实现了高水平的配送之后，尤其是采取准时配送方式之后，企业就可以完全依靠配送中心的准时配送而不需保持自己的库存,或者企业只需保持少量保险储备而不必留有经常储备，这就可以实现其多年追求的“零库存”，将企业从库存的包袱中解脱出来，同时解放出大量储备资金，改善企业的财务状况。实行集中库存后，其库存总量远低于不实行集中库存时各企业分散库存的总量，同时增加了调节能力，也提高了社会经济效益。此外，采用集中库存可利用规模经济的优势，使单位存货成本下降。

4. 简化物流事务、方便客户

采用配送方式，有需求的客户只要向一处订购，或与一个进货单位联系就可订购到以往需要去许多地方才能订到的货物，只需组织对一个配送单位的接货便可代替现有的高频率接货，因而大大减轻了客户的工作量和负担，也节省了事务开支。

5. 保障物流供应

物流配送中心可以比任何单位企业的储备量更大，因而对每个企业而言，如果采取配送方式，中断供应、影响生产的风险便相对缩小，使客户免去短缺之忧。

三、配送的分类

根据不同的组织方式、对象特性和内容等，可以把配送作业划分为多种基本形式。

（一）按配送商品的种类和数量分类

1. 少品种或单品种、大批量配送

当客户所需的商品品种较少，或对某个品种的商品需求量较大、较稳定时，可实行此种配送形式。这种配送形式由于数量大，不必与其他商品配装，可使用整车运输。这种形式多由生产企业或专业性很强的配送中心直送客户。由于配送量大、品种单一或较少，可提高车辆利用率，而且配送中心内部的组织工作也较简单，故成本一般较低。

2. 多品种、少批量、多批次配送

在现代化生产发展过程中，客户的需求在不断变化，市场的供求状况也随之变化，这就促使生产企业的生产向多样化方向发展。生产的变化，引起了企业对原材料需求方面的变化，物流企业在配送上也应按照客户的要求，随时改变配送品种、数量或增加配送次数。这样，一种多品种、少批量、多批次的配送形式就应运而生了。

多品种、少批量、多批次配送是按客户要求，将所需的各种商品配备齐全，凑整装车后由配送节点送达客户。这种配送作业水平要求高、使用设备较复杂、计划难度大，需要有高水平的组织工作保证和配合。这种配送方式是一种高水平、高技术的方式，符合现代“消费多样化”“需求多样化”的新观念。

3. 设备成套、配套配送

这是为满足企业的生产需要，按其生产进度，将装配的各种零配件、部件、成套设备定时送达生产线进行组装的一种配送形式。这种配送方式完成了生产企业大部分供应工作，使生产企业专门致力于生产，与多品种、少批量、多批次配送效果相同。

（二）按配送时间和数量分类

1. 定量配送

这种配送方式是指每次按固定的数量（包括商品的品种）在指定的时间范围内进行配送。它的计划性强，每次配送的品种、数量固定，备货工作简单。可以按托盘、集装箱及车辆的装载能力规定配送的数量，能有效利用托盘、集装箱等集装方式，配送效率较高，成本较低。由于时间不严格限定，可以将不同客户所需商品凑整车后配送，提高车辆利用率，客户每次接货都处理同等数量的货物，有利于人力、物力的准备。

2. 定时配送

这种配送方式是指按规定的间隔时间进行配送，如数天或数小时一次等，每次配送的品种和数量均可按计划执行，也可按事先商定的联络方式下达配送通知，按客户要求的品种、数量和时间进行配送。这种方式由于时间固定，所以易于安排工作计划，客户也易于安排接货。但是，由于备货的要求下达较晚，配货、配装难度较大，在要求配送数量变化较大时，也会使配送计划安排出现困难。

3. 定时定量配送

这种配送方式是指按规定时间和规定的商品品种及数量进行配送。它结合了定时配送和定量配送的特点，服务质量水准较高，组织工作难度很大，通常针对固定客户进行这项服务。

4. 定时定量定点配送

这是指按照确定的周期、确定的商品品种和数量、确定的客户进行配送。这种配送形式一般事先由配送中心与客户签订协议，双方严格按协议执行。它有利于保证重点需要和降低企业库存，主要适用于重点企业和重点项目。

5. 定时定线配送

这是指在规定的运行路线上制订到达时间表，按运行时间表进行配送，客户可按规定路线及规定时间接货。采用这种配送方式有利于物流企业安排车辆及驾驶人员，在配送客户较多的地区，配送工作组织相对容易。客户既可在一定路线、一定时间进行选择，又可有计划地安排接货力量，像连锁商品配送活动可以用这种方式。

6. 即时配送

即时配送即随要随送，按照客户提出的时间和商品品种、数量的要求，随即进行配送。这种方式是以某天的任务为目标，在充分掌握了这一天需要的客户、需要量及种类的前提下，及时安排最优的配送路线并安排相应的配送车辆进行配送。它能做到每天的配送都实现最优安排，因而是水平较高的方式。适合一些零星商品、临时需要的商品或急需商品的配送。

（三）按配送专业化程度分类

1. 综合配送

这是指配送商品种类较多,不同专业领域的商品在同一个配送节点中组织对客户的配送。它可以减少客户为组织所需全部商品进货的负担，而只需通过和少数配送企业联系，便可解决多种需求的配送。因此，它是对客户服务较强的配送形式。

由于商品性能、形状差别很大，综合配送在组织时技术难度较大。因此，一般只是在形状相同或相近的不同类商品方面实行综合配送，差别过大的商品难以实现综合配送。

2. 专业配送

这是指按产品形状不同适当划分专业领域的配送方式。专业配送并非越细分越好，实际上在同一形状而类别不同的商品方面也是有一定综合性的。专业配送可按专业的共同要求优化配送设施、优选配送机械及配送车辆、制定适应性强的工艺流程，从而大大提高配送各环节的工作效率。

第二节 配送的要素与模式

一、配送的要素

从总体上看，配送是由备货、理货、送货（发送）和流通加工四个基本环节组成的，其中每个环节又包含着若干项具体的、枝节性的活动。

（一）备货

备货指准备货物的系列活动，它是配送的基础环节。严格来说，备货应当包括两项具体活动：筹集货物和储存货物。

1. 筹集货物

在不同的经济体制下，筹集货物（组织货源）是由不同的行为主体去完成的。在专业化流通体制下，筹集货物的工作则会出现两种情况：其一，由提供配送服务的配送企业直接承担，一般是通过向生产企业订货或购货完成此项工作；其二，选择商流、物流分开的模式进行配送，订货、购货等筹集货物的工作通常是由货主自己去做，配送组织只负责进货和集货（集中货物）等工作，货物所有权属于事主（接受配送服务的需求者）。然而，不管具体做法怎样不同，就总体活动而言，筹集货物都是由订货（或购货）、进货、集货及相关的验货、结算等一系列活动组成的。

> **知识补充：**
>
> 家乐福年底前建成6个大型配送中心 一处落户昆山！
>
> http://www.soupu.com/news/697049

2. 储存货物

储存货物是购货、进货活动的延续。在配送活动中，货物储存有两种表现形态：一种是暂存形态，另一种是储备（包括保险储备和周转储备）形态。

（1）暂存形态的储存是指按照分拣、配货工序要求，在理货场地储存少量货物。这种形态的货物储存是为了适应“日配”“即时配送”需要而设置的，其数量多少对下一个环节的工作方便与否会产生很大影响，但不会影响储存活动的总体效益。

（2）储备形态的储存是按照一定时期配送活动要求和根据货源的到货情况（到货周期）有计划地确定的，它是使配送持续运作的资源保证。如上所述，用于支持配送的货物储备有两种具体形态：周转储备和保险储备。然而不管是哪一种形态的储备，相对来说，数量都比较多。据此，货物储备合理与否，会直接影响配送的整体效益。

以上所讲的备货是决定配送成败与否、规模大小的最基础的环节，也是决定配送效益高低的关键环节。如果备货不及时或不合理，成本较高，那么，就会大大降低配送的整体效益。

（二）理货

理货是配送的一项重要内容，也是配送区别于一般送货的重要标志。理货包括分拣、配货和包装等各项经济活动。

货物分拣是采用适当的方式和手段，从储存的货物中分出（或拣选）用户所需要的货物。分拣货物一般采取两种方式来操作：摘取式和播种式。

摘取式分拣就像在果园中摘果子那样去拣选货物。具体做法是：作业人员拉着集货箱（或称分拣箱）在排列整齐的仓库货架间巡回走动，按照配送单上所列的品种、规格、数量等将客户所需要的货物拣出及装入集货箱内。在一般情况下，每次拣选只为一个客户配装；特殊情况下，也可以为两个以上的客户配装。目前，由于装配了自动化分拣设施等，大大提高了分拣作业的劳动效率。

播种式分拣类似于田野中的播种操作。其做法是：将数量较多的同种货物集中运到发货场，然后，根据每个货位货物的发送量分别取出货物，并分别投放到每个代表用户的货位上，直至配货完毕。为了完好无损地运送货物和便于识别配备好的货物，有些经过分拣、配备好的货物尚需重新包装，并且要在包装物上贴上标签，记载货物的品种、数量、收货人的姓名、地址及运抵时间等。

延伸阅读

应用前沿：分拣机器人

20世纪70年代人们就用超声波挑拣变质的蔬菜和水果，但对外表不易察觉的烂土豆则无能为力。英国人曾研究了遥控机械系统，通过在电视屏幕上看土豆，只需要用指示棒碰一下烂土豆图像，专门的装置便可以把烂土豆挑拣出来扔掉，但这种机器离开人就不能工作。后来专家发现，土豆良好部分和腐烂部分对红外线反射是不同的，于是发明了用光学方法挑拣土豆。土豆是椭圆体，为了能够观察到土豆的各个部位，机器人配备了传感器、物镜和电子光学系统。一个小时可以挑拣3吨土豆，可以代替6名挑拣工人的劳动，工作质量大大超过人工作业。

现在自动分拣机器人已得到广泛的应用。日本研制的西红柿分选机每小时可分选出成百上千个西红柿。日本研制的苹果自动分送机，每分钟可选540个苹果，根据颜色、光泽、大小分类，并送入不同容器中。日本研制的自动选蛋机，每小时可处理6000个蛋。

（三）送货（发送）

送货是配送活动的核心，也是备货和理货工序的延伸。在物流运动中，送货的表现形态实际上就是货物的运输（或运送），因此，常常以运输代表送货。但是，组成配送活动的运输（有人称之为“配送运输”）与通常所讲的“干线运输”是有很大区别的：前者多表现为对用户的“末端运输”和短距离运输，并且运输的次数比较多；后者多为长距离运输（“一次运输”）。由于配送中的送货（或运输）需面对众多的客户，并且要多方向运动，因此，在送货过程中，常常进行运输方式、运输路线和运输工具的选择。按照配送合理化的要求，必须在全面计划的基础上，制订科学的、距离较短的货运路线，选择经济、迅速、安全的运输方式和适宜的运输工具。通常，配送中的送货（或运输）都把汽车（包括专用车）作为主要的运输工具。

（四）流通加工

在配送过程中，根据用户要求或配送对象（产品）的特点，有时需要在未配货之前先对货物进行加工（如钢材剪切、木材截锯等），以提高配送质量，更好地满足用户需要。融合在配送中的货物加工是流通加工的一种特殊形式，其主要目的是使配送的货物完全适合用户的需要和提高资源的利用率。

二、配送的基本流程

这里对配送基本流程的阐述从一般流程和特殊流程两个方面进行。

（一）配送的一般流程

配送的一般流程也是配送中心的典型流程，其主要特点是：有较大的储存场所，分货、拣选、配货场所及装备较大，理货、分类、配货、配装的功能要求较强，流通加工功能相对较弱。

采用这种流程的配送中心有：以中、小、件、杂货配送为代表的配送中心，固体化工产品的配送中心，没有保质期的食品配送中心。由于货物多，为保证配送，配送中心需要一定的储存量，属于有储存功能的配送中心。其流程如图 9-1 所示。

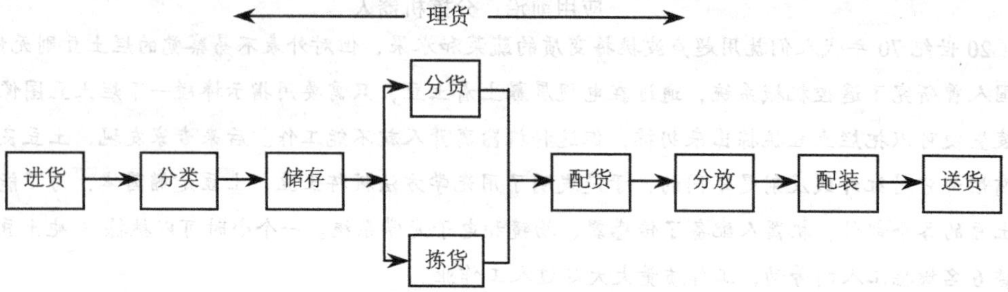

图 9-1　配送中心的一般流程

（二）配送的特殊流程

配送的特殊流程又可以分成不带储存库的配送中心流程、加工配送型配送流程和批量转换型配送流程三种情况。

1. 不带储存库的配送流程

这种配送流程的特点是：配送中心无大量储存，只有满足一时配送之需的备货暂存。暂存地点设在配货场地中，在配送中心不单设储存区。采用这种流程的配送中心以配送为专职职能，将大面积储存场所转移到中心以外。其流程如图 9-2 所示。

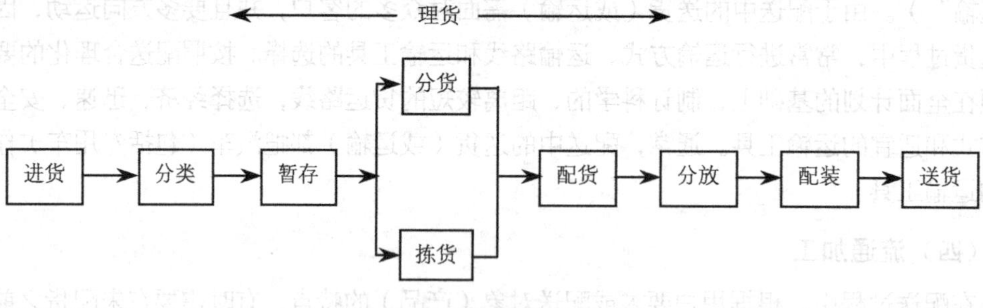

图 9-2　不带储存库的配送中心流程

2. 加工配送型配送流程

加工配送流程的特点是：① 进货商品大批量、单（少）品种、分类工作不重或基本上无需分类；② 储存后进行的加工一般按用户要求进行，和生产企业的标准、系列加工有所不同；加工或加工后分放部分占配送中心较大面积；③ 加工后产品直接按用户分放、配货，有的配送中心不单设分货、配货或拣选环节。

加工配送中心不止一种模式，随加工方式不同，中心流程会有所区别。其典型流程如图

9-3 所示。

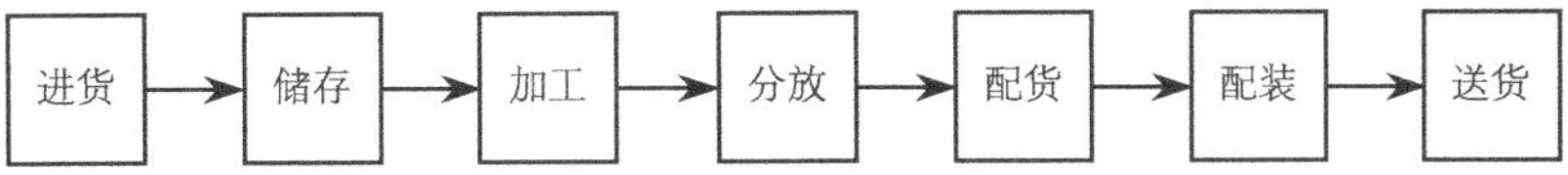

图 9-3　加工配送型配送中心流程

3. 批量转换型配送流程

批量转换型配送流程的特点主要是：① 流程十分简单，基本不存在分类、拣选、分货、配货、配装等工序；② 进货批量大、品种单一，但发货时需转换成小批量；③ 由于大量进货，储存能力较强，储存工序及装货工序是主要工序。采用这种流程的配送中心指不需要再加工的煤炭、水泥、油料等产品的配送中心，其流程如图 9-4 所示。

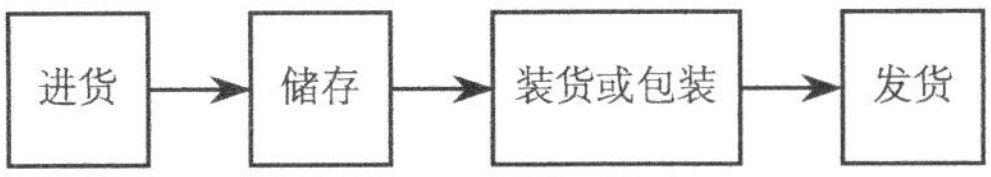

图 9-4　批量转换型配送中心流程

三、配送的基本模式

配送模式是企业对配送所采取的基本战略和方法。根据国内外的发展经验及我国的配送理论与实践，主要介绍以下四种配送模式。

1. 自营配送模式

自营配送模式是指企业物流配送的各个环节由企业自身筹建并组织管理，实现对企业内部及外部货物配送的模式。这种模式有利于企业供应、生产和销售的一体化作业，系统化程度相对较高，既可满足企业内部原材料、半成品及成品的配送需要，又可满足企业对外进行市场拓展的需求。但是这种配送方式也有不足，主要表现在，企业为建立配送体系的投资规模将会大大增加；在企业配送规模较小时，配送的成本和费用也相对较高。

> **知识补充：**
> 短距离配送：饿了么蜂鸟太小，快跑者跑的太快
> http://mt.sohu.com/20150508/n412696654.shtml

一般而言，采取自营性配送模式的企业大多是规模较大的集团公司。有代表性的是连锁企业的配送，其基本上都是通过组建自己的配送系统来完成企业的配送业务，包括对内部各场、店的配送和对企业外部顾客的配送。

2. 共同配送模式

共同配送是物流配送企业之间为了提高配送效率以及实现配送合理化所建立的一种功能互补的配送联合体，如图 9-5 所示。它的优势在于有利于实现配送资源的有效配置，弥补配送企业功能的不足，促使企业配送能力提高和配送规模扩大，更好地满足客户需求，提高配送效率，降低配送成本。

共同配送的核心在于充实和强化配送的功能，提高配送效率，实现配送的合理化和系统化。因此，作为开展共同配送的联合体成员，首先要有共同的目标、理念和利益。

开展共同配送、组建联合体要坚持以下几个原则：功能互补；平等自愿；互惠互利；协

调一致。需要注意的是，在开展共同配送、组建联合体的过程中，要避免行政的干预。

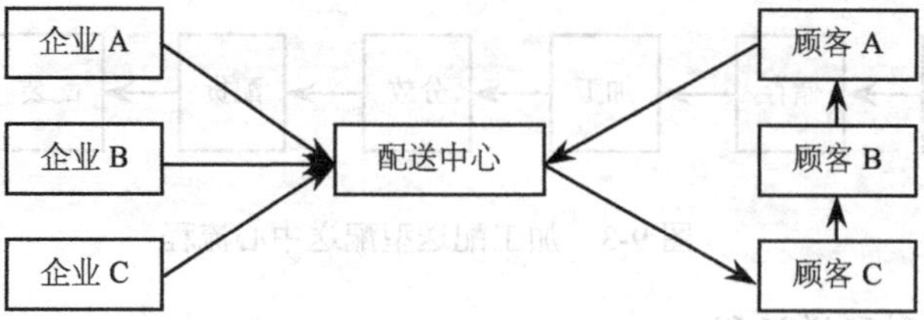

图 9-5 共同配送模式

通常企业在树立了共同配送的理念之后，要进行共同配送，组建共同配送联合体，就必须进行共同配送的可行性论证。论证可以从环境、服务对象、组织形式和技术分析四个方面进行。

（1）环境分析，主要包括宏观环境和微观环境分析。宏观环境主要包括经济环境、法律环境和自然环境等，重点应以经济环境为主，主要包括交通、通信及仓储等。微观环境主要包括对合作对象的分析，在共同配送的目标范围内，是否有可供选择的合作对象，着重在功能、区域及配送理念上进行分析。

（2）服务对象论证，这主要从组建共同配送联合体，开展共同配送所提供的服务、形成的配送网络和竞争优势等来分析探讨，确定自己的目标市场及所要达到的目标。

（3）组织形式论证，它主要分析开展共同配送的组织管理模式、方法以及组织保障。

（4）技术形式论证，它主要包括与共同配送有关的技术及企业间资源、设备和管理技术的论证。同时，还包括与电子商务相关的安全技术、支付技术及网络技术的论证。

在实际运行过程中，共同配送的种类很多，大体可归纳为：紧密型、半紧密型和松散型；资源型和管理型；功能型；集货型、送货型和集送型等。

3. 互用配送模式

互用配送模式是几个企业为了各自利益，以契约的方式达成某种协议，互用对方配送系统而进行的配送模式，如图 9-6 所示。这类配送方式的优点在于企业不需要投入较大的资金和人力，就可以扩大自身的配送规模和范围，但需要企业有较高的管理水平以及与相关企业的组织协调能力。与共同配送模式相比较，互用配送模式的特点主要有以下几方面。

（1）互用配送模式的目的在于提高自己的配送功能，以企业自身服务为核心；而共同配送模式旨在建立配送联合体，以强化配送功能为核心，为社会服务。

（2）互用配送模式的稳定性较差；而共同配送模式的稳定性较强。

（3）互用配送模式的合作对象既可以是经营配送业务的企业，也可以是非经营配送业务的企业；而共同配送模式的合作对象是经营配送业务的企业。

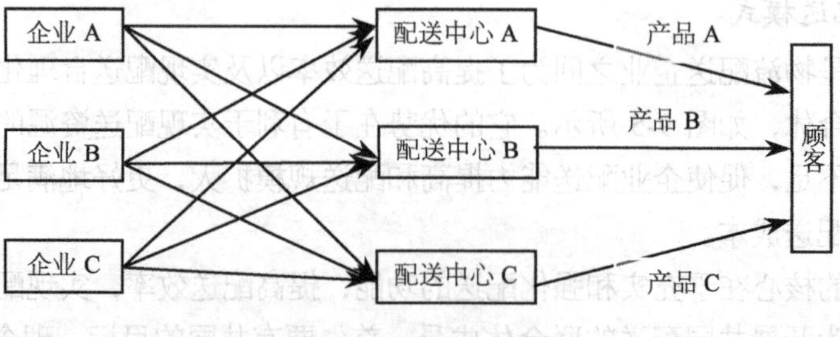

图 9-6 互用配送模式

4. 第三方配送模式

第三方就是为交易双方提供部分或全部配送服务的一方。第三方配送模式就是指交易双方把自己需要完成的配送业务委托给第三方来完成的一种配送运作模式。第三方配送企业根据采购方的小批量和多频次的要求，按照地域分布密集情况，决定供应方的取货顺序，并应用一系列的信息技术和物流技术，保证 JIT 取货和配送。

第三节　配送中心

一、配送中心的概念

配送中心是接受并处理末端用户的订货信息，对上游运来的多品种货物进行分拣，根据用户订货要求进行拣选、加工、组配等作业，并进行送货的设施和机构。中华人民共和国国家标准《物流术语》中规定，从事配送业务的物流场所和组织，应符合下列条件。

1. 主要为特定的用户服务。
2. 配送功能健全。
3. 完善的信息网络。
4. 辐射范围小。
5. 多品种、小批量。
6. 以配送为主，储存为辅。

二、配送中心的功能

配送中心是现代化、规范化的物流节点，是商流、物流及信息流的有机结合，是采购、进货、储存、流通加工、装卸搬运、订单处理、分拣配货、理货、配送等功能的有机结合，其简单示意图如图 9-7 所示。

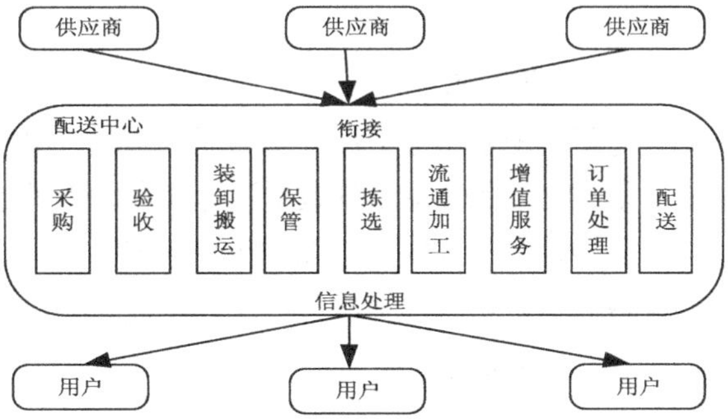

图 9-7　配送中心功能

1. 采购功能

配送中心采购所要供应配送的商品，才能及时、准确无误地为其用户即生产企业或商业企业供应物资。配送中心应根据市场的供求变化情况，制订并及时调整统一的、周全的采购计划，并由专门的人员与部门组织实施。

2. 集货功能

配送中心必须按照客户需要，就客户所需货物的规模和数量进行备货，特别是多品种、小批量的配送。由于各客户的要求不同，配送中心必须提前做好相应的计划，并统一部署。

3. 储存保管功能

配送中心的服务对象是生产企业和商业网点，如连锁店和超市，其主要职能就是按照用户的要求及时将各种配装好的货物送交到用户手中，满足生产需要和消费需要。为了顺利、有序地完成向用户配送货物的任务，更好地发挥保障生产和消费需要的作用，通常，配送中心都建有现代化的仓储设施，如仓库、堆场等，储存一定量的商品，形成对配送的资源保证。某些区域性大型配送中心和开展“代理交货”配送业务的配送中心，不但要在配送货物的过程中存储货物，而且它所存储的货物数量更大，品种更多。

4. 集散功能

配送中心将各个不同企业的各种产品集中到一起，经过分拣、配装，把各个用户所需要的多种货物有效地集合在一起，形成经济、合理的货载量向多家用户发送。配送中心在流通实践中所表现出的这种功能就是货物集散功能。

5. 分拣功能

配送中心所面对的用户众多，用户对所需商品的品种、规格、数量以及送达时间等方面的要求差异很大。为了能够满足用户多样化的需求，配送中心必须采取适当的方法，通过分拣作业从现有的存货中拣选出用户所需要的商品，完成用户所需商品的配货工作，为送货做好准备，以满足用户的不同需要。分拣功能体现了配送中心“配”的精髓，是配送中心高水平物流服务的体现，是配送中心与普通仓库的主要区别，也是配送中心的主要功能。

6. 流通加工功能

为了扩大经营范围和提高配送水平，许多配送中心都配备有各种加工设备，由此形成了一定的加工能力。按照用户的要求与合理配送的原则，将组织进来的货物加工成一定规格、尺寸和形状，既大大方便了客户，省却了客户不少烦琐的劳作，也有利于提高资源利用率和配送效率。

> **知识补充：**
> 配送推升流量“双11”将迎交通高峰
> http://news.163.com/16/1105/14/C547S3N800014AED.html

7. 送货功能

送货是配送中心最后实现的职能，配送中心需在其服务范围内，准时地把必要的商品及其数量送达客户，为了减少客户的库存或零库存，运送是多频次的。这就需要配备相应的运输设备及运输前后的装卸设备，这是良好快捷服务的重要保证之一。

8. 信息处理功能

配送中心连接物流干线和配送，直接面对着产品的供需双方，因此，它还具备情报功能，以协调各个环节的作业，协调生产和消费。配送中心不仅连接实物，还进行信息的传递和处理，包括在配送中心的信息生成和交换等。为提高作业效率，减少作业失误，配送中心往往配置先进的信息设备，以提高信息处理能力。

9. 其他功能

配送中心还具有其他延伸或辅助功能。

（1）结算功能。配送中心的结算功能是配送中心对物流功能的一种延伸。配送中心的结算不仅仅只是物流费用的结算，在从事代理、配送的情况下，配送中心还要替货主向收货人结算货款等。这也成为配送中心的一种利润获取方式。

（2）需求预测功能。自用型配送中心还经常根据配送中心商品的进货、出货信息来预测未来一段时间内的商品进出库量，进而预测市场对商品的需求。

（3）物流系统设计咨询功能。公共型配送中心要充当货主的物流专家，因而必须为货主设计物流系统，代替货主选择和评价运输商、仓储商及其他物流服务供应商。国内有些专业物流公司正在进行这项尝试，这是一项增加价值、增加公共配送中心竞争力的服务。

（4）物流教育与培训功能。配送中心的运作需要货主的支持与理解，通过向货主提供物流培训服务，可以培养货主与配送中心经营管理者的认同感，可以提高货主的物流管理水平，可以将配送中心经营管理者的要求传达给货主，也便于确立物流作业标准。

三、配送中心的分类

配送中心的主要类型有以下几种。

1. 专业配送中心

这种配送中心有两种：一是配送对象、配送技术属于某一专业范畴，综合该专业的多种物资进行配送，例如多数制造业的销售配送中心，我国在无锡、石家庄、上海等地建的配送中心大多采用这一形式；二是以配送为专业化职能，基本不从事经营的服务型配送中心。

2. 柔性配送中心

这种类型的配送中心不是向固定化、专业化方向发展，而是向能随时适应客户要求，有较强适应性、不固定供需关系、不断发展配送客户的方向发展。

3. 供应配送中心

这是指专门为某个或某些客户（如联营商店、联合公司）组织供应的配送中心，例如，为大型连锁超市组织供应的配送中心，代替零件加工厂送货的零件配送中心。我国上海地区六家造船厂的钢板配送中心也属于供应配送中心。

4. 销售配送中心

这是指以销售经营为目的、以配送为手段的配送中心。主要有以下三种类型。

（1）生产企业将自己的产品直接销售给消费者的配送中心。在国外，这种类型的配送中心很多。

（2）流通企业建立的配送中心。作为本身经营的一种方式，流通企业建立配送中心以扩大销售。我国目前拟建的配送中心大多属于这种类型。

（3）流通企业和生产企业联合的协作型配送中心。比较起来看，目前来看国外和我国配送中心的发展趋势，都是向以协作型配送中心为主的方向发展。

5. 城市配送中心

这是指以城市作为配送区域的配送中心。这种配送中心可直接配送到最终客户，且采用汽车进行配送。所以，这种配送中心往往和零售经营相结合，由于运输距离短、反应能力强，因而从事多品种、少批量、多客户的配送较有优势。日本的“仙台批发商共同配送中心”即属于这种类型，我国已建的“北京食品配送中心”也属于这种类型。

6. 区域配送中心

这是指拥有比较强的辐射能力和库存能力，向省（州）际、全国乃至国际范围的客户配送货物的配送中心。这种配送中心规模较大，往往是既配送给下一级的城市配送中心，也配送给营业所、商店、批发商和企业客户，虽然也从事零星配送，但这不是其主要形式——这种配送中心更像大型的物流中心。这种类型的配送中心在国外十分普遍，如日本的“阪神配送中心”、美国“沃尔玛公司配送中心”以及“蒙克斯帕配送中心”等就属于这种类型。

7. 储存型配送中心

这是指有很强储存能力的配送中心。平常利用巨大的仓库进行大量货物的储存，在客户需要的时候进行配送。我国目前拟建的配送中心多为储存型。如瑞士 Giba-Geigy 公司的配送中心拥有世界上规模居于前列的储存库，可储存 4 万个托盘；美国赫马克配送中心拥有一个有 163000 个货位的储存区，存储量非常大。

8. 流通型配送中心

这是指基本上没有长期储存功能，仅以暂存或随进随出方式进行配货、送货的配送中心。这种配送中心的典型方式是：大量货物整体购进并按一定批量送出，采用大型分货机，进货时直接进入分货机传送带，分送到各客户货位或直接分送到配送用的汽车上，货物在配送中心里仅作少许停留。

9. 加工配送中心

这是指具有加工功能的配送中心。如我国上海六家船厂联建的船板处理配送中心等。

10. 其他配送中心

（1）按配送中心的拥有者分类有：① 制造商型配送中心；② 零售商型配送中心；③批发商型配送中心；④ 专业配送中心；⑤ 转运型配送中心。

（2）按配送货物种类分类有：① 食品配送中心；② 日用品配送中心；③ 医药品配送中心；④ 化妆品配送中心；⑤ 家电产品配送中心；⑥ 电子产品配送中心；⑦ 图书产品配送中心；⑧ 服饰产品配送中心；⑨ 汽车零件配送中心等。

四、配送中心的布局

配送中心的种类很多，其规模大小各异，然而，无论是哪一种类型的配送中心，其内部结构基本上都是相同的。也就是说，各种配送中心都是由指挥系统、管理系统和各种作业区组成的。指挥和管理系统是配送中心的中枢神经，其职能是：对外负责收集和汇总各种信息（包括用户订货或要货信息），并做出相应的决策；对内负责协调、组织各种活动，指挥调度各类人员，共同完成配送任务。作业区包括接货区、储存区、理货区、配装区、发货区、加工区六个区域。

1. 接货区的主要设施有：铁路（或公路）专用线、卸货站台和验货场区。

2. 储存区是存储货物的场所，在这个区域内一般都建有专用仓库（包括现代化的立体仓库），并且配置各种设备，其中包括各种货架、叉车和吊车等起重设备。从位置上看，储存区多设在紧靠接货站台的地方，也有的设在加工区的后面。

3. 理货区是配送中心的工作人员进行拣货和配货作业的场所，其面积大小因配送中心的类型不同而异。与其他作业区一样，在理货区内也配置许多专用设备和设施，其中包括这样一些设备或设施：手推载货车、重力式货架和回转式货架、升降机、传送装置、自动分拣设施等。

4. 配装区是放置和处理待发送货物的场地。在配装区内，配送中心的工作人员要进行配装作业，即根据每个货主的货物数量进行分放、配车和选择装运方式（单独装运或混载同运）。配装区的面积要比储存区小的多。需要指出的是，有一些配送中心，其配装区是和理货区或发货区合在一起的，因此，配装作业常常融合于其他相关的作业中。此外，因配装作业的主要内容是分放货物、组配货物和安排车辆等，故在这个作业区内除了配置计算工具（微机）和小型装卸机械、运输工具以外，没有什么特殊的大型专用设备。

5. 发货区是工作人员将组配好的货物装车外运的作业区域。从布局和结构上看，发货区和进货区类似，它也是由运输货物的线路和接靠载货车辆的站台、场地等组成的。不同的是，发货区位于整个作业区的末端，而进货区位于首端。

6. 加工区。在这个区域内，配备着加工设备（如剪床、锯床、打包机、配煤生产线等）。因加工工艺有别，各个（加工型）配送中心的加工区所配置的设备也不完全相同。和储存区一样，加工区所占的面积也比较大，尤其是煤炭、水泥、木材等生产资料加工区，所占面积更大。

五、配送中心与物流中心的区别

1. 物流中心的概念

《中华人民共和国物流术语标准》给物流中心下的定义是：从事物流活动的场所或组织，应符合下列要求。

（1）主要面向社会服务。

（2）物流功能健全。

（3）完善的信息网络。

（4）辐射范围大。

（5）少品种、大批量。

（6）存储、吞吐能力强。

（7）物流业务统一经营、管理。

2. 物流中心与配送中心的区别与联系

物流中心与配送中心的关系：一般认为物流中心包括配送中心，配送中心属于物流中心，配送中心也是一种物流中心。物流中心和配送中心都是物流作业集中的场所，但是，不能够说配送中心包括物流中心。

物流中心与配送中心的区别体现在以下五个方面。

（1）从功能上看：物流中心可单可全，而配送中心较为全面。

（2）从辐射范围来说：物流中心辐射范围大，而配送中心辐射范围小。

（3）从在供应链的位置看：物流中心在配送中心的上游，而配送中心在物流中心的下游。

（4）从物流的特点看：物流中心是少品种、大批量、少供应商，而配送中心则是多品种、小批量、多供应商。

（5）从服务的对象看：物流中心通常提供第三方物流服务，而配送中心一般为公司内部服务。

补充阅读

打通乡村配送网络　京东"双11"前布局一体化物流体系

为了备战"双11"，近日京东宣布全国布局乡村配送网络，目前已经建成包括1600多个"京东帮服务店"、1500多个"县级服务中心"，发展了27万名乡村推广员，服务覆盖超过27万个行政村。

位于四川省广安市的前锋，虽然没有广为人知，但却已经有3000多年的历史。连日的暴雨令街道行人寥寥，天刚蒙蒙亮，京东的两位配送员便冒雨进行装货，正在给货物铺设防雨措施时，雨突然大了起来，配送员小张瞬间全身就湿透了，可是工作却没有受到影响，货物也没有被淋湿。

装货后，几位京东配送员有30多单要送，最远的客户距离配送站有100里地。行车途中突发山体滑坡，由于无法行车，配送员小张硬是冒着雨背着数十斤的货物送到了客户家里。

由于地势和天气的原因，前锋的订单多数需要配送员们以手抬、肩抗的方式送到客户家里。几单下来，他们已经气喘吁吁，但是却没有丝毫怨言。

"既然选择了这个行业、这份工作，我就会用百分百的热情去对待。"镜头那边，配送员小张的脸上依然是朴实憨厚的笑容。

在京东的配送团队中，前锋的小张并不是特殊案例。京东的另一部宣传片将镜头转向陕西省镇安杨泗镇的大山深处。

在北上广深，电商公司的高官们在高谈阔论，中国的电商、物流体系如何领先于纽约、巴黎，电商如何改变中国。但是在杨泗镇，居民们购买大家电只能将收货地址改到城镇，再花费数百元雇人从城镇将货物运进山里。

2016年6月1日，京东帮镇安店的帮主接到杨泗镇一位居民的电话，对方在京东给家中年迈的父母买了一个冷柜，之前以为不能送货到家，因此将地址写成了城镇的地址，在得知京东可以送货到村后，立刻将地址修改为山里的村中地址。接到这位客户修改地址后的订单，京东的几位配送师傅早上备了一些干粮和水，没有吃午饭就出发送货，直到晚上11点，配送师傅们仍在路上，出于安全考虑，几个人就吃了点干粮在车上睡一会儿。第二天一早在前边没有路的情况下，京东的配送师傅们硬是搬着几十公斤的货物，徒步20公里，步行7个小时，将冷柜送到了客户指定的地址。3位配送员的事迹传到村中，客户和家人都极为感动，途中，他们接到了客户本人打来的致谢电话。

镜头那边，参与这次送货的一位小哥腼腆的说："村里条件不好，收货送货比较难，自己将心比心，能够体会到客户的需求，因此我们哪怕多吃点苦，多受点累，也要尽可能满足老乡的需求。而且，既然我们承诺客户送货到家，那么不管远近，就一定要做到。"

在历年的"双11"前夕，多家物流企业均会提前给出告示，表示受到"双11"影响，送货时间会比平时有延迟，偏远地区的延迟时间甚至会超过3~5天不等。

公开资料显示，京东早在2007年就开始自建物流，目前已经在全国覆盖2639个区县，拥有7个物流中心、234个大型仓库、6756个配送站，仓库占地面积520万平米以上，85%的自营订单实现当日和次日达配送。

近 10 年过去，京东打造的仓、运、配一体化物流网络已遍布全国，仓配一体化不是简单的仓储加配送，它主要依托的是京东大数据。农村消费者居住地远离城市中心，很多物流公司都无法触及，导致农村消费者很难享受到城市消费者同样便捷的送货上门和售后服务。

此外，由于农村区域人群比较分散，村与村、乡与乡之间的距离可能会很远，在无形之中增加了物流的成本和难度。如果物流点布局的不够合理，物流的成本也会增加不少，这对于低价、低利润的电商来说，是一次不小的挑战。

“京东依托在物流领域的强大积累，完整物流链、供应链的优势，以及对大数据、云计算等技术的应用，提升了物流体系的智慧化程度，这是京东经过十几年的深耕，‘花 1000 亿元也无法复制’的事情。”曾有京东高管对外自豪地做出上述表示。

在 2016 年“双 11”期间，京东更是宣布为帮助商家在“双 11”之前更为科学合理地在全国进行分仓备货，确保“双 11”期间第三方商家的订单可以像京东自营订单一样在第一时间进行生产并尽早送达消费者手中，京东物流在全面开放的基础上，将拿出 5 亿元对商家的仓储配送服务进行补贴。

补贴政策分三个阶段实施：第一阶段是 10 月 1 日—11 月 4 日，商家在京东产生的仓储服务费全额减免；第二阶段是 11 月 5 日—11 月 20 日，商家的仓储服务费和配送服务费均全额减免；第三阶段是 11 月 21 日—12 月 31 日，商家的仓储服务费和配送服务费均可按账单金额给予 5 折优惠。

将“双 11”期间的“慢递”变回“快递”，并让第三方享受与京东自营同样的快速时效，是 2016 年京东在“双 11”期间物流布局的重点。

这些不是通过对外宣布有多少家合作伙伴助阵，邀请多少明星来宣布，而是通过前锋的配送员小张、杨泗镇的三名配送小哥等这样平凡的故事来告诉外界。

俯瞰电商领域，竞争对手在向越来越封闭的方向发展，而京东却越来越开放，甚至不惜将配送体系、大数据、智慧物流这些核心拿出来与伙伴分享。从商业角度看，开放的态度也为京东带来了巨大回报。

本章小结

配送活动是“配”和“送”的有机结合，它不同于简单的送货，也不同于干线的运输，它是末端运输，是对干线运输的补充。本章主要介绍了配送的概念和其要素、模式。目前常用的配送模式有自营配送、共同配送、互用配送和第三方配送模式。选择合理的配送模式有利于企业的协调发展。本章的最后对配送中心的基本知识进行了详细的阐述，有利于理解配送中心的基本运作。

练习题

一、概念识记

配送中心　自营配送模式　共同配送模式　互用配送模式

二、单选题

1．配送中心物流管理的第一个环节是（　　）。

A．进货管理　　B．存货管理　　C．盘点　　D．分拣

2．配送的准备工作或基础工作是（　　）。

A．储存　　B．备货　　C．分拣和配货　　D．配送运输

3．你认为下列有关配送的理解正确的是（　　）。

A．配送实质就是送货，和一般送货没有区别

B．配送要完全遵守“按用户要求”，只有这样才能做到配送的合理化

C．配送是物流中一种特殊的、综合的活动形式，与商流是没有关系的

D．配送是“配”和“送”的有机结合，为追求整个配送的优势，分拣、配货等项工作是必不可少的

4．物流中心与配送中心的关系是（　　）。

A．物流中心是一种特殊的配送中心　B．没有关系

C．配送中心是一种特殊的物流中心　D．交叉关系

5．沃尔玛在美国本土的配送中心是典型的（　　）。

A．以制造商为主体的配送中心　　B．以批发商为主体的配送中心

C．以零售业为主体的配送中心　　D．以仓库运输业为主体的配送中心

三、多选题

1．配送的基本模式包括（　　）。

A．自营配送　　B．共同配送　　C．互用配送　　D．综合配送

2．按照配送时间及数量可将配送分为（　　）。

A．定时配送　　B．定量配送　　C．定时定量配送　　D．即时配送

3．配送中心的功能包括（　　）。

A．储存功能　　B．集散功能　　C．流通加工功能　　D．分拣功能

4．定时配送中的日配形式适合的商品包括（　　）。

A．蔬菜　　B．水果　　C．肉类　　D．鲜花

5．一般来讲，大型配送中心内部平面一般被分为若干功能区块，如（　　）等。

A．接货区　　B．理货区　　C．存储区　　D．发货区

四、判断题

1．按专业化程度可将配送中心分为专业配送中心、柔性配送中心和综合配送中心。（　　）

2．摘取式分拣是将数量较多的同种货物集中运到发货场，然后，根据每个货位货物的发送量分别取出货物，并分别投放到每个代表用户的货位上，直至配货完毕。（　　）

3．共同配送有利于降低运输费用。（　　）

4．配送是为了物流目的而进行的有计划和有控制的送货。（　　）

五、简答题

1．简述配送中心的特点。

2．简述配送的基本模式。

3．如何理解配送中心的概念?

4．简述配送中心与物流中心的区别。

六、案例分析

AA 公司在哈尔滨市成立了一个配送中心，专门从事药品配送和医疗器械配送工作。配送中心是一个四层楼结构的建筑，它的一层是收、发货区域，二、三、四层用于存储药品，二层还有部分面积用于存储医疗器械。公司的服务承诺是客户下达订单后，本市客户 24 小时、省内客户 48 小时、外省客户 72 小时可以收到货物。配送中心的作业过程是这样的：客户订单分配给每个楼层的拣货员；拣货员拣完该订单存储在本层的各种药品后用周转箱把药品送到一层，一层的发货员收集到三个楼层的拣货后合并到一起装箱、发货。药品在各楼层之间上下依靠一部货梯。

AA 公司的配送中心成立后极大地提高了客户服务水平，销售规模一直保持增长。但今年以来客户的投诉增加，反映送货的品种、数量经常与订单不符。公司专门开会讨论这个问题时，配送中心的经理反而把自己一肚子的苦水倒了出来：现在订单量是原来的几倍，而且客户知道 TT 医药公司的品种全，所以每张订单上都有几十个品种。因为药品还有批号的要求，更增加了拣货的难度。配送中心就那么一部货梯，他手下的拣货员已经增加了一倍，但还是天天加班，他这里已经是在超负荷运转了。

根据以上案例，回答问题：

（1）简要描述 AA 公司的配送中心目前存在的问题。

（2）配送中心的拣货作业一般可以采取哪些拣货方式？AA 公司的配送中心采用的是何种拣货方式?

（3）AA 公司准备提高拣货环节的效率，你认为可以采取哪些措施?

第十章　物流企业成本管理

【学习目标】

熟悉物流企业成本管理的概念和分类；掌握物流企业成本的预算、控制以及分析。

案例 10.1

顺丰速运的成本管理

顺丰速运集团有限公司成立于 1993 年，总部设在深圳，主要经营国内、国际快递及相关业务。顺丰速运的成本主要有信息处理成本、运输和配送成本、仓储和库存成本。顺丰速运通过以下办法来降低企业成本。

1．建立信息化管理，节约人工管理成本

由于快递服务用户的信息源点多、分布广和信息量大，因此在处理用户信息时顺丰速运建立了一个庞大而完善的信息中心，其技术支撑主要有：数据库技术、条形码技术、EDI 技术和 EOS 自动订货技术。通过一系列的现代化信息管理手段，顺丰速运准确地提高了企业信息资源系统的效率，使信息在企业内部、用户之间的传递变得更加便利和迅速，减少了传统过程中由于信息的失真和缓慢导致的成本增加。

2．运输和配送路线设计

顺丰速运将快递服务与多种运输方式融合发展，利用各种运输方式的特点，进一步降低运输成本。同时，顺丰速运对配送路线进行了一个合理的规划。合理的配送路线缩短了货物的运输时间，提高了服务的保证程度，减少了库存成本。顺丰速运通过 GIS 线路优化辅助系统，对区域送货线路进行跨区域优化整合，以及 GPS 卫星定位系统对送货车辆进行实时监控，对配送线路进行动态管理，以保证每条送货线路的合理性和科学性。

3．仓储和库存成本最优化

顺丰速运所管理的物品种类繁多，所以进行了仓储品种结构管理，“先进先出原则”使得顺丰速运的时间安排合理化。在商品出库阶段，顺丰速运深入了解业务流程和充分利用库存管理软件的功能。在此环节中出错就可能直接导致快递服务最终的错误，造成经济和信誉方面的损失。

顺丰速运经过有效的成本管理和控制，能使企业处理好内部成本的问题，在外部适应不断发展和变化的市场环境，赢得和保持强有力的市场竞争力。

启发思考：

（1）顺丰速运主要降低了企业哪些成本？

（2）顺丰速运通过什么办法降低企业成本？

第一节　概述

案例 10.2

韵达快递的降低成本之道

韵达快递是国内知名的民营快递品牌企业，2014 年中国快递公司排名中，韵达排名第五，占整个市场份额的 6%，并且因为其较低的价格和全国基本覆盖，而为广大消费者所广泛使用。韵达迅速发展壮大，其服务范围涵盖了全国 34 个省（区、市），依据得天独厚的优势，目前仍然在不断发展壮大，并且现如今韵达快递的影响力已经深入城乡，其市场范围正在不断扩大。

为解决高成本问题，韵达快递提高整体效率。首先就是引进了新的信息管理系统，引进条形码技术。条码技术是仓储自动化的基础，是提高仓储效率、消除错误的重要手段，主要发挥识别功能，在仓储业务处理中主要应用在收货、摆货、仓储、配货、补货等商品的识别，可以更好地协助其他物流系统发挥物流自动跟踪的功能。引进全球定位系统（GPS），使用 GPS，可以利用卫星对车辆运输方位进行实时定位，监控其运输情况，方便总部及各个分部的物流调度，以及车辆的动态实时调度管理，同时也可以协助客户根据需要随时通过互联网查询递件的配送情况。引进智能运输系统，通过将各种技术结合起来，共同建立起一种大范围、全方位，实时、准确、高效的运输系统。

引进了新的高效率信息管理系统后，通过提高整个配送流程的效率，降低不必要的成本开销，降低递件损坏的概率，提高客户的服务满意度，进而有利于降低企业整个的配送成本。

韵达快递安置可充分利用仓库资源的货架，同时保证货架上的货物存取方便，并可以保证存货的质量不受损坏，这些货架都能够协助仓库实现机械化及自动化控制；同时，使用这种货架，进而可以实现降低人力成本和货损成本。据估计，韵达快递每次更新设备给企业效率的贡献度能达到 10%以上，对成本降低的贡献度则能达到 15%左右。

启发思考：

韵达快递是通过哪些方法降低成本的？

一、物流企业成本管理的概念

1. 成本的含义

成本是商品经济的价值范畴，是商品价值的组成部分。人们要进行生产经营活动或达到一定的目的，就必须耗费一定的资源（人力、物力和财力），其所费资源的货币表现称为成本。并且随着商品经济的不断发展，成本概念的内涵和外延都处于不断地变化发展之中。简言之，成本就是生产某一产品所耗费的全部费用，就是一项具体投资项目的总花费。

2. 成本管理的含义

成本管理是指企业生产经营过程中各项成本核算、成本分析、成本决策和成本控制等一系列科学管理行为的总称。成本管理一般包括成本预测、成本决策、成本计划、成本核算、成本控制、成本分析、成本考核等职能。

成本管理是企业管理的一个重要组成部分，它要求系统全面、科学合理，它对于促进增产节支、加强经济核算、改进企业管理、提高企业整体成本管理水平具有重大意义。要搞好成本管理和提高成本管理水平，需做到以下几点。

（1）要认真开展成本预测工作，规划一定时期内的成本水平和成本目标，对比分析实现成本目标的各项方案，进行最有效的成本决策。

（2）应根据成本决策的具体内容编制成本计划，并以此作为成本控制的依据，加强日常的成本审核监督，随时发现并克服生产过程中的损失浪费情况。

（3）在平时要认真组织成本核算工作，建立健全成本核算制度，严格执行成本开支范围，采用适当的成本核算方法，正确计算产品成本。

（4）要做好成本的考核和分析工作，正确评价各部门的成本管理业绩，促进企业不断改善成本管理措施，提高企业的成本管理水平。

（5）要定期积极地开展成本分析，找出成本升降变动的原因，挖掘降低生产耗费和节约成本开支的潜力。

（6）进行成本管理应该实行指标分解，将各项成本指标层层落实，分口分段地进行管理和考核，使成本降低的任务能从组织上得以保证，并与企业和部门的经济责任制结合起来。

可见，成本管理的目的是充分动员和组织企业全体人员，在保证质量的前提下，对企业生产经营过程的各个环节进行科学合理的管理，力求以最少生产消耗取得最大的生产成果。

知识补充：

首创期货：物流成本居高不下，玉米期价维持坚挺

http://finance.sina.com.cn/roll/2016-11-09/doc-ifxxmyuk6330115.shtml

3. 物流企业成本管理的含义

在激烈的市场竞争中，降低成本、提高生产效率、获得更高的利润已经成为物流企业不断追求的目标。所有的物流企业，无论其规模大小，都关注着企业成本，并进行严格的成本管理和控制。优化和控制成本已经成为物流企业竞争的焦点，也成为物流企业管理的一项重要内容。

物流企业成本管理是指对物流企业在运营过程中发生的各类成本进行核算、分析、预测、决策、预算及控制等一系列的管理活动，通过管理成本达到提升物流企业竞争力的目标。

二、物流企业成本的分类

（一）按照物流企业业务环节分类

按照物流企业业务环节分类，物流企业发生的成本可分为运输成本、仓储成本、配送成本、包装成本、装卸与搬运成本、流通加工成本以及物流信息管理成本。

1. 运输成本

在现代物流企业中，运输在物流企业经营业务中占有主要地位，运输成本在整个物流企业成本中占有很大比例。经综合分析计算，运输成本在物流企业总成本中一般占 50%。运输作业是物流企业中最重要的功能之一，物流企业业务设计合理与否在很大程度上决定于运输业务是否合理，而运输合理与否直接影响物流企业运输成本的高低，进而影响物流企业总成本的高低。物流企业的运输成本中主要包含以下费用项目。

（1）人工费用。如物流企业员工的工资、福利费、奖金、津贴和补贴等。

（2）营运费用。如物流企业营运车辆的燃料费、轮胎费、折旧费、维修费、租赁费、车辆牌照检查费、车辆清理费、养路费、过路费、保险费、公路运输管理费等。

（3）其他费用。如差旅费、事故损失费、相关税金等。

2. 仓储成本

仓储成本是物流企业总成本的重要组成部分，物流企业总成本的高低常常取决于仓储成本的大小，而且物流企业的库存持有水平对于物流企业的客户服务水平有重要的影响。

物流企业的仓储成本主要包括以下几个方面。

（1）仓储持有成本

仓储持有成本是指物流企业为货主企业保存货物而发生的成本，如仓储设备的折旧费、维修费、仓库职工工资、库存占用资金、仓库的装卸搬运费、仓储商品的毁损变质损失、仓库的挑选整理费等。

（2）在途库存持有成本

在途库存持有成本一般包括资金占用成本、保险费用、仓储风险成本等。

3. 配送成本

配送成本是指物流企业在配送中心对物品进行验收、入库、分拣、加工、包装、分割、组配以及运送过程中所发生的各项费用的总和。

配送作业主要进行的是小批量、多批次、多品种的连续均衡供货，配送与客户联系得非常紧密，它是为了满足客户订货需求而产生的一系列物流服务。

根据配送流程以及配送环节划分，配送成本由以下费用构成。

（1）配送运输费用。主要包括配送运输中发生的车辆费用和营运间接费用。

（2）分拣费用。主要包括配送分拣过程中发生的分拣人工费用及分拣设备费用。

（3）配装费用。主要包括配送环节发生的材料费用、人工费用。

（4）流通加工费用。主要包括流通加工环节发生的设备使用费、折旧费、材料费及人工费用。

4. 包装成本

包装是指为了在流通过程中保护产品、方便储运、促进销售，按照一定技术方法采用的容器、材料及辅助物等的总体名称，也指为了达到上述目的而采用容器、材料及辅助物的过程中施加一定技术方法等的操作活动。

据统计，在物流企业中包装发生的耗费占流通费用的10%，有的商品包装费用甚至高达50%。因此，加强包装费用的管理与核算，可以降低物流企业总成本，提高物流企业的经济效益。包装成本一般包括以下几个方面。

（1）包装材料费用。常见的包装材料有多种，材料不同所产生的成本也不同。

（2）包装机械费用。包装机械的应用可大大提高包装的工作效率和包装质量，主要包括设备折旧费、低值易耗品摊销、维修费等。

（3）包装技术费用。为使包装充分发挥作用，达到最佳的包装效果，可以采用一定的包装技术，这些技术的设计、实施所支出的费用就是包装技术费用。如实施缓冲包装、防潮包装、防锈包装等。

（4）包装辅助费用。这些费用包括包装标记、标志的设计费用，印刷费用，辅助材料费用，赠品费以及相关的能源消耗费等。

（5）包装人工费。这部分费用指从事包装工作的工人与其他相关工作人员的工资、福利费、奖金、津贴和补贴等。

5. 装卸与搬运成本

装卸与搬运是物流企业业务环节中不可缺少的作业活动，是其他物流活动衔接的桥梁。在物流过程中，装卸搬运是不断出现和反复进行的，每次装卸活动所消耗的人力、物力是装卸搬运费用的主要组成。

物流企业中的装卸与搬运成本主要包括以下几个方面的内容。

（1）人工费用。如装卸与搬运工作人员的工资、福利费、奖金、津贴和补贴等。

（2）营运费用。如固定资产折旧费、维修费、能源消耗费、材料费等。

（3）装卸搬运合理损耗费用。如装卸搬运中发生的货物破损、散失、损耗等损失。

（4）其他费用。如办公费用、差旅费、保险费、相关税金等。

6. 流通加工成本

物流企业的流通加工是指商品从物流企业向消费者流动的过程中，为了促进销售、维护商品质量、实现物流的高效率所采用的使商品发生形状和性质变化的一系列加工活动。流通加工主要包括包装、分割、计量、分拣、贴标签、组装等简单的作业。

流通加工成本的构成内容主要有流通加工设备费用、流通加工材料费用、流通加工劳务费用以及流通加工其他费用等经费。

（1）流通加工设备费用指在流通加工过程中，由于流通加工设备的使用而发生的实体损耗和价值转移。

（2）流通加工材料费用指在流通加工过程中，所耗用的一切材料、包装物和低易耗品等费用。

（3）流通加工劳务费用指在流通加工过程中，支付给从事加工活动的工人及有关人员的工资、奖金等费用。

（4）流通加工其他费用指除上述费用外，物流企业在流通加工中耗用的电力、燃料、油料及管道费用等。

7. 物流企业信息管理成本

随着物流企业业务活动的频繁发生，物流企业的信息管理也成为物流企业的重要内容。物流企业信息管理成本主要指物流企业内部的信息处理费、信息设备费、通信费、人工费等费用。

（二）按照物流企业成本的用途分类

物流企业的营运过程，也是物化劳动和活劳动的耗费过程。因而营运过程中发生的成本，按其经济用途可划分为以下几个方面。

（1）固定资产折旧费。包括使用中的固定资产应计提的折扣和固定资产大修理费用。

（2）材料费。包括一切材料、包装物、修理用配件和低值易耗品的费用等。

（3）燃料动力费等。包括各种固体、液体、气体燃料的费用以及水费、电费等。

（4）工资。包括职工工资和物流企业根据规定按工资总额的一定比例计提的职工福利费、职工教育经费、工会经费等。

（5）利息支出。指物流企业应计入财务费用的借入款项的利息支出减利息收入后的净值。

（6）税金。指应计入物流企业管理费用的各种税金，如房产税、车船使用税、土地使用税、印花税等。

（7）其他支出。指不属于以上各要素的费用支出，如差旅费、租赁费及保险费等。

知识补充：

车企物流成本怎么降

http://www.cet.com.cn/qcpd/qcpl/1840238.shtml

（三）按照成本的可控性分类

按照成本是否具有可控性，可将物流企业内发生的成本分为可控成本与不可控成本。

1. 可控成本

可控成本是指物流企业对成本的发生能够控制的成本。例如，仓储部门对于库存管理费用是可以控制的，产品包装部门对于产品的包装所耗费的材料是可以控制的。由于可控成本对物流企业来说是可控制的，因而必须对其负责。

2. 不可控成本

不可控成本是指物流企业对成本的发生不能予以控制的成本，因而不予负责的成本。例如，当物流企业将运输业务外包时，委托运输价格对于物流企业来说就是不可控制的。

可控成本和不可控成本是相对的，而不是绝对的。例如，为了降低运输成本，物流企业在产品运输工具上选择了运输价格较低的铁路运输，这体现了运输成本的可控性；然而，铁路运输的价格受到市场供需情况以及铁路部门的价格政策的影响，不在物流企业控制范围内，这又体现一种成本的不可控性。

（四）按照成本发生于物流企业内外部分类

1. 物流企业内部成本

物流企业内部成本主要是指所发生的成本由物流企业内部人员和设备所产生的，例如人工费，材料消耗，运输设施，仓库设施的折旧、管理费用，资金占压的利息费用等成本。

2. 物流企业外部成本

物流企业外部成本主要是指物流企业在业务外包过程中产生的成本，如委托运输公司的运输费、装卸费、包装费，委托仓储企业的货物储存费和装卸搬运费。

（五）按照成本的特性分类

按照物流企业内成本的特性分类，即按成本与业务量之间的数量关系分类，可将物流企业内的成本划分为变动成本和固定成本。

1. 变动成本

变动成本是指其发生总额随业务量的增减变化而近似成正比例增减变化的成本。例如，运输成本中的燃油费、设备维修费、人工费都属于变动成本，因为这些成本是随着业务量的增加而增加的。

2. 固定成本

固定成本是指成本总额保持稳定，与物流企业业务量的变化无关的成本。例如，铁路运输中的设施与设备的费用总额是固定的，但是随着业务量的增加单位成本就会减低，因此，在铁路运输中往往追求规模经济效益。

第二节 物流企业成本预算、控制与分析

案例 10.3

申通快递公司的成本控制

申通快递公司成立于2007年，隶属于上海盛彤实业有限公司，是中国最早经营快递业务的品牌之一。在过去的十多年时间，申通的物流服务网点逐步覆盖到国内三十多个主要城市和地区，年快递业务增长率高于12%，共有12万从业人员。从2014年开始，申通快递物流成本控制进入改进阶段。

申通快递公司通过关注和分析业务活动进行中的成本构成及变动情况，及时地分析其主要原因，并采取相应的手段以保证企业成本控制目标的实现，将成本的控制落实到企业活动的各主要环节。其控制手段包括以下几个方面。

第一，运输成本控制。申通快递在企业采购、销售及配送等的运输环节，针对主要的固定成本和变动成本制订运输成本控制方案。慎重考虑运行时间、线路、使用效率等因素，综合其他成本因素选择运输工具及最优运输方案。运输成本的控制主要集中在运输时间、运输的准确及安全性、运输批量水平这三个层面，并借助运输外包将企业控制不佳的运输成本部分转移到专业物流公司，达到资源优化的目的，同时达到降低企业综合成本的效果。

第二，配送成本控制。申通将其物流配送中涉及的主要因素进行总结、归纳和分析，着重关注供货地与配送中心的运输成本、配送中心到客户群的配送成本及人工和管理费用，重点加强配送环节的计划性管理，选择最优配送方案，在满足对方要求的前提下，更好地保证配送环节成本控制目标的实现。

第三，包装成本控制。在包装费用的控制上，申通重点关注包装的标准率及运输中包装材料的耗费程度。在包装材料的选择之前进行合理的经济分析，融合成本核算方法降低包装费用；并着力开展旧包装的回收再利用，降低新包装投入并适应当代社会节约资源及环保的相关要求；将包装的尺寸标准化以优化机械化包装的效率并节约包装的人力消耗、提升机械效率等。

第四，装卸搬运成本控制。申通以优化储存物资管理、降低装卸的商品损坏率、提升装卸时间为核心内容。主要的控制手段包括对装卸搬运设施进行最合理选择，并结合财务分析方法，科学地选择人力及物力资源进行自动化搬运设施的操作；加强监管，避免机械设备的无序或低效率运行，合理制订装卸流程及作业流程，尽量缩减装卸次数及操作距离，从而提升装卸物资的纯度并消减无效搬运等。

第五，仓储成本的控制。申通通过对仓储成本的全面分析，明确了采购及仓储环节涉及的仓储成本并对此进行有效的控制。其控制的着力点集中在简化出入库流程，有效缩短仓储时间，提升仓库的利用率。主要的控制手段包括仓储管理的信息化系统建设，降低人为失误并提升操作效率，并结合订货的批量控制及库存控制方式，实现仓储管理的优化，并最终实现了仓储成本的有效控制。

从2014年开始，申通快递在发展中注重加强企业成本控制机制的建设与执行，使得该快递公司的成本得到了一定的控制，这表示该企业的成本控制机制较为合理。

启发思考：

申通快递公司是通过哪些办法来控制公司成本的？

一、物流企业成本预算

物流企业成本预算是指物流企业在未来一定时期内，以货币形式或其他数量形式反映的关于物流企业内成本计划以及相应措施的数量说明。

（一）物流企业成本预算的作用

编制成本预算是物流企业成本管理的一项重要工作，其具体作用主要体现在以下四个方面。

1. 明确成本目标

物流企业拥有的资源是有限的，如人力资源、设备和工具、资金等，物流企业追求的目标是合理、有效地运用这些有限的资源，实现最佳的效果。为此，通过决策，物流企业内各部门确立了自己的成本目标。为了实现目标，保证最佳决策方案在实际工作中顺利实施，需要编制成本预算。通过成本预算，可以将物流企业的整体目标分解为各个部门的分目标，从而使企业的整体目标与各个部门的分目标有机地结合起来。这不仅使每个部门明确了自己未来的努力方向和应达到的成本控制水平,而且为物流企业整体目标的实现提供了有力的保障。

2. 协调物流企业内各部门之间的关系

物流企业的整体目标必须层层分解为企业内各部门、人员和经营环节上的具体目标才能够得到落实。然而，物流企业各个部门彼此之间是相互独立的，其职责不同，有时会出现各部门彼此之间利益冲突的现象。通过编制物流企业成本预算，就可以有效权衡物流企业内各部门的工作计划，使各个部门、营运者的目标有机地结合起来，明确他们之间的数量关系，有助于各个部门和营运者通过正式渠道加强内部的沟通并相互协调、紧密配合，从而保障物流企业整体目标的实现。

3. 控制物流企业内各部门的日常活动

物流企业的成本预算确定下来后，就进入了实施阶段，成本管理工作的重心就转为成本控制。在物流企业的日常活动中，各个有关部门以成本预算为依据，通过计量、对比，及时提供实际执行结果与预算标准之间的差异数额，分析其原因，及时采取有效措施纠正，保证预算任务和目标顺利实现。

4. 评价考核物流企业绩效

物流企业内部各业务的业绩评价是物流企业的一项重要事项。成本预算管理为物流企业业绩评价提供了基本的评价标准、评价方法、评价范围和评价期间。经过审批的各种成本预算指标，是评价的基本标准；成本预算指标同历史指标、行业指标、当期实际指标进行对比分析，是评价的基本方法；物流企业整体业绩评价、各个部门与环节经营业绩评价和物流企业员工工作业绩评价是三个基本的评价范围。此外，物流企业的成本预算不仅有年度预算，而且还有季度预算和月份预算。因此，可以进行年度业绩评价、季度业绩评价和月份业绩评价。

在实际工作中，为了使物流企业成本预算更好地发挥作用，除了要编制一个高质量的预算外，还应制定合理的预算管理制度，包括预算的编制程序、预算调整方法、预算执行情况的分析、预算工作的组织管理等。

（二）物流企业成本预算的分类

物流企业的成本可以依据不同标准进行分类核算，与此相适应，物流企业的成本预算也可以依据不同的标准进行分类编制。具体来讲，主要存在以下三种类型。

1. 按照成本编制的依据划分

按照成本编制的依据，可将物流企业的成本预算划分为形态别预算、功能别预算和对象别预算。

（1）形态别预算

按照成本形态编制的成本预算称为物流企业成本形态别预算，它包括物流企业员工工资、设备折旧费、耗用品费以及各种其他费用的预算。成本形态别预算有利于评价、分析企业一定时期内物流企业财务状况，但不便于物流企业的成本管理。

（2）功能别预算

按功能成本编制的成本预算称为物流企业成本功能别预算，包括物流企业运作成本预算（运输成本预算、仓储成本预算、包装成本预算、装卸搬运成本预算、流通加工成本预算）、信息成本预算、管理成本预算。这种形式的成本预算能够将预算同物流企业内各部门及其员工有机结合起来，提高物流企业及其工作人员降低成本的积极性。只要将预算与实际执行结果进行比较，就能够了解物流企业内各个部门的预算执行情况，便于明确责任，从而有利于降低物流企业的成本水平。

（3）对象别预算

按照成本发生对象编制的成本预算称为物流企业成本对象别预算，该预算通常是按照不同商品、不同地区和不同用户编制的，包括主要商品的成本预算、主要销售地区的成本预算和主要用户的成本预算。编制主要商品的成本预算便于企业有效控制这些主要商品的成本支出，进行重点管理，从而达到降低成本的目的；编制主要地区的成本预算有利于控制物流企业在主要销售地区的成本支出，便于采取措施完成预算，进而降低成本；编制主要用户成本预算有利于调整物流企业与用户之间服务与成本之间的关系，从而有利于降低成本水平。总之，物流企业通过编制成本对象别预算，可以实现重点管理，加强物流企业成本支出的重点控制，从而提高物流企业管理的有效性。

2. 按物流企业成本的性态划分

按照物流企业成本的性态，可将物流企业成本预算划分为变动成本预算和固定成本预算。为了提高成本预算的准确度，有必要将物流企业成本分解为变动成本和固定成本，并分别编制预算。在物流企业成本预算中，变动成本和固定成本预算编制方法是有区别的。

3. 按物流企业成本的可控性划分

按照成本是否可以为物流企业所控制或施加影响，可将物流企业成本预算划分为可控成本和不可控成本。

在预算中，这样区分的目的是将物流企业中可控的活动及其成本从物流企业整体活动和总成本中分解出来，以便落实责任，进而对物流企业可控活动及其责任者进行有效的追踪管理。

物流企业中的各种类型成本预算方法，彼此之间相互联系、相互补充，构成了一个有机的整体。

二、物流企业成本控制

（一）物流企业成本控制的含义

物流企业成本控制是指物流企业在成本的形成过程中，根据成本特性和类别，对其事先进行规划，事中进行指导、限制和监督，事后进行分析评价，总结经验教训，不断采取改进措施，降低成本和提高服务水平的一系列活动过程。

成本控制是加强物流企业成本管理的一项重要手段，贯穿于物流企业生产经营活动的全过程。物流企业成本控制按发生的时间先后划分为事前控制成本、事中控制成本和事后成本控制三个阶段，也就是成本控制循环中的设计阶段，执行阶段和考核阶段。

物流企业成本事前控制又称为物流企业成本的前馈控制和预防控制，是指在活动发生前，在对物流企业内活动的成本功能关系分析研究的基础上，明确物流企业的目标成本的要求，从根本上剔除过剩功能，降低成本。同时在对成本形成的各种因素分析研究的基础上，根据物流企业内成本特性和类别分别采取不同方法约束成本开支，防止偏差和浪费的发生。

物流企业成本事中控制又称日常成本控制，是指在物流企业营运过程中，企业内部各级对成本负有经营管理责任的部门，依据事先确定的成本标准，对各责任中心日常发生的各项成本和费用进行严格的计量、监督，发现偏差，及时查找原因，并针对具体的原因采取措施。纠正偏差，从而保证物流企业成本目标和成本预算任务的完成。

物流企业成本事后控制又被称为成本的后馈控制，是指在物流企业成本发生后，对成本预算的执行情况进行分析评价，总结经验教训，不断采取改进措施，为以后进行成本控制和制订新的企业目标成本提供依据。

（二）物流企业成本控制的原则

1. 经济性原则

经济性是指利用有限的可支配的资源获得最大的经济效果，是提高经济效益的核心。经济性原则是物流企业成本控制的基本原则。

2. 全面性原则

物流企业是由一系列物流环节或物流功能所构成的全方位的系统，因此在进行成本控制时，必须遵循全面控制的原则。全面控制原则主要包含全过程、全员和全方位成本控制。

（1）全过程控制。物流企业各项工作都会直接或间接地引起成本的升降变化。为此，物流企业成本控制应充分考虑成本形成的全过程中各个阶段的不同性质特点，采取有效的成本控制措施。

（2）全员控制。物流企业成本控制不仅要有专职成本管理机构和人员参加，还需要发挥物流企业各个部门和广大员工在成本控制中的作用，充分调动他们控制成本、降低成本的积极性。为了使成本控制真正发挥效益，需要根据物流企业活动的特点和成本管理的要求，明确成本责任层次和责任部门，责权利相结合，制定合理的成本业绩评价体系，定期对成本业绩进行评价，据此实行奖惩，这样才能充分调动物流企业内各部门和广大员工进行成本控制的积极性和主动性。

（3）全方位控制。成本控制不仅要对物流企业活动过程中各项费用发生的数额进行控制，而且还要对各项费用发生的时间和用途加以控制，保证成本开支的经济性、合理性和合法性。

3. 目标控制原则

目标控制原则是指物流企业管理者以目标成本为依据，对物流企业的经济活动进行约束和指导，力求以最小的总成本，获得最大的经济效果。

4. 重点控制原则

知识补充：
降物流成本应打破地域分割
http://finance.sina.com.cn/roll/2016-09-28/doc-ifxwevww1727786.shtml

物流企业在成本控制中，实际发生的各项成本差异很多，影响成本升降的原因很多，为了提高成本控制的效率，管理人员应集中主要精力对超出常规的关键性的成本异常差异进行重点控制。超出常规的关键性差异指差异率或差异额较大，差异持续时间较长，对物流企业的活动及其经济效果具有重要影响的项目或因素。对这些项目或因素要进行重点控制，并及时将相关信息反馈给有关部门，以便及时采取有效措施控制成本。

（三）物流企业成本控制程序

成本控制贯穿于物流企业经营的全过程。一般来说，物流企业成本控制的基本程序如下。

1. 制定成本控制标准

物流企业在成本预测与决策基础上，规定出计划期内各项成本开支和资源耗费的数量限度，并以此作为检查、衡量、评价实际成本水平的依据。运用一定的科学方法规定出一系列具体的标准，通常确定这些标准的科学方法主要有三种：计划指标分解法、预算法和定额法。在采用这些方法确定具体的成本控制标准时，要正确处理好各个技术指标（如服务、效率等）的关系。从物流企业的总体目标出发，进行综合平衡，防止片面性，必要时还应进行多种方案择优选用。

2. 成本的日常控制

根据物流企业成本控制标准，对实际发生的各项成本进行审核、监督。不仅要检查各项成本指标本身的执行情况，而且要检查和监督影响各项成本指标的各种因素，如设施、设备、工具及工人技术水平和工作环境等。所以，物流企业成本日常控制要与企业整体作业控制等结合起来进行。

物流企业成本的日常控制主要包括：相关直接费用的日常控制和相关间接费用的日常控制。这些费用的日常控制，不仅要由专人负责和监督，而且还要使费用发生的执行者实行自我控制，并在责任制中加以规定。只有这样才能充分调动物流企业全体员工进行成本控制、降低成本的积极性和主动性。

3. 及时查找成本差异原因并纠正不利偏差

在物流企业成本日常控制中，对实际发生的各项成本进行审核、监督，查找与成本控制标准差异的原因，明确责任归属，进而有针对性地提出改进措施，并贯彻执行。对于重大成本差异项目的纠正，一般采用下列程序。

首先，提出降低成本的课题。从物流企业的各种成本超支原因中，提出降低成本课题。这些课题首先应当是那些成本降低潜力大、各方关心、具有可行性的项目。提出课题的要求，包括课题的目的、内容、理由、根据和预期达到的经济效益等。

其次，讨论和决策。课题选定以后，应发动有关部门和人员进行广泛深入的研究和讨论。对重大课题，应提出多种解决方案，通过比较分析，择优选用。

再次，实施选定的方案。方案确定后，需落实方案实施的方法、步骤及负责执行的部门和人员，并贯彻执行。在方案的执行过程中要及时对其加以监督检查。

最后，评价和激励。方案实施结束后，还需要对方案实施的结果进行评价，评价成本目标的执行结果，根据物流企业成本控制的业绩实施奖惩。

三、物流企业成本分析

（一）物流企业成本分析的含义

物流企业成本分析是指物流企业利用成本核算数据和其他相关资料，将本期实际成本指标与目标成本指标、上期实际成本指标、国内和国外同类型企业的成本指标进行比较，以便了解成本相关指标升降变动的情况，以及引起这些变动的原因和相关因素，分清单位与个人的责任，寻找降低成本的各种途径，从而为物流企业成本管理决策提供依据。

一般而言，物流企业的成本分析主要是指对成本发生的事前、事中和事后进行的分析。

1. 物流企业成本事前分析

物流企业成本事前分析是指在物流企业成本尚未发生前所进行的成本预测。其目的是通过对成本的预测，在几个可供选择的运行方案中选择成本最低的方案，为物流企业的目标成本提供一个标杆，据此编制物流企业的成本计划。通过对物流企业成本进行事前分析，可以使物流企业采取一些有力措施控制成本，以此来提高物流企业的经营绩效。

2. 物流企业成本事中分析

物流企业成本事中分析是指物流企业执行成本计划过程中所进行的分析，它发生在物流企业活动从开始到结束的整个过程。事中分析的主要目的在于检测各项成本定额和成本计划的执行情况，控制产品在流通过程中所产生的各项不必要费用，使实际发生的成本尽可能控制在目标成本范围之内，更好地完成物流企业关于成本的总体计划。

3. 物流企业成本事后分析

物流企业成本事后分析是物流企业在完成整个业务流程之后，对所发生的实际成本所作的具体分析。它主要发生在成本核算资料形成之后，根据实际情况及其他方面的有关信息，对实际发生的成本执行结果作出评价，分析与计划成本产生差距的原因，总结降低成本的各种经验，为以后成本控制能够更加有效奠定基础。

物流企业成本事前、事中和事后分析这三个步骤是相辅相成、紧密联系的。同时，这三个分析过程又各自发挥着不同的作用。成本事前分析可以使物流企业在成本计划执行过程中有一个标准，对其在各个业务环节的成本控制起到了方向性的引导作用。缺少事前分析，物流企业的各业务环节就没有一个很好的掌控，容易失去方向。成本事中分析是在事前分析的基础上，使物流企业成本控制的目标能够有效实现。对业务运行过程中各环节进行及时分析，一旦某个环节出现超额费用，可以及时察觉，进行调整，使成本费用尽可能降低。物流企业成本事后分析可以总结业务流程的一些经验教训，通过对经验累计，提出一些较好的控制成本的方法和措施，为以后的物流企业的管理提供一些意见和建议。

在这三种分析中，物流企业成本事中分析的作用最大，它通过对各业务环节的分析可以控制物流企业的总成本；物流企业成本事前分析的作用大于事后分析，它为物流企业成本预算提供了一个纲领性指导，为后续的事中分析提供了方向；而事后分析是检查成本计划的执行情况，同时对工作业绩进行评价，这些都是事前分析和事中分析无法替代的。

（二）物流企业成本分析的任务

物流企业在进行成本分析时，应该完成以下四个方面的任务。

1. 正确计算成本差异

正确计算实际发生的成本，并计算与计划成本之间的差异，是物流企业在进行成本分析时的首要任务。首先，应计算出实际发生的成本，并将实际发生的成本与成本计划的各项指标进行对比，这构成了成本分析的基础。计算时，通过收集物流企业实际成本资料、计划资料及其他有关的信息资料，按照事先确定的成本分析方法进行计算。把与成本计划有差异的各个部分用一定的方式反映出来，以便进行分析。

2. 找出差异产生的原因

在物流企业里，实际发生的成本与计划的成本产生差异的原因有很多，应根据具体情况，找出影响产生成本差异的主要因素。正常来说，影响成本计划执行结果的因素有客观因素、主观因素、技术因素和经济因素等。因此，在进行分析时，应采用科学的分析方法，计算出各种不同因素对成本的影响数额，并分析其产生差异化的具体原因。在这一过程中，应把影响成本产生差异的因素进行具体的数据分析，然后根据数据变化的规律，找出成本变动的趋势，据此提出改进意见。

3. 对成本计划的执行结果做出公平公正的评价

在完成成本计算，找出产生问题的原因之后，就要对成本计划执行结果进行评价。在评价过程中要本着公平、公正的原则，实事求是，对于执行过程中取得的优异成绩给予肯定，总结成本在物流企业内各环节的经验和教训，为后续成本管理活动奠定良好的基础。对于物流企业内研究新方法、采取新举措使成本得以降低的部门和个人给予一定的物质和精神奖励，以调动各部门和全体员工降低成本的积极性和主动性。权责分明、奖惩分明，才能使成本管理规章明确化、透明化，激发各部门和员工对降低成本付出足够的努力。

4. 提出进一步降低成本的具体方案

物流企业成本事后分析的目的之一就在于通过总结经验和教训，提出有效的措施和方案。我们进行成本分析的目的不在于分析本身，而是分析之后要采取一定措施降低成本，提高物流企业的整体效益。因此，应通过分析找出产生问题的具体原因，各个击破，提出切实可行的措施和方案，使物流企业整体利润最大化。

（三）物流企业成本分析的原则

物流企业在进行成本分析过程中应该遵循一定的原则，具体包括以下三个方面。

1. 全面分析与重点分析相结合

在进行成本分析过程中，要把全面分析与重点分析相结合。全面分析主要指对产生成本各环节的影响因素进行分析，不仅要从物流企业范围内进行，还要从整个物流行业的角度来考虑，力求整体效益最大化。重点分析主要是指在全面分析的基础上，对影响成本的主要因素进行深度剖析，追寻原因，提出进一步的改进方案，使物流企业的整体成本水平不断降低。

2. 纵向分析与横向分析相结合

在分析成本时，不仅要考虑物流企业内部的对比分析，也要考虑物流企业同行业内的同类企业的成本对比分析。因此，成本分析应该将纵向分析与横向分析相结合。

纵向分析是指对本企业各个时期的成本指标进行对比分析。例如，将本期实际成本与上期成本进行对比，本期计划成本与本期实际成本进行对比，或者本期实际成本与历史先进水平进行对比。通过观察不同时期成本变动幅度，总结成本变动的规律。

横向分析是指本企业的成本与国内外物流行业其他企业的成本进行对比分析，取长补短，有助于物流企业学习国内外先进经验，找出差距，做好本企业的成本管理工作。

3. 事后分析与事前、事中分析相结合

物流企业在进行成本分析时，主要是进行事后的成本分析。但由于成本事前分析和事中分析的重要作用不可忽视，所以在分析过程中应该将事后分析与事前分析、事中分析相结合。这三个部分是相互联系、相互影响的，共同构成了物流企业成本分析的体系。通过事前分析对成本进行预测，通过事中分析在成本形成过程中进行成本控制，通过事后分析对成本计划的执行结果进行总结。只有这三个过程紧密结合，才能找出物流企业成本上升和下降的真正原因，提出改进方法。

本章小结

成本管理是物流企业的核心内容，无论采用什么样的技术与管理模式，其最终目的不是这种模式与技术本身，而是要在保证一定物流服务水平的前提下实现物流企业的总成本的降低。可以说，物流管理的发展过程就是不断追求物流企业成本降低的过程。物流企业成本管理在不同国家或地区的应用发展中经历了不同的发展阶段。欧美、日本等国家或地区无论是在物流企业成本管理的实践，还是在物流企业成本管理的研究领域方面均走在世界的前沿。

练习题

一、概念识记

成本物流　企业成本　可控成本　变动成本　形态别预算　功能别预算　范围别预算　对象别预算

二、单选题

1. 物流企业活动中所消耗的物化劳动和活劳动的货币表现称为（　　）。

   A. 物流价格　　B. 物流成本　　C. 物流效益　　D. 物流价值

2. 整个物流企业管理的发展过程就是不断追求（　　）降低的过程。

   A. 物流价格　　B. 物流服务　　C. 物流风险　　D. 物流成本

3. 物流企业成本是一个（　　）。

A. 政治范畴　B. 社会范畴　C. 经济范畴　D. 技术范畴

4. 物流企业成本管理系统是指在进行（　　）的基础上，运用专业的预测、计划、核算、分析和考核等经济管理方法来进行物流企业成本的管理。

A. 物流成本调查　B. 物流成本核算　C. 物流成本分摊　D. 物流成本预测

5. 物流企业在成本核算的基础上，采用各种成本管理与管理会计方法来进行成本的管理与控制，属于成本系统的（　　）。

A. 管理层　B. 核算层　C. 效益评估层　D. 战略层

6. 物流企业成本管理的中心环节是成本（　　）。

A. 预测　B. 控制　C. 核算　D. 分析

三、多选题

1. 按照物流企业成本编制的依据，可将成本预算划分为（　　）。

A. 形态别预算　B. 功能别预算　C. 范围别预算　D. 对象别预算

2. 按物流企业成本的性态，可将成本预算划分为（　　）。

A. 变动成本预算　B. 可控成本预算　C. 固定成本预算　D. 不可控成本预算

3. 按照物流企业成本变动产生的原因，可将成本预算划分为（　　）。

A. 金额预算　B. 变动成本预算　C. 固定成本预算　D. 物流量预算

4. 下列各选项中属于物流企业成本核算对象的有（　　）。

A. 以活动范围作为成本计算对象　B. 以成本项目作为成本计算对象

C. 以部门作为成本计算对象　D. 以成本支付形态作为成本计算对象

5. 物流企业成本管理的内容包括（　　）。

A. 成本控制　B. 成本分析　C. 成本核算　D. 成本预测

四、判断题

1. 物流企业成本管理的前提是成本的计算。（　　）

2. 成本管理是物流企业管理的核心内容。（　　）

3. 物流企业总成本是运输成本、存货成本和订单处理成本之间的权衡。（　　）

4. 凡是经济资源的牺牲都是成本。（　　）

5. 成本是指物流企业业务活动中所消耗的物化劳动的货币表现。（　　）

6. 为了实现目标，保证最佳决策方案在实际工作中顺利实施，需要编制物流企业成本预算。（　　）

7. 物流企业的成本分析主要是指对成本发生的事前、事后进行分析。（　　）

8. 物流企业成本控制按物流成本发生的时间先后划分为事前成本控制、事中成本控制和事后成本控制。（　　）

9. 物流企业成本事中控制又称为成本的后馈控制。（　　）

五、简答题

1. 什么是物流企业成本控制？物流企业成本控制应遵循的原则有哪些？

2. 什么是物流企业成本预算？简述物流企业成本预算的分类。

3．什么是物流企业成本？物流企业成本的分类有哪些？

六、案例分析

圆通物流公司是一家集物流、快递、电子商务、印务、仓储等全面服务于一体的物流公司。经过多年发展，圆通公司在国内物流市场逐渐占据较稳定的市场份额。

从 2011 年开始，圆通公司进行企业成本的局部控制和综合性控制，分别在企业成本的各形成环节进行具体控制，并通过系统化的事前、事中和事后控制保证成本控制的良性循环。

（1）事前控制：由于控制前期成本预算标准不科学，所以通过对企业活动开始前影响成本的主要因素与条件的分析，进行成本预测和决策，制定最优的降低成本的措施，确定目标期内的成本及控制手段。主要通过消除无附加价值的作业、选择最优作业链，和改善作业效率等完成事前控制的目标。

（2）事中控制：通过关注和分析企业活动进行中的成本构成及变动情况，及时地分析其主要原因，并采取相应的手段以保证成本控制目标的实现。重点关注企业运营中的单个或部分环节中费用支出的策略选择，将成本控制落实到企业生产的各个环节。

（3）事后控制：圆通公司设立合理的奖罚机制，将成本控制的思想以奖罚制度直观地融合在企业氛围中，以成本的考核、评估结果设定对应的奖罚机制，以促进成本控制手段的发展。并且通过成本的事后考核与评价，可以有效、及时地对结果与目标之前的差距进行分析，寻找控制手段失灵的原因及总结控制手段效用发挥的关键，将成本控制的事前、事中及事后环节有效地联系起来，形成系统的管理体系，以更好地促进未来成本控制的发展。

圆通公司在发展中注重加强成本控制机制的建设与执行，使得该公司的运营成本明显降低，这表明该企业的成本控制机制较为合理。

问题：

1. 圆通物流公司通过哪些方法进行企业成本控制？
2. 物流企业成本的事前、事中和事后控制有哪些不同？

第十一章 物流企业信息管理

【学习目标】

了解物流信息管理的基本概念；熟悉物流信息管理的内容；掌握现代化物流信息技术。

案例 11.1

圆通速递的信息化建设之路

上海圆通速递有限公司（以下简称圆通）成立于2005年5月28日，是国内知名的快递品牌企业，以“创名族品牌”为己任，以实现圆通速递——中国人的快递为奋斗目标，不断改革创新，坚持不懈为广大客户提供优质快递服务。

从建立之初，公司总裁喻渭蛟就意识到快递公司要构建一流的物流需要有一流的信息系统支撑。通过多方面的考虑，以及由于改革需求和系统缺陷，集成化程度更高的 ERP（enterprise resource planning，企业资源规划）系统提上了圆通领导和信息化部分的议事日程，ERP 系统能把公司各部门现有资源进行整合，固化企业管理模式，降低成本，提高效率，实现企业经济效益的最大化。

经过多方考量，圆通选择将该系统外包给 IBM。2010年1月11日，圆通与 IBM 全球企业咨询服务部共同宣布，双方签署一项“管理优化及信息化建设战略合作”协议，旨在帮助圆通突破快速发展过程中的瓶颈，全面提升圆通的企业管理水平，提升其综合竞争力。圆通和 IBM 共同制订了实施三年规划的四步走阶段，分解了目标，也分解了任务、加强了管控。通过信息化的建设实施，给圆通带来的不仅是信息化，更是一种新管理方式和管理理念，这能够帮助圆通打破其发展瓶颈，实现其长远目标。

第一节 物流信息管理概述

一、物流信息的含义

国家标准《物流术语》中将物流信息定义为：物流信息是“反映物流各种活动内容的知识、资料、图像、数据和文件的总称。”

从狭义上讲，物流信息是指与物流活动有关的信息。如货物批量的确定、货物跟踪、运输工具选择、运输路线确定、订单管理、库存数量的确定等，都需要详细和准确的物流信息。从广义上讲，物流信息不仅指与物流活动有关的信息，还包括与其他流通活动有关的信息，如商品交易信息、市场信息等，不仅起到连接整合生产商、批发商、零售商和消费者的整个供应链作用，还在应用现代信息技术的基础上实现整个供应链活动的效率化。

二、物流信息管理的概念

物流信息管理是指运用计划、组织、指挥、协调、控制等基本职能对物流信息搜集、检索、研究、报道、交流和提供服务的过程，并有效地运用人力、物力和财力等基本要素，以期达到物流管理的总体目标的活动。

三、物流信息管理的内容

> **知识补充：**
> 降低制度性物流成本 推进物流业“降本增效”
> http://news.163.com/16/0927/05/C1UP5OD500014AEF.html

物流信息管理就是对物流信息资源进行统一规划和组织，并对物流信息的收集、加工、存储、检索、传递和应用的全过程进行合理控制，从而使物流供应链各环节协调一致，实现信息共享和互动，减少信息冗余和错误，辅助决策支持，改善客户关系，最终实现信息流、资金流、商流、物流的高度统一，达到提高物流供应链竞争力的目的。其主要内容如下。

1. 物流信息管理政策制定

物流信息政策的制定是实现物流信息管理的基础，主要是为了实现不同组织间物流信息的相互识别和利用，实现物流供应链信息的通畅传递与共享，必须确定一系列共同遵守和认同的物流信息规则或规范，如信息的格式与精度、信息传递的协议、信息共享的规则、信息安全的标准、信息存储的要求等。

2. 物流信息规划

物流信息规划即从物流企业的战略高度出发，对信息资源的管理、开发、利用进行长远发展的计划，确定信息管理工作的目标与方向，制订出不同阶段的任务，指导数据库系统的建立和信息系统的开发，保证信息管理工作有条不紊地进行。

3. 物流信息收集

物流信息收集即应用各种手段、通过各种渠道进行物流信息的采集，以反映物流系统及其所处环境情况，为物流信息管理提供素材和原料。信息收集是整个物流信息管理中工作量最大、最费时间、最占人力的环节。

4. 物流信息处理

信息处理工作，就是根据使用者的信息需求，对收集到的信息进行筛选、分类、加工及储存等活动，加工出对使用者有用的信息。信息处理的内容如下。

（1）信息分类及汇总。按照一定的分类标准或规定，将信息分成不同的类别进行汇总，以便信息的存储和提取。

（2）信息编目（或编码）。所谓编目（或编码）指的是用一定的代号来代表不同信息项目。用普通方式（如资料室、档案室、图书室）保存信息则需进行编目，用电子计算机保存信息则需确定编码。在信息项目、信息数量很大的情况下，编目及编码是将信息系统化、条理化的重要手段。

（3）信息储存。应用电子计算机及外部设备的储存介质，建立有关数据库进行信息的存储，或通过传统的纸质介质如卡片、报表、档案等对信息进行抄录存储。

（4）信息更新。信息具有有效的使用期限，失效的信息需要及时淘汰、变更、补充等，才能满足使用者的需求。

知识补充：

交通运输行业周报：航空业业绩表现优异，物流业高景气度不改

http://finance.qq.com/a/20161108/010336.htm

（5）数据挖掘。信息可区分为显性信息和隐性信息，显性信息是可用语言明确表达出来的、可编码化的信息，隐性信息则存在于人头脑中的个人的行为、世界观、价值观和情感之中，往往很难以某种方式直接表达出来或直接发现，也难于传递与交流，但隐性信息具有可直接转化为有效行动的重要作用，其价值高于和广于显性信息。因此，为了充分发挥信息的作用，需要对显性信息进行分析、加工和提取等，挖掘出隐藏在后面的隐性信息，这就是数据挖掘的任务。

5. 物流信息传递

信息传递是指信息从信息源发出，经过适当的媒介和信息通道传输给接收者的过程。信息传递方式有许多种，一般可从不同的传递角度来划分。

（1）从信息传递方向看，有单向信息传递方式和双向信息传递方式。单向信息传递是指信息源只向信息接收源传递信息，而不双向沟通交流信息；双向信息传递是指信息发出者与信息接收者共同参与信息传递，双方相互交流传递信息，信息流呈双向交流传递。

（2）从信息传递层次看，有直接传递方式和间接传递方式。两种传递方式的区别是信息源与信息接收者之间信息是直接传递，还是经其他人员或组织进行传递。

（3）从信息传递时空来看，有时间传递方式和空间传递方式。信息的时间传递方式指信息的纵向传递，即通过对信息的存储方式，实现信息流在时间上连续的传递。空间传递方式指信息在空间范围的广泛传递。由于现代通信技术的发展，电视传真、激光通信、卫星通信等手段为信息的空间传递创造了条件。

（4）从信息传递媒介看，有人工传递和非人工的其他媒体传递方式。

6. 物流信息服务应用

服务与应用是物流信息资料重要的特性，信息工作目的就是将信息提供给有关方面使用。物流信息的服务工作主要内容有以下几个方面。

（1）信息发布和传播服务。按一定要求将信息内容通过新闻、出版、广播、电视、报刊杂志、音像影视、会议、文件、报告、年鉴等形式予以发表或公布，便于使用者搜集、使用。

（2）信息交换服务。通过资料借阅、文献交流、成果转让、产权转移、数据共享等多种形式进行信息的交换，以起到交流、宣传、使用信息的作用。

（3）信息技术服务。包括数据处理设备、计算机、复印机等设备的操作和维修及技术培训、软件提供、信息系统开发服务等活动。

（4）信息咨询服务。包括公共信息提供、行业信息提供、政策咨询、管理咨询、信息中介、计算机检索等，实现按用户要求收集信息、查找和提供信息，或就用户的物流经营管理问题，进行针对性信息研究、信息系统设计与开发等，帮助用户提高管理决策水平，实现信息的增殖和放大，以信息化水平的提高带动用户物流管理水平的提高。

四、物流信息管理的功能

1. 记录交易活动功能

物流信息的记录交易功能就是记录物流活动的基本过程和内容。主要包括记录采购过程、制订价格及相关人员和供求信息的查询、安排储运任务、生产作业程序、销售等整个物流活动的内容。

2. 物流业务服务功能

对物流服务的水平和质量、现有管理个体和资源的管理，要有信息管理作相关的协调和控制，是在充分利用计算机的强大功能，汇总和分析各种物流数据，形成信息资源，为物流管理及其业务活动提供信息服务，使管理者做出合适的决策，增强了物流企业的竞争优势。

3. 物流工序协调功能

在物流运作中，加强信息的集成与传递，有利于工作的时效性，提高工作的质量与效率。

4. 支持物流决策和战略功能

物流信息管理协调物流企业工作人员和管理员通过其服务功能，充分利用内、外部物流数据信息资源，进行物流活动的评估和成本收益分析，从而做出更好的物流决策。

第二节　物流信息技术

一、条形码技术

条形码的研究始于 20 世纪中期，当时美国和加拿大等地区开始采用 UPC 条码，该码被普遍用于标识食品、出版物、金属制品以及其他一些物品。

欧洲的条形码技术也促进了贸易的发展，开发出了与 UPC 条码兼容的、应用范围更为广泛的欧洲物品编码系统，简称 EAN 条码。

我国条形码技术的研究始于 20 世纪 70 年代末，条形码技术在我国的邮电、仓储、图书管理、血库、商业及生产过程的自动控制等领域开始得到初步运用。

（一）条形码的概念

条形码简称条码，是一种可以用专用光电扫描阅读设备识读并实现数据输入计算机的特殊代号，是由一组粗细不同、黑白（彩色）相间的条与空及对应字符，按一定的编码规则组合排列起来，用以表示一定信息的图形，如图 11-1 所示。

图 11-1　条形码与二维码

（二）条形码的特点

在信息输入技术中，采用的自动识别技术种类有很多。条形码作为一种图形识别技术，与其他识别技术相比有许多优点。

1. 条形码标签易于制作

条形码既可以印在商品的外包装上，也可以使用专用条形码打印机或普通计算机的打印机与其他文字、图案同时打印。条形码是唯一可以直接打印的机器语言。

2. 扫描操作简单易行

条形码识别设备结构简单，操作容易，无须专门训练，易于国际化。

3. 准确可靠

将条形码输入与普通键盘输入比较，条形码输入平均每 1.5 万个字符到 36 亿个字符才出现一个错误，误码率低于百万分之一。

4. 信息采集速度快

利用条形码扫描录入信息的速度是键盘输入的 20 倍，并且能实现“即时数据输入”。

5. 经济性好

与其他自动识别技术相比，其成本较低。

6. 灵活、实用、自由度大

条形码符号不仅可以作为一种识别手段单独使用，还可以和其他控制设备联系起来实现整个系统的自动化管理。如果没有自动识别设备时，也可以手工键盘输入，灵活性很高。

（三）条形码的结构

条形码的字符结构包括左侧空白区、起始字符、数据字符、校验字符、终止符和右侧空白区，如图 11-2 所示。

图 11-2　条形码的结构

由于光的传输速度很快，因此可以准确无误地对运动中的条形码予以识别。

补充阅读

条形码的分类

按照条形码的码制不同分类，目前世界上流行的有几十种条形码，如 UPC 条码、EAN 条码、三九条码、库德巴条码、二五条码（ITF 条码）、四九条码、11 条码、128 条码等（见图 11-3）。专门用于表示物流编码的条形码码制，现在通用的主要有 EAN 消费单元商品条码、储运单元条码以及贸易单元 128 条码等。

图 11-3　EAN、UPC、ITF 条码

二、电子数据交换技术

1. 电子数据交换的概念

电子数据交换（electronic data interchange，EDI）是指按照统一规定的一套通用标准格式，将标准的经济信息，通过通信网络传输，在贸易伙伴的电子计算机系统之间进行数据交换和自动处理，俗称“无纸贸易”。

构成 EDI 系统的三个要素是 EDI 软件和硬件、通信网络以及数据标准化。一个部门或企业若要实现 EDI，首先要有一套计算机数据处理系统；其次须采用 EDI 标准，目的是使本企业内部数据比较容易地转换为 EDI 标准格式。

EDI 不是一种自动识别技术，它是指在不同公司的贸易系统之间以一种共同承认的标准模式进行信息的交换。

2. EDI 在物流中的应用

EDI 最早的使用者之一是运输公司，此后 EDI 被广泛地运用在汽车生产、零售、药物、公用设施和食品等领域，而且正在被更多的行业所接受。尤其是在即时送货和迅速反应系统中使用 EDI，可缩短交货时间，改善库存量，改善管理成本，提高准确性和提高产品及服务的质量。

EDI 是一种信息管理或处理的有效手段，它是对供应链上的信息流进行运作的有效方法。EDI 的目的是充分利用现有计算机及通信网络资源，提高贸易伙伴之间的通信效益，降低成本。

物流 EDI 的框架如图 11-4 所示。

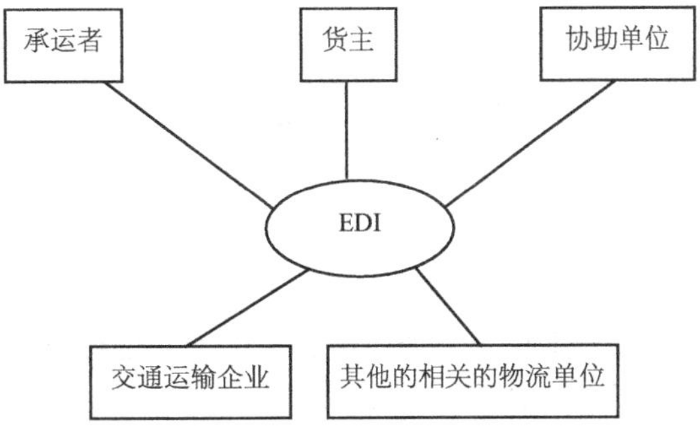

图 11-4　物流 EDI 的框架结构

使用EDI的优点在于供应链组成各方基于标准化的信息格式和处理方法，通过EDI共同分享信息，提高了流通效率，降低了物流成本。

EDI既准确又迅速，可免去不必要的人工处理，节省人力和时间。由于EDI出口手续简便，可减少单据费用的开支，并缩短国际贸易文件的处理周期，因此给物流企业带来了巨大的经济利益。

补充阅读

EOS电子订货系统

EOS（electronic ordering system）即电子订货系统，是指企业间利用通信网络（VAN 或者 Internet）和终端设备，以在线连接方式进行订货作业与订货信息交换的系统。电子订货系统将厂商、批发商和零售商间所发生的订货数据输入计算机，通过计算机通信网络连接的方式即刻将资料传送至总公司、批发商、商品供货商或制造商处。因此，EOS 能处理从新商品资料的说明直到会计结算等所有商品交易过程中的作业，可以说EOS涵盖了整个商流。

电子订货系统是指将批发、零售商场所发生的订货数据输入计算机，即通过计算机通信网络连接的方式将资料传送至总公司、批发商、商品供货商或制造商处。因此，EOS 能处理从新商品资料的说明直到会计结算等所有商品交易过程中的作业，可以说EOS涵盖了整个物流。

三、电子标签技术

1. 电子标签的概念

电子标签术语为射频识别（radio frequency identification, RFID），是一种非接触式的自动识别技术，它通过射频信号自动识别目标对象并获取相关数据，识别工作无须人工干预，可工作于各种恶劣环境。RFID技术可识别高速运动物体并可同时识别多个标签，操作快捷方便。

电子标签即使看不见也可以方便地读写；可以在多种复杂环境中工作；可以容易地以不同形式嵌入或者附着在不同的产品上；更远的读写距离，三维的读写方式；更大的存储容量；有密钥保护，更安全，不易伪造。

RFID技术与条形码技术的区别见表11-1。

表11-1　RFID技术与条形码技术的区别

RFID技术	条形码技术
可以识别单个的非常具体的物体	只能识别一类物体
采用无线电射频，可以透过外部材料读取数据	必须靠激光来读取信息
可以同时对多个物体进行识读	只能一个一个物体地读

知识补充：

RFID技术简介（一）

http://www.linkwan.com/gb./tech/htm/790.htm

2. 电子标签系统组成及原理

典型的RFID系统由电子标签、读写器以及天线组成，如图11-5所示。

（1）标签（tag）。它由耦合元件及芯片组成，每个标签具有唯一的电子编码，高容量电子标签有用户可写入的存储空间，附着在物体上标识目标对象。

（2）读写器（read/write device）。它是手持或固定式读取（有时还可以写入）标签信息的设备。

（3）天线（antenna）。它用于在标签和阅读器间传递射频信号。

RFID 系统工作时，标签进入磁场后，接收读写器发出的射频信号，凭借感应电流所获得的能量发送出存储在芯片中的产品信息（passive tag，无源标签或被动标签），或者主动发送某一频率的信号（active tag，有源标签或主动标签）；读写器读取信息并解码后，送至中央信息系统进行有关数据处理。

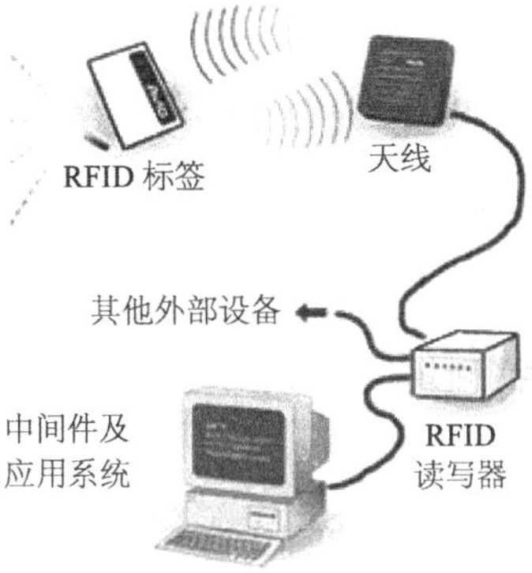

图 11-5　RFID 系统组成

3. RFID 的优势

RFID 标签具有很好的综合性能，它的优势主要体现在以下几个方面。

（1）每个 RFID 标签都与一个全球唯一的 ID 号码对应。该 ID 号码是在制作 RFID 标签生产过程中写入存储器中的，一旦写入就无法修改，不易复制。

（2）RFID 标签与 RFID 读写器是通过无线进行传输的，可以识别高速的、移动的物体并可同时识别多物体，因此标签可以在没有任何机械磨损的情况下被多次读取，同时可以被读写器快速批量读取。

（3）RFID 标签是采用大规模集成电路技术设计的芯片。这种芯片无论设计与制造都是技术难度要求高而且投入大，因此给造假者造成了难以逾越的障碍。同时 RFID 技术与密码技术相结合，从软件破译方面也增大了造假者的成本。

（4）RFID 标签的读取具有非接触、对环境适应能力强、可同时读取多个标签、读取速度快等突出特点。因此 RFID 防伪技术不仅可以应用于名烟、名酒等名贵消费类产品上，也可以应用到工业、农业、交通运输相关产品上。

（5）RFID 防伪的一个天然优势是结合物流进行防伪。通过追踪产品的供应链，结合分布式数据库的管理，实现对产品的追根溯源。

知识补充：

物流行业信息化发展之路

http://business.sohu.com/20160906/n467764588.shtml

4. 电子标签在物流企业中的应用

基于 RFID 技术的仓储管理系统已越来越多的应用于各物流企的仓储管理中，为物流企业的效益增长带来巨大的影响。RFID 技术在整个仓储管理中承担着仓储管理载体的作用，作为新一代的仓储管理技术，它正逐步取代传统的物流管理领域中被长期使用的条形码技术。由于条形码本身缺乏存储空间，单纯依赖一系列简单的号码来表示货物的全部信息，以至于需要将大量的数据信息存储到后台计算机中，这无疑给后台计算机的信息处理容量和内存大小提出了极高的要求。然而通过 RFID 阅读器即可立即了解货物的相关信息，而不必访问后台数据库，从而简化了整个的工作流程。

四、GPS 技术及 GIS 技术

（一）GPS 技术

全球定位系统（Global Positioning System，GPS）是利用导航卫星进行测时和测距，使地球上的任何用户都能确定自己所处的方位，它是由一系列卫星组成的，它们 24 小时提供高精度的世界范围的定位和导航信息。准确地说，它是由 24 颗沿距地球 12000km 高度的轨道运行的 NAVSTAR GPS 卫星组成，不停地发送回精确的时间和它们的位置。GPS 接收器同时收听 3～12 颗卫星的信号，从而判断地面上或接近地面的物体的位置，还有它们的移动速度和方向等。

1. GPS 系统的组成

GPS 系统主要包括三大部分：空间部分——GPS 卫星星座，地面控制部分——地面监控系统，用户设备部分——GPS 信号接收机。

（1）GPS 卫星星座

GPS 工作卫星及其星座由 21 颗工作卫星和 3 颗在轨备用卫星组成，记作（21+3）GPS 星座。24 颗卫星均匀分布在 6 个轨道平面内，轨道倾角为 55°，各个轨道平面之间相距 60°，即轨道的升交点赤经各相差 60°。每个轨道平面内各颗卫星之间的升交角距相差 90°，一轨道平面上的卫星比西边相邻轨道平面上的相应卫星超前 30°。

（2）地面监控系统

对于导航定位来说，GPS 卫星是一动态已知点。卫星的位置是依据卫星发射的星座——描述卫星运动及其轨道的参数算得的。每颗 GPS 卫星所播发的星历，是由地面监控系统提供的。卫星上的各种设备是否正常工作，以及卫星是否一直沿着预定轨道运行，都要由地面设备进行监测和控制。地面监控系统另一重要作用是保持各颗卫星处于同一时间标准——GPS 时间系统。这就需要地面站监测各颗卫星的时间，求出时差。然后由地面注入站发给卫星，卫星再由导航电文发给用户设备。GPS 工作卫星的地面监控系统包括一个主控站、三个注入站和五个监测站。

（3）GPS 信号接收机

GPS 信号接收机能够捕获到按一定卫星高度截止角所选择的待测卫星的信号，并跟踪这些卫星的运行，对所接收到的 GPS 信号进行变换、放大和处理，以便测量出 GPS 信号从卫星到接收机天线的传播时间，解译出 GPS 卫星所发送的导航电文，实时地计算出监测站的三维位置，甚至三维速度和时间。

2. GPS 技术的应用

GPS 广泛应用于铁路运输、军事物流、交通系统等领域，并对物流业的发展起着重要的推动作用。

（1）用于铁路运输管理

我国铁路开发的基于 GPS 的计算机管理信息系统，可以通过 GPS 和计算机网络实时收集全路列车、机车、车辆、集装箱及所运货物的动态信息，可实现列车、货物追踪管理。只要知道货车的车种、车型、车号，就可以立即从近 10 万公里的铁路网上流动着的几十万辆货车中找到该货车，还能得知这辆货车现在何处运行或停在何处，以及所有的车载货物发货信息。铁路部门运用这项技术可大大提高其路网及其运营的透明度，为货主提供更高质量的服务。

（2）用于军事物流

全球卫星定位系统首先是因为军事目的而建立的，在军事物流中，如后勤装备的保障等方面，应用相当普遍。尤其是美国，其在世界各地驻扎的大量军队无论是在战时还是在平时都对后勤补给提出很高的需求，在战争中，如果不依赖 GPS，美军的后勤补给就会变得一团糟。美军在 20 世纪末的地区冲突中依靠 GPS 和其他顶尖技术，以强有力的、可见的后勤保障，为“保卫美国的利益”做出了重要贡献。对此，引起了我国的重视，我国军事部门也在运用 GPS。

（3）GPS 在交通系统中的应用

GPS 导航系统与电子地图、无线电通信网络及计算机车辆管理信息系统相结合，可以实现车辆跟踪和交通管理等许多功能。

（二）GIS 技术

地理信息系统（geographical information system，GIS）是多种学科交叉的产物，它以地理空间数据为基础，采用地理模型分析方法，适时地提供多种空间的和动态的地理信息，是一种为地理研究和地理决策服务的计算机技术系统。其基本功能是将表格型数据（无论它来自数据库、电子表格文件或直接在程序中输入）转换为地理图形显示，然后对显示结果进行浏览、操作和分析。其显示范围可以从洲际地图到非常详细的街区地图，显示对象包括人口、销售情况、运输线路以及其他内容。

1. GIS 在仓库规划中的应用

由于 GIS 本身是把计算机技术、地理信息和数据库技术紧密相结合起来的新型技术，其特征非常适合仓库建设规划，从而使仓库建设规划走向规范化和科学化，使仓库建设的经费得到最合理的运用。仓库 GIS 作为仓库 MIS 中的一个子系统，它用地理坐标、图标的方式更直观地反映仓库的基本情况，如仓库建筑情况、仓库附近公路和铁路情况、仓库物资储备情况等；它是仓库 MIS 的一个重要分支和补充。

作为仓库规划的 GIS 应用系统，主要解决两个方面的问题：一是解决仓库建设的规划审批问题；二是必须解决能为规划师和上级有关部门的决策提供辅助。从仓库整个的宏观规划来说，它还可以解决仓库的宏观布局问题。

2. GIS 在铁路运输中的应用

市场是动态的，市场营销需要动态管理，货运和客运均为动态事件，它们与外界环境密切相关，并随着周围环境（如地理位置、城市规划、产业结构、宏观调控、政策法规等）的不断变化而变化。货运和客运的营销均需考虑地理因素的影响。地理信息系统可以通过地理编码功能，将销售数据与地图建立联系，用户单击地图上的任意对象，可同时看到与该对象相关联的所有数据，例如用户地址、月度运输计划、主要债务，以及用户、竞争对手分布图；

甚至包括周边环境，如面积、工农业产值、矿产资源、人口分布、人口数量、收入水平等。运用地理信息系统，利用上述环境信息数据，可以进行客货运销售分析，评估经济效益；或建立数学模型，预测货物流量和流向，并显示在地图上。用户可以根据预测结果，对运输模式及销售区域进行规划。此外，还可以对突发事件进行应急处理，如运用地理信息系统实现救灾物资和装备的查询、调配、运输路线选择及运输方式协调等。

3. 车辆监控系统

车辆监控系统是集 GPS、GIS 和现代通信技术为一体的高科技系统。其主要功能是对移动车辆进行实时动态的跟踪，利用无线通信设备将目标的位置和其他信息传送至主控中心，在主控中心进行地图匹配后显示在监视器上。主控中心还能够对移动车辆的准确位置、速度和状态等必要的参数进行监控和查询，从而科学地进行调度和管理，提高运营效率。

4. GIS 在物流分析方面的应用

GIS 在物流分析方面的应用，主要是指利用 GIS 强大的地理数据功能来完善物流分析技术。国外公司已经开发出利用 GIS 为物流分析提供专门分析的工具软件。完整的 GIS 物流分析软件集成了车辆路线模型、最短路径模型、网络物流模型、分配集合模型和设施定位模型等。

五、物联网技术

1. 物联网的概念

知识补充：
引导绿色经营 降低物流成本
http://news.163.com/16/0925/10/C1Q7BD0500014AED.html

物联网（Internet of things，IOT）即把所有物品通过射频识别等信息传感设备与互联网连接起来，实现智能化识别和管理的网络系统。具体地说，就是把感应器嵌入和装备到电网、铁路、桥梁、隧道、公路、建筑、供水系统、大坝、油气管道等各种物体中，然后将“物联网”与现有的互联网整合起来，实现人类社会与物理系统的整合，在这个整合的网络当中，存在能力超级强大的中心计算机群，能够对整个网络内的人员、机器、设备和基础设施实施实时的管理和控制，在此基础上，人类可以以更加精细和动态的方式管理生产和生活，达到“智慧”状态，提高资源利用率和生产力水平，改善人与自然间的关系。

2. 物联网的原理

物联网有三大功能模块，即全面感知、可靠传送和智能处理。因此物联网在原理上包括三个基本组成部分。

（1）传感网络，利用射频识别（RFID）、二维码、GPS、摄像头、传感器、传感器网络等感知、捕获、测量等技术手段随时随地对物体进行信息采集和获取。像 RFID 标码和读写器等，这些传感设备现在都已经有应用，但是相对来说比较简单。要真正地全面感知物体的一些特性、状态，还需要更全面、更敏感的感知技术，现在的传感器还不能全面满足物联网信息采集的要求。不但需要创造一些高性能的传感器件，还要解决低功耗、小型化和低成本的问题，只有朝着低能耗、低成本、小型化的方向发展，才可能实现物联网这样广泛领域的信息采集任务。

（2）传输网络，即通过各种通信网络与互联网的融合，将物体（things）接入信息网络，随时随地进行可靠的信息交互和共享。无所不在的泛在化无线通信网络是实现物联网最重要的设施。无线通信网络包括短距离的网络、局域网、城域网等。为了达到节电的目的，物联网的传感器技术需要采用一些短距离通信的技术。而物联网的泛在化又要求一定要有广域通信技术。第三代通信网络将为物联网提供安全有效的信息传递。

（3）应用和业务，即通过手机、PC 等终端设备实现所感知信息的应用服务，利用云计算、模糊识别等各种智能计算技术，对海量的跨地域、跨行业、跨部门的数据和信息进行分析处理，提升对物理世界、经济社会各种活动和变化的洞察力，实现智能化的决策和控制。而且最重要的是要研究如何实现对海量信息低成本处理。

3. 物联网的特征

物联网有两大特征，一是泛在化；二是智能化。

（1）泛在化：这表现在物联网的信息采集层传感器的泛在化，我们所关注的各种物体都需要安装电子代码（EPC）或传感器，构成传感器网络；还表现在通信层面的泛在化，即在信息采集以后要及时、安全、有效地传送到平台去作信息的分类、整理和应用，这都需要有一个泛在化有限通信网络。

（2）智能化：物联网要处理的信息是海量的，应用途径、处理方法、处理流程也是千变万化的。这要求信息采集、信息传输、应用处理都要全面实现自动化、智能化，能够按照设定的作业流程，自动完成某些业务处理。不只是单一的孤立的信息采集和处理，而是上下流程协同，有关多方信息共享，都需要采用智能化的技术处理信息，才能最大程度地发挥物联网的作用。

4. 物联网的应用

“物联网”被称为继计算机、互联网之后，世界信息产业的第三次浪潮。物联网一方面可以提高经济效益，大大节约成本；另一方面可以为全球经济的复苏提供技术动力。目前，美国、欧盟、中国等都把物联网作为信息化战略非常重要的内容，都在投入巨资深入研究探索物联网。物联网用途广泛，遍及智能交通、环境保护、政府工作、公共安全、平安家居、智能消防、工业监测、老人护理、个人健康等多个领域。

补充阅读

云计算技术

1. 狭义云计算

狭义云计算是指 IT 基础设施的交付和使用模式，指通过网络以按需、易扩展的方式获得所需的资源（硬件、平台、软件）。提供资源的网络被称为“云”。“云”中的资源在使用者看来是可以无限扩展的，并且可以随时获取，按需使用，随时扩展，按使用付费。这种特性经常被称为像水电一样使用 IT 基础设施。

2. 广义云计算

广义云计算是指服务的交付和使用模式，指通过网络以按需、易扩展的方式获得所需的服务。这种服务可以是 IT 和软件、互联网相关的，也可以是任意其他的服务。

本章小结

物流信息管理作为一个动态的发展的概念，其内涵和外延不断随着物流企业实践的深化和物流企业管理的发展而不断发展。在物流信息管理的早期主要是采用人工方式进行管理，当计算机出现之后，伴随着信息技术的发展出现了基于信息技术的物流信息系统。它是对物流信息资源进行统一规划和组织，并对物流信息的收集、加工、存储、检索、传递和应用的全过程进行合理控制，从而使物流供应链各环节协调一致，实现信息共享和互动，减少信息冗余和错误，辅助决策支持，改善客户关系，最终实现信息流、资金流、商流、物流的高度统一，达到提高物流供应链竞争力的目的。

练习题

一、概念识记

物流信息管理　条形码　电子数据交换　RFID　物联网

二、单选题

1．数据是（　　）。

A．对客观实物的认识　B．客观实物的记录

C．文字　D．数字

2．下面（　　）不是物流信息的特征。

A．信息量大　B．更新快　C．来源多样化　D．单向流动

3．通过自动读取设备在销售商品时直接读取商品销售信息，并通过通信网络和计算机系统传送至有关部门进行分析加工以提高经营效率的系统是（　　）。

A．EOS 系统　B．POS 系统　C．专家系统　D．EDI 系统

4．条形码就是（　　）。

A．一种代码　B．代码的图形　C．数字串的图形　D．字母串的图形

5．下列技术属于自动跟踪技术的是（　　）。

A．条码技术　B．GPS　C．RFID　D．EDI

三、多选题

1．物联网的特性包括（　　）。

A．泛在化　B．单一化　C．简单化　D．智能化

2．二维条码与一维条码相比较（　　）。

A．尺寸大　B．存储信息多　C．纠错能力强　D．识读困难

3．物流信息处理的内容包括（　　）。

A．信息编目　B．信息储存　C．信息更新　D．数据挖掘

4．典型的 RFID 系统组成包括（　　）。

A．电子标签　　B．网线　　C．读写器　　D．天线

四、判断题

1．全球定位系统的英文简写是 GIS。（　　）

2．数据和信息没有区别。（　　）

3．一维条码与堆积式二维条码没什么不同。（　　）

4．GPS 系统包括地面控制部分——GPS 信号接收机。（　　）

五、简答题

1．什么是物流信息？

2．简述物流信息管理的功能。

3．简述条形码的优点。

第十二章 物流企业发展新模式

【学习目标】

掌握物流企业发展的几种常见的模式——传统企业向现代物流企业转型模式、外资物流企业进入国内市场、迅速发展的民营物流企业；熟悉物流企业发展各种模式的相关案例。

案例 12.1

中国邮政的转型之路

中国邮政向现代物流企业转型的步伐可圈可点。中国邮政在全国大中城市建有 236 个较大规模的配送中心，覆盖全国 2300 多个县级以上城市。同时中国邮政具有一个由飞机、火车、汽车等不同运输工具组成的庞大干线运输网，不但拥有自己的航空公司，还拥有自备的火车车厢 510 节，各类邮运汽车 3.3 万辆。中国邮政还拥有自己的特服号 185，有自己的准银行机构，有国家特许的车辆通行权。中国邮政进军现代物流业，有着得天独厚的条件，发展前景不可限量，但是应该看到中国邮政开展物流服务尚有一些需要解决的问题。

中国邮政如何解决冗员，放下邮老大的思想，转变观念，成为一个现代物流企业是其首先要解决的问题。中国邮政的电脑网络是制约邮政转型的一个瓶颈。邮政 236 个物流中心，遍布全国的网点电脑联网费时费钱，虽说有投资数十亿的涉及全国 1 万多个网点的绿卡金融工程，但在物流系统中并未得到很好应用，而没有全系统的联网就没有物流业务。

中国邮政的作业流程亟待优化，邮政的作业基本是接力式运作，其中手工作业又占了相当部分，作业的低效率必然带来服务质量的低下和成本的增加，这是邮政要解决的另外一个问题。中国邮政缺乏对外开放的经验。长期以来，中国邮政比较封闭，对国际通行的做法缺乏了解。中国邮政的物流中心大部分是作为分拣和周转之用，空闲面积普遍较小，缺乏真正意义上的现代物流中心。未来相当长的时间内，中心城市以外的市场无人能与中国邮政抗衡，但是如何占领中心城市是中国邮政的关键问题之所在。

启发思考：

中国邮政在转型过程中，自身有哪些优势和问题？

第一节　传统企业向现代物流企业转型

案例 12.2

中铁快运是铁道部的下属企业，利用铁路的优势和全国各地的铁路货站、仓库为客户提供门到门的服务。不过，从中铁快运的布局战略来看，它没有明确的大客户战略，服务手段也相对单一，没有建立现代物流企业的概念。同时中铁快运全国各网点分属各地铁路局，相互关系是代理制关系，有待理顺。随着铁路的一次次提速，中铁快运的优势将更大。中铁快运今后在信息网络上要依托铁道部的信息网建立自己的信息系统；运输手段要以铁路为主，兼顾空运和汽车运输；营销上要建立大客户战略；观念上要转变铁老大的思想；产品设计上要在铁路平台上根据客户的需要设计不同的产品，真正确立自己的竞争优势。上述问题基本都是技术层面的问题，解决起来比较容易，中铁快运将成为中国物流业界的佼佼者。

启发思考：

中铁快运向现代物流企业转型遇到了哪些问题？

一、传统企业向现代物流企业转型的意义

1. 节约成本，提供高效的物流服务

我国物流成本在 GDP 中所占的比例处于世界落后地位，只有通过传统企业向现代物理企业的转型，才能从根本上解决企业成本过高、服务质量差的现状。现代物流企业的建立，通过整合原有资源，完善运营体系，从而降低物流成本，提高物流服务。

2. 顺应高速的经济发展，促进经济发展

中国已经在经济领域取得了很大的成绩，而作为贯穿整个经济命脉的物流业，如果其发展速度跟不上经济发展的脚步，必将拖累我国经济发展，更甚之会阻止我国经济的发展。所以传统物流企业的转型意义重大。只有转型成功，才能顺应经济发展所带来的对现代物流业的需求和个性化的物流需求，从而更进一步促进经济的发展。

3. 建立国内物流企业龙头，保护民族物流行业

随着改革开放，很多外资企业纷纷进入中国市场。在整个供应链中，中国通过加工所获得的利益，是整个利润中最少的，而更多的都是被那些提供物流服务、广告策划、采购、销售等环节的外资企业拥有。中国的第三产业相对于国外企业来说比较落后，尤其是物流业，如果保持现状不变，中国的物流市场将出现前所未有的危机，这使得传统物流企业的转型发展显得尤为重要。

二、传统企业向现代物流企业转型的措施

1. 观念的转变

传统的物流企业要实现真正的转型，就应该进一步推行物流新思想，改变所有物流工作

人员的思想观念，建立一个在现代物流思想领导下的现代化物流企业。要转变我国物流企业的传统观念，首先，政府应该充分利用各种宣传媒体，大力宣传现代物流企业管理理念，积极引入国外先进发展思想，同时对我国物流企业进行多方面的支持和补助；进而形成一个良好的物流发展环境，大步发展现代物流企业。

2. 物流企业人才的培养

各个物流企业应该鼓励员工不断学习物流知识，对表现优秀者进行精神上和物质上的奖励，通过邀请专家学者针对本企业制定的战略目标，提供物流方案，从全方位对员工进行培训，如果条件允许的话，也可安排员工出外进修，最大程度地为员工提供学习的机会。高校应加强培养学生的适应能力，加强专家指导与人才引进，建设物流实训基地，为学生提供实习环境，加强培养学生的适应能力。高校应与企业建立良好的校企合作关系，确立为企业服务的理念，不断带动教学内容、教学方法的变革，带动专业设备的更新、师资队伍的建设、学生实践能力的培养和整体素质的提高，鼓励人才出国深造，培养出新一代的物流精英，这也是我国物流企业所亟待需要的，如此才能促进我国经济的发展。

3. 物流设施的完善

各转型的物流企业，根据企业自身经济实力，引入一些适合企业发展需要的先进的物流装卸搬运设备，自动化立体仓库、自动分拣系统、自动导引小车等现代装备，如此可以大大减少必要的人为错误，通过各个环节的协调合作，提高生产效率，从而为企业带来更多的效益和利润。

> **知识补充：**
> 大数据、移动互联网助力物流模式加速进化
> http://www.chinawuliu.com.cn/information/201611/09/316747.shtml

4. 实现专业化、社会化与信息化

转型的物流企业应该从原本的以公司本身利益为出发点，转向以客户为中心，将满足客户需求作为企业生存和发展的宗旨。由原本以公司本身利益为出发点，转向以客户为中心，将满足客户需求作为企业生存和发展的宗旨。为客户提供多方位、全方位的物流服务，建立一个完善的物流管理系统。

三、传统企业向现代物流企业转型介绍

1. 中远集团

中远集团是中国最大的远洋运输企业，它拥有1000多万吨的船队，控股内地和海外的4家上市公司，其融资渠道通畅。它在全球50多个城市设有营业网点，在全国的各主要海港拥有自己的物流中心。许多国内著名的生产企业都是中远的传统客户。

2. 民航快递

民航快递是民航总局的下属企业，目前在全国主要空港设有分支机构，产品定位于快运，但是产品线相当单一。而民航在中国的运输部门中是贵族，对利薄辛苦的其他运输方式关注不够。而且各地民航快递各自为战，已呈现被个个击破的态势。

3. 外运集团

外运集团原属外经贸部，是中国120家大型企业集团之一。它拥有220亿元资产，200万载重吨的远洋运输船舶，550万平方米仓库，3000辆卡车，专用线6条，监管库、保税库多

座和自营码头 15 座。外运集团 20 多年前就与世界级的物流企业建立了合作关系，先后与 DHL、TNT、UPS、日通、英国空运等建立了合资公司，并将自己的发展战略定位于综合物流企业上，但是成果没有想象中那么好。究其原因，国有企业整体转型难度很大，过程漫长，而在漫长的转型过程中，市场被瓜分完毕。外运集团首先要解决的是建立现代企业制度。

第二节　进入中国市场的外资物流企业

一、外资物流企业带来的积极影响

1. 加快了我国物流产业升级

虽然我国的基础设施建设如道路、桥梁、车站、码头、机场等已基本完善，但离现代物流的需要还有一段距离，尤其是在我国的中西部地区，一些大型的基础设施项目还有待开发。外资物流企业在我国的资金和技术投入,加强了我国物流基础设施建设。如日本三井与宝钢、鞍钢、武钢合作，初步建成了全国范围内的钢材加工配送网络。此外，外资对汽车物流、能源物流、港口物流投入也很大，港口物流与集装箱运输已成为外商直接投资增长势头最为强劲的领域。而以普洛斯为代表的新型物流产业园区也已基本完成在我国东部、中部的布局，推动了中国物流园区建设的进程。

> **知识补充：**
> 解决物流供需信息“剪刀差”“浙江方案”推向全国
> http://n.cztv.com/news/12294432.html

2. 对国内物流企业发展的示范作用

和本土物流企业相比，外资物流企业运作模式具有以下特点。

（1）外资物流企业的服务对象 98%是外商独资或中外合资企业等全球大客户，主要提供中高端服务。国内物流供应商更多地关注国内的物流商机，大多提供中低端物流服务。

（2）相对于本土物流企业，外资物流企业的优势并非规模和资本优势，而是多年来积累起来的知识、方案和人力资本，即使是没有实物资产的外资物流企业借助联盟和自身的知识优势同样可以凭借服务能力赢得客户。

（3）外资物流企业通过应用物流信息技术为基础的服务提高了竞争能力。他们认为物流信息化最主要的驱动因素是提高操作效率，其次是改进客户服务和引导客户需求，相比之下，我国的物流企业信息化水平仍处于初级阶段。

二、外资物流企业带来的负面影响

1. 抢占了国际产业链中的高端服务领域

总体来看，目前外资物流企业进入中国的重点领域是涉及国际物流或国内市场中技术含量高、附加值高、市场潜力大的采购、供应链管理等业务项目以及物流管理信息技术、快递、集装箱多式联运等，而本土物流企业目前还没有能力进入国际产业链中的高端服务领域。尽管外资物流企业和本土物流企业在主要的服务对象和业务上存在很大不同，外资物流公司对内资物流企业还是构成了威胁。

2. 抢占了物流领域大量的优秀人才

我国物流业的市场集中度还不高，加上中国物流类优势资源主要集中在上市公司，跨国物流企业并购国内物流企业的热情很高。通过大规模并购，外资物流企业抢占了我国国际快递、航运物流，以及进入中国的国外制造企业、餐饮企业带来的物流业务，如汽车物流、特种钢材物流等物流领域的绝大部分市场，甚至形成了短期内难以打破的垄断地位。以国际速递为例，FedEx、UPS、DHL 以及 TNT 四大外资快递巨头已占领了我国国际快递市场 80% 以上的份额。

外资物流企业通过高薪招揽我国优秀的专业技术人才，导致我国物流人才稀缺问题更加突出。

3. 对我国中小物流企业的生存环境构成极大威胁

在国有大型物流企业与外资物流企业的夹缝中生存，对于规模小、服务内容比较单一、网络管理松散、融资困难的中小物流企业来说是严峻的挑战。依靠强大的市场力量，外资物流企业试图通过掠夺性定价打压中小物流企业，争夺更多的市场份额。

随着外资物流企业的不断进入，众多中小物流企业如不在强化自身建设、提高服务质量上谋求发展，恐怕很难保住市场份额。

三、进入中国市场的外资物流企业介绍

随着中国经济的快速发展，越来越多的外资物流企业进入到中国市场，参与国内物流市场的竞争。下面介绍三个有代表性的外资物流企业。

> **知识补充：**
> 京东生鲜配送升级 辐射区域扩大至 243 城
> http://sichuan.scol.com.cn/ggxw/201611/55716082.html

1. TNT 快件公司

荷兰邮局下属的 TNT 快件公司与外运集团合资成立了中外运—天地快件有限公司。目前在中国已有 10 多家分公司，主要从事快件业务。

TNT 卡车公司与上海市经委合资成立了上海天地物流有限公司，目前已经在北京、天津、上海、武汉、成都、广州、深圳、重庆等城市设立了分支机构。该公司定期开行卡车班线，车辆全部采用进口卡车。该公司目前在国内已经有宝洁等大客户，公司立足于长远，在中国已经有较大影响。

2. 德国邮政

德国邮政通过购买 AEI 和 DANZAS，控股 DHL 间接地进入了中国市场。目前，AEI 在中国有北京、长春、大连、广州、南京、宁波、青岛、上海、深圳、塘沽、天津、厦门 12 个办事处，这 12 家办事处均有相当规模。同时 AEI 公司在上海外高桥保税区建立了物流公司，为客户提供库存管理的服务。而 DANZAS 分别在上海、北京、深圳、天津、厦门和西安有合资公司。德国邮政控股的 DHL 公司与中外运合资成立了中外运—敦豪快件有限公司，目前在中国有 25 个分支机构。

3. UPS

UPS 与中外运有一家合资公司，在北京、上海、广州有相应的分支机构，在国内除北京外的其他城市的快件委托外运代理。UPS 航空公司已经有飞北京和上海的航线。UPS 是全球物流的巨人，中国加入 WTO 以后，它们紧锣密鼓，以大手笔全面进军中国的国际和国内物流市场。

第三节　发展迅速的民营物流企业

案例 12.3

物流联盟——安泰达物流

家电企业内部的制造成本越来越接近，所以可靠、有效的物流运作成为家电企业新的竞争优势。小天鹅公司是国内洗衣机行业的龙头企业，每年销量在 260 万台以上；科龙公司是国内冰箱行业的领头雁，每年销量都在 200 万台以上。这两家公司每年的物流成本都超过 4 亿元，占成本的 4%。随着竞争越来越激烈，小天鹅和科龙面临着深刻的转变，不仅需要企业提供有竞争优势的产品，而且需要企业提供及时完善的服务。为了提高他们的核心业务竞争力，他们把非核心的业务委托外包，就可以集中精力从事自己的核心业务，全力以赴地适应变化、谋求发展。而 COSCO 是中国运输行业的龙头企业，是新型的综合物流企业，也在积极利用他们的物流强项寻求与物流资源丰富的企业结成战略联盟。

这三家企业都有拓展物流的共同愿望，经过认真商谈，他们决定组建第三方物流公司。于是中远集团占有 60%的股权，科龙集团、小天鹅集团分别占有 20%的股权，共同投资组建的广州安泰达物流有限公司正式挂牌揭幕，宣告全国最大的家电物流平台正式启动。

安泰达公司实行的第三方物流是在传统“物流”概念基础上新的突破。安泰达公司是独立于生产商、批发商、零售商的物流企业，利用它的专长整合客户资源，为生产商、批发商、零售商提供专业化的第三方物流服务。这是一项长期的战略，它是科龙和小天鹅这两家企业继节约原材料的“第一利润源”、提高劳动生产率的“第二利润源”、转向高效物流系统的“第三利润源”的努力结果。对从事第三方物流企业的安泰达公司来讲，与客户一起共命运是今后获利的重要保证。

启发思考：

安泰达物流有哪些特点？

一、我国民营物流企业发展现状

1. 民营物流企业的资本积累和网络建设达到一定规模

我国社会物流需求的较快增长，为民营物流企业赢得了发展的空间。民营物流企业经过多年超常规发展，资本积累和网络建设已经达到一定规模。在我国的民营物流企业中，资产总额在 10 亿元以上的占 51.85%，表明部分民营物流企业已经具备了一定的资本实力。随着民营物流企业实力增强，民营物流企业加快运作基地建设，由“轻资产型”向“实资产型”

转变。我国民营物流企业大部分从运输、仓储等传统业务做起，逐步向现代物流业务转型与拓展。

2. 现代企业制度已进入民营物流企业

早期的民营物流企业受到历史阶段影响，个体私营性质和家族制管理现象比较普遍。所有权和经营权的一体化保证了责、权、利的统一，家族管理降低了企业初期发展成本，减少了内部监管需要。缺点是管理不规范、流程不标准、内部人控制严重、企业激励机制欠缺。随着企业规模和市场范围的扩大，原有的治理机制和管理体制已经不适应发展的要求，许多民营物流企业引入现代企业制度，企业性质有了较大改变。许多民营物流企业正在脱离“家族制”管理，向现代企业制度转型。

3. 合作联盟成为民营物流企业新的发展趋势

目前民营物流企业合作联盟的形式主要有制造业与商贸企业的合作、开放自有物流平台、建立综合物流服务平台、连锁加盟等形式。这些合作形式的目的就在于建立强强合作，快速聚集人才、资金和客户资源，加强物流资源优化配置，降低物流成本与风险，促进全行业的良性发展。

4. 民营物流企业生存发展环境有较大改善

随着国家对现代物流业和民营经济的重视提高到了新的高度，先后出台了《关于促进我国现代物流业发展的意见》等一系列文件，提出了促进现代物流业发展的一系列政策措施；建立了全国现代物流工作部际联席会议制度，正式启动了现代物流共组部门间综合协调机制；进行物流企业税收制度改革，部分民营物流企业纳入试点；党的十八大又提出降低流通成本，对刺激民营物流业的发展有重要的作用。

二、民营物流企业发展中的问题

近年来，我国民营物流企业虽然发展很快，在社会上地位不断提高，所发挥的作用越来越大，但也遇到一些突出问题。特别是十多年来连续的高速增长之后，企业发展进入相对的平台期，再加上经营困难、社会环境和行业政策环境的制约，民营物流企业谋求更大发展遇到了比较大的困难。

1. 经济社会转型中出现的问题

（1）地方保护与区域封锁

许多地方对本地企业和外地企业不能一视同仁，存在地方保护的问题；物流企业在异地设立分支机构、承揽业务和车辆通行等遇到许多困难。

（2）社会秩序和治安

许多货运场站的安全性不高，仓储货物容易被流浪人群窃盗，甚至有黑恶势力欺行霸市，对民营物流企业进行骚扰。

（3）过多的行政审批

相关审批同权机关的重叠，降低了行政效率，加大了物流企业成本，还容易滋生腐败。

2. 民营物流企业自身的问题

在逐步完成原始积累之后，民营物流企业相继遇到了企业规模化成长过程中的“瓶颈”。

随着竞争的日益激烈，特别是企业规模的逐渐扩大，技术上的逐渐升级，家族化的固有缺陷如投资主体单一化、可以选拔的人才受局限、缺乏公平的竞争机制、管理制度难以有效执行、外部人员发展空间有限、优秀人才难以留住等逐步显现，决定着这种管理模式很难支撑企业的进一步发展。同时，由于自身实力有限，民营物流企业的人员素质普遍不高，管理水平和管理观念落后，管理风格和方式过于粗放，不够细腻，缺乏细微的监管体系、措施和具体量化的管理政策。另外，许多民营物流企业对本企业未来的发展没有明确的战略规划，大多数企业领导者的主要精力放在应对企业日常运作问题上，缺乏战略眼光。

三、民营物流企业介绍

随着中国经济的快速发展，民营物流企业也如雨后春笋一般快速发展起来，主要有顺丰、韵达、圆通、中通、申通等。下面选择两个民营物流企业进行介绍。

（一）得利得物流公司

北京得利得物流有限公司为 2000 年底成立的新型现代民营物流企业，该企业在人才结构、经营管理思路、物流新技术应用、股东自身优势互补等方面具有一定的特点，形成了自己的企业特色。开创初期，依托公司自身的 IT 实力，构建了较为先进的物流管理系统。该企业的服务定位是顺应市场要求，依据现代物流理论与中国的物流、快运实践经验，广泛采用 GPS 系统、条码物流管理系统等先进物流技术为北京市的各行各业提供专业的第三方物流综合服务，同时利用上海菱通软件技术公司的雄厚技术实力，构建基于互联网络技术的物流信息管理平台，为客户提供国内领先的实时物流追踪、查询信息服务和网上委托业务。

得利得物流公司在发展中逐步组建、完善全国物流配送网络，在北京、上海、广州、天津四大城市建设子公司，并在北京设立管理总部和信息处理中心；同时根据客户的需求和公司的发展计划，逐步组建各分公司，构成完整的全国物流网络的核心结构。

在运输配送管理方面，由公司运营部负责公司运输配送管理；公司制订明确的岗位职责、业务流程与配套管理规章，并严格执行，保证运输配送工作规范有序进行；公司专门设立调度中心与车队，协作对运输配送工作进行统一安排、合理调度；公司安排专人负责运输设备的经常性检查，保证其良好的性能及安全性；对公路长途运输，通过精心管理和使用专业押运员，确保物流服务的安全准时；对航空运输，通过与承运航空公司的多种方式的合作与签署合作协议，充分发挥双方的优势，确保全国物流的快速、准时；对铁路运输，通过与各车站建立良好协作关系，紧密配合，确保铁路物流的通畅。

在仓储保管管理方面，公司设立仓储中心统一管理仓储相关事宜；根据客户需要，选用不同标准的库房存放客户货物；参考国内外先进经验，专门设计仓储管理软件，强化仓储科学管理；制订严格的岗位责任制及库房管理条例，保障客户货物安全；配备消防设施，做好消防安全工作。

得利得物流公司的企业经营具有以下三个特点。

第一，公司的业务重点是服务于与北京市人民生活息息相关的重点企业，包括食品、医疗、电子、电讯等行业，快速、便捷的门到门服务占了公司业务总量的 84%，新型的第三方物流服务已经占了总业务量的 15%。

第二，所服务的客户中，80%以上的客户是与百姓生活息息相关的食品企业和在社会经济发展中占有重要地位的通信、医疗、电子等技术含量较高的企业，而这些客户中，70%以上是外资企业，说明外资企业是现阶段现代化物流的主要需求者，他们对物流的高要求和高标准在相当程度上促进了中国物流业的发展。

第三，在业务运作方面，71%的货物是通过公路运输的，而其中约 80%是通过整合其他社会运输力量完成的，这种整合不是简单地将货物运输权转移的过程，而是通过对这些社会运输力量进行认真的考察和选择后，再按照得利得的服务理念和服务标准去规范他们的操作，同时执行严格的押运管理程序，使得在保证服务的基础上降低运输成本，从而达到使物流公司和客户双受益的结果；随着业务的进一步发展和对社会运输力量的进一步筛选，今后这种将社会力量整合进得利得物流服务体系中的情况比例将会逐渐增大。

（二）易通物流

易通物流是一家以交通信息产业化为背景的现代物流企业，自成立以来，已经由简单的货运代理业务发展成为专业的第三方整体物流服务供应商，业务受理从早期的每天 10 多吨的图书运输配送发展到了目前全国多点的仓储管理、多方式运输、B2B 配送、信息服务等较为综合的物流服务，日均业务处理能力超过 150 吨，服务范围涵盖家电、IT、医药、食品和图书五大领域的百余家国内外知名企业，如飞利浦、方正电子、中国电子进出口、雀巢、金天坛、高教出版社、外研出版社等。

易通物流运作之初就明确了自己的发展战略和计划。但在实际运作过程中他们发现理论和现实的差距如此之大，令人始料不及，因而根据实际市场和基础环境特点总结了经验和教训，迅速调整了公司的战略发展阶段和阶段定位。现阶段，易通物流的基本运作模式是根据当前的基础环境、自身的资源特点和市场需求现状等，通过不断深化的组织、管理和控制手段，现代计算机技术、网络技术的充分利用，建立以汽车运输、仓储管理为主体，铁路、航空运输及配送为辅助，外延包装、简单加工、出入境运输、增值信息服务等在内的综合物流服务。具体内容如下：

1. 高质量的网络化运输

运输作为物流服务的主体，在整个物流链中占有重要地位，是最基础的环节。目前，我国以各大城市为始发点的国内网络化运输主体是由公路和铁路完成的，其中公路运输又以各条专线货运代理为主体。如北京的“西北专线”“东北专线”等。铁路运输长期以来是垄断行业，其传统的体制和国有性质，使得对其难以进行掌控，缺乏市场化条件。公路运输方面的受理都是一家受理，多家串货，运作简单，管理简单，控制几乎没有。所以呈现在整个运输市场上的状况，表现得无序、混乱。易通公司自进入市场以来，将很大的精力放在了整合承运商、构建全国性运输网络上面，以北京市场而言，从全市 800 多家运输代理商中，通过不断考察、磨合、质量培训，逐步确定了 35 家紧密型的专线承运合作商。另外，易通公司还不断地借鉴和引用现代管理思想、现代管理手段，将其应用于这一传统的行业中，力图使得整个网络化运输能够更加系统化、可控化，保证高质量的现代化运输服务。

知识补充：
移动互联网的时代 日日顺物流提高配送效率
http://www.yxcf.org/jypd/jyyw/2016-11-07/254693.html

2. 标准、规范和不断优化的流程作业

在物流领域，目前最缺乏的就是可参照和执行的标准和规范。易通公司通过两年多的经验和提炼，先后完成了“易通物流承运商运输规则及管理办法”“易通物流客户服务标准”“易通物流业务运营流程”“易通物流销售管理办法”“易通物流内部接口流程及管理办法”等。从实践来看，这些标准和办法的提炼和再应用极大地提高了公司运作的效率，避免了重复错误的发生，降低了成本，吸引了同样特别注重管理、重视效率的各大公司客户的青睐。

3. 快速的应急反应和处理能力

不论在运输还是在仓储环节，客户的加急订单和由于环节操作失误、错误或不可抗力等都会造成应急反应和处理。前面是满足客户的需求，后者是为了努力降低客户和易通物流的损失。对一个公司而言，对应急事件应通过管理尽可能避免或降低到最低限，但一个公司同时又必须有完备的应急处理办法、流程和备选方案。这些都反映了一个公司的综合能力和实力。

4. 适时方便的互联网信息查询

标志现代物流特点的一个表现就是现代信息技术的应用，易通物流将信息技术的开发应用作为其核心竞争力的重要组成，为此投入了大量的人力和财力。目前易通物流信息系统的数据库与其网站 Web 服务器是时时连接的，通过公司主页，主要客户可以方便地在任何一个地方掌握其委托业务的进展情况，另外客户还可以通过这个网站直接委托业务，这样使得发货信息更加准确，方便进入系统管理。易通物流的重要宗旨是将服务通明化，同时接受客户的监督。

5. 细致、周到的星级客户服务

在今天的市场环境下，服务能力的完善和服务质量的提高已经成为企业竞争发展的根本。本着这一思想，易通物流提出了“以客户的需要为中心，帮助我们的客户成功”“把我们的存在转化为客户的战略资源，把我们的服务转化为客户的竞争优势”等口号，并在客户服务方面投入了大量的人员和精力。目前，易通物流对每一个业务环节制订了作业规范，定期进行总结，发现问题，然后进行再培训。如客户服务的订单受理，投诉受理，订单查询，集货的搬运、装卸，目的地的货物交付等，这其中客户经常会有很多无理要求和误解，但公司的客户服务人员、搬运工人、送货员一般都会耐心、委婉地进行处理，不会与客户发生争执。

本章小结

随着科学技术的迅猛发展和经济全球化进程的日益加快，各国经济发展都面临着前所未有的机遇和挑战。现代物流企业作为一种实现经济高效运行的有效手段，不仅为世界范围内生产、消费等经济活动提供物质前提和保障，而且通过时间和空间的价值创造，提高并充分实现商品价值。在资源要素约束越来越严重的今天，现代物流企业对于加快商品流通、改善经营环境、降低运营成本、优化产业结构、促进经济增长、应对当代科技和经济发展带来的各种机遇和挑战具有特别重要的意义。现代物流企业的发展水平已经成为一个国家和地区保持经济增长的决定性因素之一，也是衡量一个国家和地区综合实力的重要标志。

练习题

一、单选题

1．由卖方、生产者或供应方组织的物流活动被称为（　　）。

A．第一方物流　B．第二方物流　C．第三方物流　D．第四方物流

2.同一笔物资的流通活动,包括两个方面。一方面是它的商流活动,另一方面是它的(　　)。

A．生产活动　B．消费活动　C．物流活动　D．流通活动

3．采购进货的方式有自提进货、（　　）、委托运输。

A．联合配送　B．集中配送

C．供应商送货　D．第三方物流服务商送货

4．对于采购商品质量与（　　）都满足要求的供应商，通常进行采购成本比较，选择采购成本较低者。

A．采购成本　B．价格政策　C．交付时间　D．售后服务保证

5．一个企业以契约的方式对其他企业提供物流服务，例如运输、仓储、存货管理、订单管理的信息技术等属于（　　）。

A．第一方物流　B．第二方物流　C．第三方物流　D．第四方物流

二、多选题

1．根据物流活动的运作主体可划分为（　　）。

A．由卖方、生产者或供应方组织的物流活动

B．由买方、销售者组织的物流活动

C．物流活动由供应方之外的第三方去完成

D．供应集成者

2．目前运营成熟的现代化交通运输方式有铁路、（　　）等。

A．水路　B．公路　C．航空　D．管道

三、判断题

1．从物流服务对象角度可划分为国内物流与区域物流。（　　）

2．物流联结多个生产企业和用户，随需求、供应的变化，系统内的要素及系统的运行经常发生变化，难于长期稳定。（　　）

3．不同类型的物流企业，其物流活动的侧重点是不同的。（　　）

4．有意识延长物流的时间，以均衡人们的需求，是增加物流时间来创造价值。（　　）

5．物流过程的增值功能往往通过流通加工得到很大的体现，对整个物流系统完善起到重大作用。（　　）

6.现代物流企业使货物从起始地到目的地之间进行正确速度的流动能够大大节约企业的时间成本。（　　）

四、简答题

1．传统企业向现代物流企业转型有哪些特点？

2．外资物流企业有哪些优势？

3．民营物流企业的未来发展方向有哪些？

五、案例分析

中铁快运股份有限公司的经营网络遍及全国 31 个省、自治区和直辖市，在全国 400 多个城市设有 1700 多个经营网点，门到门服务网络覆盖全国 600 多个大中城市。公司形成了以铁路运输为主、公路和航空运输为辅的综合运输服务网络体系，形成了具有安全、准时、快捷、经济、全天候特点与独特竞争优势的物流和快递服务网络。

2011 年 3 月，中铁快运推出全国首家大型国有物流企业建立的网购平台——“快运商城”上线运营。进入中铁快运的主页，你可以随时查询货物所处的位置及到达目的地、确切时间，同时你还可以看到公司的特色产品与服务、包裹快运、货物信息跟踪、快捷货运、运输解决方案、合约物流、货物运输方案、国际业务、安全保障服务及 VIP 客户服务、电子商务等业务，顾客如对服务不满意还可以进行网上投诉。

而快运商城的网站，首创 B2C 直通车网购服务模式，“中铁快运商城”定位为公益性电子商务平台。所谓公益性是“快运商城”承诺的“三不”经营原则，即不收店面费、不收广告费、不赚取销售差价，同时，对所有入驻商户店铺内的本商户广告、商品广告实行免费。这种全新的经营概念，不仅能为企业开拓线上经营的新渠道，而且可以最大限度地降低企业销售成本，降低消费者网购消费成本。

在目标市场定位上，快运商城主打“名优特”产品，借助其铁路网络覆盖率和国有企业的信誉，以实现对“名优特”产品的质量保证，和准时送达率。然而，在“快运商城”的网站上我们看到，中秋节后的两个月，月饼促销活动仍然在继续，而点击地方特产，网页上除了有三四样北京特产外，其余省份的特产都还没有上线销售。与此同时，我们还看到国内著名的户外体育用品零售商三夫体育在快运商城有 3300 多种在售商品，是快运商城最大的供应商，而该体育用品定位中高档消费层次的消费者，与快运商城以低端客户为销售对象的目标市场不相适应。从中能看出快运商城来自消费者的订单并不多，这与构建电商平台的两个条件之一的要有极大的流量相违背。

思考问题：

1. 中铁快运在向线上发展的过程中遇到了哪些问题？

2. 如何解决中铁快运的线上平台“快运商城”在运营中遇到的问题？

主要参考文献

[1] 关高峰. 2014. 物流成本管理[M]. 北京：北京大学出版社.
[2] 马士华，林勇. 2014. 供应链管理[M]. 4 版. 北京：机械工业出版社.
[3] 曲建科，杨明. 2014. 物流成本管理[M]. 2 版. 北京：高等教育出版社.
[4] 刘宝红. 2016. 供应链管理[M]. 北京：机械工业出版社.
[5] 傅莉萍，姜斌远. 2015. 采购管理[M]. 北京：北京大学出版社.
[6] 薛文彦. 2015. 采购精细化管理与库存控制[M]. 北京：化学工业出版社.
[7] 霍红，牟维哲. 2016. 物流管理学[M]. 2 版. 北京：科学出版社.
[8] 王淑娟，白佳，李大午. 2016. 现代物流客户关系管理实务[M]. 北京：清华大学出版社.
[9] 王柏谊，王新宇. 2016. 物流管理[M]. 哈尔滨：哈尔滨工业大学出版社.
[10] 苗长川. 2012. 物流企业管理[M]. 北京：北京交通大学出版社.
[11] 李鹏飞. 2014. 物流信息系统[M]. 北京：人民邮电出版社.
[12] 朱长征. 2014. 物流信息技术[M]. 北京：清华大学出版社.
[13] 白世贞，谢红燕. 2016. 物流信息技术[M]. 北京：化学工业出版社.
[14] 朱长征. 2014. 物流信息技术[M]. 北京：清华大学出版社.
[15] 杨丽. 2015. 物流企业发展多元化研究[M]. 北京：中国物资出版社.
[16] 傅莉萍. 2015. 运输管理[M]. 北京：清华大学出版社.
[17] 王海军，张建军. 2015. 仓储管理[M]. 武汉：华中科技大学出版社.
[18] 霍红，刘莉，李腾. 2016. 仓储与配送实务[M]. 北京：化学工业出版社.
[19] 孙军艳主编. 2016. 物流服务与管理[M]. 西安：西安电子科技大学出版社.
[20] 郑文岭，赵阳. 2012. 仓储管理[M]. 北京：机械工业出版社.
[21] 马俊生. 2016. 配送管理[M]. 北京：机械工业出版社.
[22] 汝宜红，宋伯慧. 2016. 配送管理[M]. 北京：机械工业出版社.
[23] 张雅静. 2013. 物流企业管理[M]. 北京：清华大学出版社.
[24] 孙家庆，杨永志. 2016. 仓储与配送管理[M]. 北京：中国人民大学出版社.
[25] 王效俐，沈四林. 2012. 物流运输与配送管理[M]. 北京：清华大学出版社.
[26] 傅莉萍，姜斌远. 2014. 配送管理[M]. 北京：北京大学出版社.
[27] 刘丹. 2016. 物流企业管理[M]. 2 版. 北京：科学出版社.
[28] 万立军，闫秀荣. 2011. 物流企业管理[M]. 北京：清华大学出版社.
[29] 丁宁. 2012. 采购与供应商管理[M]. 北京：北京交通大学出版社.
[30] 闪四清. 2012. ERP 系统原理和实施[M]. 北京：清华大学出版社.

配套资料索取示意图

说明：学生和普通读者注册后可下载**学习资源**；**教学用资源**仅供教师下载，**教师身份**、**用书教师身份**需网站后台审批，审批后可下载相应资源；教师加“关注”后新增资源有邮件提醒。

扫一扫，登录人邮教育网站 www.ryjiaoyu.com

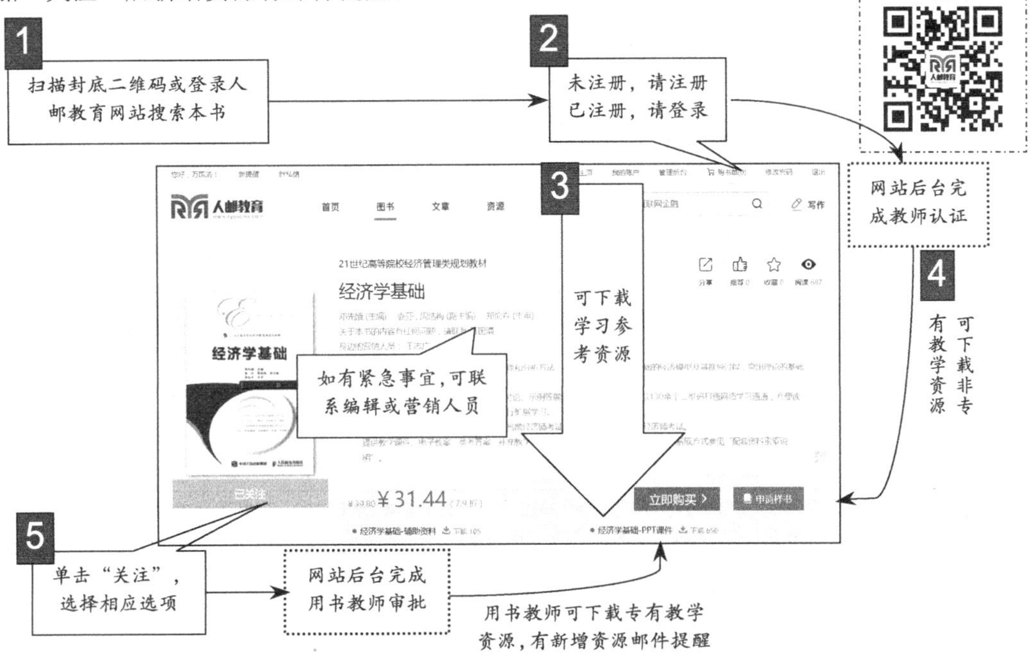
1
扫描封底二维码或登录人邮教育网站搜索本书
2
未注册，请注册
已注册，请登录
网站后台完成教师认证
3
可下载学习参考资源
4
有教学资源可下载非专
如有紧急事宜，可联系编辑或营销人员
5
单击“关注”，选择相应选项
网站后台完成用书教师审批
用书教师可下载专有教学资源，有新增资源邮件提醒
经济学基础
¥31.44
立即购买
申请样书
已关注

部分21世纪高等院校经济管理类规划教材推荐

书　名	主　编	书　号	编辑推荐
管理学——原理与实务（第2版）	李海峰	978-7-115-35395-5	2013年陕西普通高校优秀教材二等奖；提供课件、教案、实训说明、教学体会、文字与视频案例、习题集及参考答案等
管理学	方振邦	978-7-115-44334-2	提供PPT、习题库及习题答案、模拟试卷、视频案例、案例库等
人力资源管理	方振邦	978-7-115-44795-1	提供PPT、习题及习题答案、模拟试卷、视频案例等
企业文化	杨月坤	978-7-115-44012-9	提供课件、习题答案、教学计划和电子教案、视频案例等
企业战略管理（第2版）	舒　辉	978-7-115-43139-4	二维码打造立体化阅读环境；案例、习题等营造多方位学习环境；提供课件、补充案例、模拟试卷等素材
客户关系管理理论与应用	栾　港	978-7-115-39343-2	60组案例助力理论联系实际，33个二维码打通网络学习通道，在线Xtools软件方便实践训练；提供课件、教案、教学日历、免费教学账号、习题库、试卷等
客户关系管理	伍京华	978-7-115-44624-4	提供PPT、视频案例、案例库、习题库（及答案）、模拟试卷等材料
社会心理学	陈志霞	978-7-115-40977-5	40余二维码拓展读者视野；兼顾基础与应用社会心理学；数百实例助力理论与实践相结合；提供课件、案例、答案、试卷等
经济学基础	邓先娥	978-7-115-39039-4	近300个实例连接理论与生活，130余个二维码打通网络学习通道，70余项扩展阅读指南指引学习方向；提供课件、教案、答案、文字和视频案例、试卷等

续表

书　名	主　编	书　号	编辑推荐
微观经济学(第2版)	胡金荣	978-7-115-39400-2	简明易懂，关注热点；二维码扩展网络视野；提供课件、答案、案例、试卷
政治经济学(第2版)	张　莹 李海峰	978-7-115-42571-3	着重于分析社会经济问题；利用二维码拓展读者阅读空间；提供课件、大纲、视频案例、习题集、试卷等
财务管理	王积田	978-7-115-28482-2	吸收相关学科的最新成果，与企业财务管理实践接轨；提供课件、习题答案、试卷等
应用统计学(第2版)	潘　鸿	978-7-115-38994-7	以Excel为实验软件，适应职场需求；提供全套实验资料，提升读者应用能力；提供课件、教案、上机操作数据、函数实现常用统计表等
国际市场营销	李　爽	978-7-115-39077-6	80余个实例追求学以致用，80余个二维码拓展读者学习空间；提供课件、教案、文字与视频案例、实训资料、答案、试卷等
国际贸易理论与政策	毛在丽	978-7-115-37138-6	包括新新贸易理论等新内容，将非关税措施分为技术性和非技术性两类，提供课件、教案、答案、试卷和视频案例等
国际贸易实务	吕　杜	978-7-115-37235-2	提供课件、答案、单证样本、习题集、试卷、模拟操作训练材料和常用规则文本等
报关实务（第2版）	朱占峰	978-7-115-42629-1	五十余个二维码链接网络学习资源；理论与实务并重，操作与案例同行；提供课件、视频案例、答案、试卷等
电子商务概论（第3版）	白东蕊	978-7-115-42630-7	新增跨境电商、"互联网+"等新内容；百余二维码拓展读者学习空间；提供课件、教案、大纲、答案、实验指导、文字与视频案例等
电子商务概论	仝新顺	978-7-115-38748-6	七十余个二维码拓展学习空间，近百组案例、实训促进学练结合；提供大纲、课件、视频案例、自测试题、模拟试卷等
网络营销—基础、策划与工具	何晓兵	978-7-437 45-7	二维码链接网络资源；提供案例、课件、习题助力学习
金融法	李良雄 王琳雯	978-7-115-30980-8	吸收截至2012年12月的最新法律法规，高度融合职业资格考试要求，提供课件、教案、视频案例、习题答案、补充练习题
金融法	贾　翱	978-7-115 44992-4	提供PPT及习题等资料
经济法概论	王子正	978-7-115 44966-5	提供PPT、习题及习题答案、模拟试卷等
商法学	王子正	978-7-115-43248-3	通过二维码营造网络阅读环境；提供课件、习题和习题答案
国际商法（双语版）	韩永红	978-7-115-43994-9	提供PPT教学课件、教学大纲、相关法律条约及法规文本
保险学（第2版）	刘永刚	978-7-115-43687-0	以大量案例解读相关内容；保险理论与保险业务并重；二维码链接网络学习资源；提供课件、答案、案例、试卷等
物流成本管理	鲍新中	978-7-115-44379-3	提供电子课件、电子教案等教学资源
物流学	陈文汉	978-7-115-28271-2	针对非金融类读者，内容紧跟时代；提供课件、教案、视频案例、答案、试卷等
物流工程导论	朱占峰	978-7-115-42535-5	课件嵌入大量教学视频案例；物流新闻拉近理论与现实距离；提供课件、答案、视频案例、试卷等
财政学	唐祥来	978-7-115-31521-2	以丰富的案例提升学习兴趣；提供课件、教案、答案、文字与视频案例、试卷等
商务礼仪	王玉苓	978-7-115-36091-5	图文并茂，追求学以致用；提供教案、课件、答案、文字与视频案例、课外阅读资料等
现代社交礼仪（第2版）	闫秀荣	798-7-115-25681-2	图文并茂，二维码链接网络资源；提供课件、教案、文字与视频案例、实训手册、练习题及参考答案等
商务谈判理论与实务	林晓华	978-7-115-41308-6	以即学即练、模拟商务谈判实践、模拟商务谈判大赛等形式增强互动；二维码链接网络学习资源；提供课件、答案、视频案例、试卷等资料
商务谈判	李　爽	978-7-115-44794-4	二维码链接网络资源，提供PPT、模拟试卷和视频案例等
商务沟通与谈判（第2版）	张守刚	978-7-115-43065-6	二维码打造立体化阅读环境；强调实践教学，提供模拟商务谈判素材；提供教案、课件、案例、视频库等资料